VOYAGE

AU PAYS

DES PALMIERS

VOYAGE

AU PAYS

DES PALMIERS

PAR

LOUIS JACOLLIOT

ILLUSTRATIONS DE RICKEBUSCH ET EL GEARDI

PARIS

E. DENTU, ÉDITEUR

LIBRAIRE DE LA SOCIÉTÉ DES GENS DE LETTRES

PALAIS-ROYAL, 15-17-19, GALERIE D'ORLÉANS

1884

(Droits de traduction et de reproduction réservés.)

VOYAGE

AU

PAYS DES PALMIERS

PREMIERE PARTIE

Trois heures du matin sonnaient à l'horloge du bazar de Pondichéry, lorsque je me mis en marche, le 2 janvier 1867, avec mon fidèle serviteur Amoudou, un *metis* chargé des importantes fonctions *de la bouche*, du nom de Nalla-Tamby, un vindicara ou conducteur de voiture appelé Pounou, et ma charrette de voyage attelée de deux vigoureux *bufflònes*, produits du croisement du buffle et de la vache et capables de résister à toutes les fatigues en traînant les plus lourds fardeaux.

J'entreprenais mon dernier voyage à Ceylan, l'île enchanteresse, où je ne me lasserai jamais de retourner et de ramener le lecteur. J'avais résolu de suivre la voie de terre, depuis la capitale des établissements Français de l'Inde jusqu'à la pointe du cap Comorin, dans le Travencor; et là, soit de

Tuticorin, soit du cap lui-même, un des navires chouliahs, sortes de petits bâtiments côtiers, commandés en général par des musulmans ou des Arabes d'Ormus, devait me conduire avec toute ma caravane sur le rivage de l'antique Lanka, la Taprobane des Grecs, le berceau de toutes les vieilles légendes qui n'ont pas encore disparu de l'histoire fabuleuse de l'humanité.

Contes merveilleux, mythes où puisa le vieil Homère, fables cosmogoniques qui ont servi à peupler l'Olympe des anciens, de dieux, de déesses et de nymphes, tout cela se retrouve, se reconstitue par les ruines gigantesques qui dorment sous les mousses séculaires, dans les immenses forêts de l'intérieur; et l'on renoue la chaîne des traditions entre les peuples primitifs et les peuples anciens, comme on rétablit les affinités des langues entre elles, en retrouvant dans quelque langue primitive les racines communes à toutes.

Quelles études admirables pourront se faire, quelle merveilleuse moisson pourra être récoltée, lorsque Ceylan et le sud de l'Inde auront été fouillés et retournés en tous sens par l'archéologue et le linguiste.

Mais, que le lecteur se rassure; parti pour étudier le pays sous le double point de vue des antiquités et du langage, je n'ai pas l'intention de le faire assister à ces arides travaux d'exégèse. Nous allons traverser ensemble le pays le plus pitto-

resque, le plus curieux à tous les points de vue,
qui soit au monde, et nous n'en retiendrons que
ce qui peut intéresser en ce sens, réservant éthno-
graphie et linguistique pour d'autres œuvres.

On m'a accusé parfois d'avoir trop mêlé la
science et le voyage ; d'aucuns en ont pris thème
pour attaquer mes études, tout en les pillant en
dessous main. Je vais essayer d'écrire un livre de
pur voyage, en élaguant de mes notes, écrites au
jour le jour, tout ce qui ne sera pas excursions,
chasses, études de mœurs ; et je ne ferai point cela
pour désarmer certaine critique, dont je me soucie
peu, la prisant à sa juste valeur et ne m'inquiétant
que d'une chose : dire vrai sur les pays que j'ai habités, et non visités comme un simple touriste, et
intéresser le lecteur en l'initiant aux mœurs si curieuses et si peu connues de l'extrême Orient.

En disant que je dédaignais certaine critique, je
dois cependant m'expliquer, pour qu'il n'y ait pas
de confusion.

Quand la critique s'adresse à l'œuvre, quelle
qu'en soit l'âpreté, je m'incline. Je n'ai point la
prétention de plaire à tous, encore moins puis-je
persuader de ma véracité ceux qui préfèrent à
mes voyages les romans de Méry, qui n'a jamais
mis les pieds dans l'Inde... ; mais, enfin, chacun
est libre d'accorder sa croyance à qui lui plaît ; il
est cependant deux faits que nul ne pourra détruire.

C'est que :

1° J'ai été dans l'Inde successivement juge suppléant, juge d'instruction, conseiller auditeur à la cour de Pondichéry, chef du parquet de Pondichéry, et président du tribunal de Chandernagor.

2° Que j'ai employé toutes mes vacances judiciaires à voyager, tous mes congés de santé, — et on en a besoin souvent dans ce pays — à parcourir l'Inde entière.

J'ajouterai que mes fonctions me donnaient le moyen de soulever le voile des mœurs les plus intimes ; que le magistrat, dans l'Inde, est mêlé à tous les événements de la vie des Indous ; que, comme chef du parquet, j'étais en même temps le chef de tous les cadis musulmans ; que c'était près de moi qu'on en appelait de toutes leurs décisions qui touchaient aux mœurs intérieures des harems, aux dissensions de familles ;..... et ceci dit, je demanderai au lecteur de bonne foi, s'il est bien nécessaire pour moi d'appeler à mon aide l'imagination et le roman pour intéresser les lecteurs qui veulent bien me suivre dans mes voyages ?

Il faudrait ne rien connaître de l'Orient et de l'extrême Orient, ne rien soupçonner des mœurs étranges de ces contrées, pour le penser un instant.

Il m'est arrivé souvent de me voir poser à brûle-pourpoint cette question :

— N'avez-vous pas un peu poétisé vos voyages ?

Voici la réponse que j'ai toujours faite :

— Loin de poétiser mes récits, loin de chercher l'intérêt dans des aventures imaginaires, je me suis toujours efforcé d'élaguer de mes voyages, certains faits, certains spectacles, tellement intimes, tellement spéciaux à l'Inde, que je craignais de faire naître des incrédulités... le champ de l'étude de mœurs est si vaste, les drames intimes sont si nombreux dans l'Inde, que je n'ai jamais eu que l'embarras du choix.

Eh bien, aujourd'hui, je n'aurai plus de ces pudeurs qui ne m'ont servi à rien ; dussent certaines gens crier encore plus fort au roman, je relèverai tout ce que j'ai noté, je dirai tout ce que j'ai vu, sans nul souci de qui pourra m'attaquer.

Donc, pour terminer ce hors-d'œuvre, je reconnais à la critique les droits les plus étendus, quand elle s'adresse à l'œuvre ; qu'elle se trompe, c'est son affaire, pourvu qu'elle soit de bonne foi, et je n'ai rien autre à lui répondre que ceci :

— Allez voyager dans l'Inde, non en touriste de paquebot, mais en habitant le pays, en y restant de longues années, et vous verrez quelles merveilleuses choses vous reviendrez nous conter.

La critique dont je me moque, celle que je méprise, c'est celle qui, dans un but de vengeance personnelle, s'embusque derrière les colonnes d'un journal, et n'attaque l'œuvre que parce que la lâcheté lui empêche de s'attaquer à l'homme.

En voilà assez pour aujourd'hui, sur ce sujet. Je retrouverai bien plus tard une ou deux pages de loisir, dont le lecteur voudra bien me faire crédit, pour démasquer quelques-uns de ces polissons de plume, qui ne vivent que d'exploitation et de chantage.

Ceci dit, en manière de préface, car je n'en écris jamais, — on ne les lit pas, — je reprends le fil de mon récit.

Tout d'abord, je vais compléter mon itinéraire. J'avais formé le projet de gagner Comorin par la côte, en suivant la route qui va de Cuddaloor à Chellambrum, Karikal, Négapatam, Tuticorin, puis je devais aborder Ceylan par la côte ouest, traverser l'île par la pointe à la hauteur de Trinquemalé, sur l'autre côte, parcourir toutes les sauvages provinces de l'est, faire une pointe au centre, pour visiter les ruines de la vieille ville d'Anoudharapoor, revenir au sud, à Pointe-de-Galles par le Mattoura et, de là, aller visiter ce long semis d'îles et d'îlots, qui, réunis sous le même sceptre d'un rajah musulman, porte le nom de royaume des Maldives.

J'en avais bien pour cinq ou six mois, mais le temps ne faisait rien à la chose. J'avais obtenu un congé de convalescence à la suite d'une hépatite, contractée au Bengale, et j'étais pour de longs mois, absolument maître de diriger mes pas où il pourrait me plaire

Je n'ai pas besoin de présenter mon personnel à mes lecteurs habituels. Cependant comme il peut arriver que ce livre soit le premier de mes récits de voyage qui tombe par hasard aux mains d'une personne pour laquelle je serai un inconnu, on me permettra d'entrer brièvement dans quelques détails indispensables.

Amoudou, le chef de ma petite caravane, est un Nubien, noir comme on l'est en Nubie, qui m'a accompagné dans tous mes voyages, et m'a sauvé plusieurs fois la vie. Courageux jusqu'à la témérité, dévoué comme un dogue, bon comme un enfant, il n'avait qu'un seul défaut : il aimait trop les femmes qui lui dévoraient une partie de ses économies, et la bouteille, qu'elle contînt du rhum, de l'eau-de-vie de riz, ou de l'arack du pays, achevait de lui enlever ce qui lui restait. Je dois dire qu'en cours de voyage, il supprimait entièrement les boissons fermentées, et était d'une modération rare sur le chapitre de la galanterie ; toute son activité, toute son intelligence, il les employait à surveiller les autres serviteurs, à veiller à ce que mes repas fussent prêts aux heures, et à ce qu'il ne me manquât jamais rien. C'est lui qui était chargé du renouvellement des provisions, aussi bien pour mes gens que pour moi, il avait en outre la haute direction, sur la route à suivre, les lieux de station à adopter. C'était enfin, en tout et pour tout, mon homme de confiance, et cette confiance que je lui avais accordée sans limites, je dois dire qu'il ne l'a jamais trahie.

Dès que nous arrivions à un lieu où je décidais que nous stationnerions plusieurs jours, Amoudou n'était plus le même homme; assuré que je ne risquais rien dans le lieu où nous nous trouvions, village ou ville, il se livrait exclusivement à la culture de ses goûts dominants, et il était rare qu'une seule journée se passât sans qu'il eût maille à partir avec la police indigène ou anglaise; il y avait souvent quelques côtes d'enfoncées, car il était d'une force herculéenne, et dès qu'il avait une pointe, il ne reculait jamais, quel que fût le nombre des assaillants. J'étais presque toujours obligé, quand je ne le voyais pas d'un jour ou deux, d'aller le réclamer au Thana ou prison indigène, j'en étais quitte alors pour payer une amende de quelques roupies, et à remplacer quelques blouses de policemen indigènes qu'il avait déchirées, sans nul respect pour le bâton de constable et la livrée de la reine Victoria.

Dès qu'il avait bu, il s'échappait, et s'en allait rouler les cases des filles faciles qui ne le lâchaient que quand il avait dépensé sa dernière cache.

Il est vrai de dire qu'une journée d'orgie en compagnie de quelque brune fillette de la côte malabare, ne lui coûtait guère plus de trois ou quatre *fanons* par jour, de quatre-vingt-dix centimes à un franc vingt... il pouvait comme on voit s'en donner à cœur joie.

Quand il était parti pour tirer une bordée, comme disent les marins, il n'écoutait plus personne, et sans jamais méconnaître mon autorité, il ne pouvait se décider à rentrer au campement ; je n'avais qu'un moyen d'en finir, c'était d'abréger mon séjour. Je n'avais qu'à lui annoncer mon départ pour le lendemain, et aussitôt, quel que fût l'état dans lequel il se trouvait, il quittait tout, pour venir préparer le départ, sa conduite devenait irréprochable jusqu'à la prochaine station.

Ces habitudes invétérées contre lesquelles il m'était impossible de réagir, (j'avais tout mis en œuvre sans obtenir la moindre réussite), m'obligeaient à avoir toujours avec moi un second serviteur, sur lequel je pusse me fier en l'absence d'Amoudou ; c'est pour cela que j'avais pris l'habitude, dès que mes voyages dépassaient les limites d'une excursion de quelques jours, d'emmener toujours avec moi, mon *metis*, c'est-à-dire le domestique qui, à la maison, me servait à table, remplissait auprès de moi l'office de valet de chambre.

Tous les *metis* savent faire un peu de cuisine, mais Nalla-Tamby que j'avais formé avec soin, était passé maître dans cet art.

Je l'ai vu, avec deux casseroles, une poèle et un four de campagne, exécuter en pleine jungle, des repas qui eussent fait honneur au meilleur cuisinier entouré de tous les instruments de son art.

Pourquoi m'en cacher ? j'aime la chère délicate,

1.

être bien nourri est pour le voyageur une condition de santé autant que de plaisir et je n'ai jamais compris le brouet noir du Spartiate... l'histoire, du reste, ne nous a pas conservé la recette de ce brouet, il est inutile d'en parler. Peut être que si on savait la fin des choses, il ne faudrait pas plus plaindre les citoyens de Lacédémone de se nourrir de brouet, qu'on ne pourrait plaindre les Indous de n'avoir pour aliment que le délicieux carry, qui se métamorphose de vingt manières différentes sous la main de l'artiste.

Carry d'œufs, carry de légumes, carry de crevettes, carry de homards, carry de gibier, carry de poissons, carry de volaille, etc..... le mets divin sait revêtir toutes les formes de la gourmandise et Nalla-Tamby, en fait de carry, avait atteint les limites de son art.

Qualité plus précieuse peut-être encore pour moi, il était aussi sobre, sur la boisson et les femmes qu'Amoudou était, au contraire, porté à abuser de ces deux choses ; aussi dès que j'arrivais à une station, où j'avais résolu de me reposer quelques jours, remettais-je à Nalla-Tamby le soin de veiller à tout, pendant toute la durée de mon séjour.

Quant à Ponou, par qui je termine ces quelques notes sur mon personnel, il était chargé de conduire ma charrette, de soigner les bufflones et de veiller à leur nourriture, il s'acquittait de ces deux fonctions avec un soin jaloux ; d'une intelligence

des plus rudimentaires, il avait pris l'habitude de
circonscrire sa vie autour de ses deux bêtes, et
quand elles avaient bien bu et bien mangé, il était
content ; rude à l'ouvrage, il se levait dès trois
heures du matin pour laver sa charrette, donner
leur ration de graines aux bufflônes et les conduire
à l'abreuvoir ; il ne pensait jamais à manger, que
quand ces derniers étaient repus.

Comme Nalla-Tamby, le vindicara Ponou, était
depuis plusieurs années à mon service et c'est
parce que j'avais pu apprécier ses solides qualités
que j'avais consenti à l'emmener avec moi, pendant tout le temps qu'allait durer un des plus longs
et des plus pénibles voyages que j'eusse encore
faits.

Selon mon habitude, je n'avais eu garde de
quitter ma vieille charrette de voyage ; je ne connais, en effet, rien de plus commode que ces véhi-
cules garnis de caissons de tous côtés, au centre
desquels se trouve installé un véritable lit, protégé
contre les ardeurs du jour ou l'humidité des nuits
par une forte bâche en natte de rotin qui couvre la
voiture tout entière. Mon approvisionnement avait
été compris de façon à n'emporter rien d'inutile,
mais à me procurer tout le confort désirable.

Tout l'arrière de ma charrette ainsi que les
côtés, étaient lestés par dix caisses de vin de
Bordeaux, contenant chacune douze bouteilles
quatre caisses de rhum, une grande caisse de con-

n'y a pas une nuance si délicate, si fine qu'elle soit, qu'on ne retrouve étalée, fondue, graduée, sur ces palettes magiques qu'on appelle les ailes des oiseaux... Et quand je songe que certaines sectes modernes qui prétendent ne relever que de la science, nous ont bel et bien prouvé que tout cela et bien d'autres choses étaient venus s'étaler là par hasard, par les seules forces modificatrices de la nature, en vérité, je ne puis m'empêcher de bénir cette nature, si grande, si belle, si intelligente, si sage, si ordonnée, si puissante..... puis, après l'avoir bénie, je ne puis m'empêcher de sourire en voyant cette prétendue science qui, après avoir nié Dieu, parce que sans doute, le mot a vieilli, s'empresse d'accorder aux lois de la nature toutes les qualités de puissance, de transformation, d'évolution, qu'elle refuse au premier.

Au lieu de dire Dieu ! elle dit lois de la nature, et elle s'imagine avoir fait ainsi une énorme révolution scientifique dans le monde.

Pauvre science, fausse science, elle ne fait, sans s'en douter, que remplacer un mot par son synonyme... et ce ne sera pas difficile à un linguiste de le prouver.

Dieu, c'est le Deus latin, le Zeus grec, le Zyaus sanscrit.

C'est donc au sanscrit qu'appartient l'expression type, la racine dont toutes les autres découlent.

Or, que signifie Zyaus en sanscrit ?

Zyaus en sanscrit signifie *ce qui est, tout ce qui existe*, avec une idée d'agrégation, c'est à proprement parler suivant l'expression indoue :

« L'ensemble des lois qui régissent ce monde visible et invisible. »

Le nom de Swayambouva, souvent aussi employé pour Zyaus dans les écoles de philosophie de l'Inde, signifie : « Ce qui existe par ses seules forces ».

Il suit de là que la philosophie indoue et même la religion de ce pays ne sont qu'un immense panthéisme, la divinisation de toutes les forces, de toutes les lois de la nature.

Le matérialisme moderne voudrait nous faire passer pour neuves des théories qui traînent depuis des milliers d'années dans les temples et les agrharas de l'Inde.

Du moment où vous donnerez à la nature toutes les forces d'action, de modification, de transformation... qu'est-ce que cela me fait que vous donniez à l'ensemble de ces forces naturelles les noms de matière, de Dieu, de Deus, de Zeus ou de Zyaus ? Vous tournez dans un cercle vicieux, et vous ne faites que remplacer une expression par une autre expression équivalente ou synonyme.

Mais j'ai promis de ne faire ni science ni linguistique...

Il est, ma foi, bien temps de m'en apercevoir, je vais me surveiller pour l'avenir.

Cette nature de l'Inde, si belle, si animée, si

variée, m'a presque toujours, pendant mes voyages, alors que, solitaire, je suivais quelque sentier plein d'ombre, à l'arrière de ma charrette, reporté vers les grandes questions que le monde de la science agite depuis des milliers d'années, sans pouvoir les résoudre... et de toutes ces réflexions qui sont venues périodiquement m'assaillir au milieu des ruines de la plus grande civilisation des temps passés, il est résulté pour moi cette croyance : c'est qu'ici-bas, en dehors des sciences exactes, notre droit, à la vérité, disparaît, et que tout nier est un acte de faiblesse aussi grand que de tout croire.

Un peu avant notre arrivée à Cuddaloor, je fus témoin d'une scène des plus amusantes : à quelques pas de la route que nous suivions se trouvait un petit sentier qui serpentait au milieu de deux rizières en ce moment inondées ; à une assez faible distance de nous, deux Indous que je reconnus appartenir à la caste des brahmes, étaient accroupis sur le chemin, se regardant avec défi ; une grande foule d'indigènes des deux sexes s'était réunie sur la route pour les regarder.

Voici le fait que j'appris des assistants :

Ces deux brahmes s'étaient rencontrés sur cet étroit sentier, chacun d'eux allant en sens contraire. Comme ils ne pouvaient passer deux de front, chacun avait donné l'ordre à l'autre, comme appartenant à une caste plus pure, plus relevée, de lui céder le pas.

Aucun des deux ne voulant céder, il en était résulté u'ils s'étaient accroupis en face l'un de l'autre, leur bâton à sept nœuds, placé transversalement sur leurs cuisses.

De temps à autre, ils rompaient le silence pour se couvrir d'injures, au grand plaisir de la foule qui les excitait et accablait de quolibets celui qui hésitait à la riposte.

Je sténographie un de ces tournois de langue.

— Allons, cède-moi le pas, ne connais-tu point mon nom, je suis Arounassalou-Atchariar, fils de Covindassamy-Atchariar.

— Et moi, je suis Narayana, fils d'Ardjouna. Si tu crois que je vais te céder le pas, tu laisseras sur ce chemin ta vieille carcasse aux chacals.

— Toute ta force est dans ta langue, mais si, dans dix calpas (dix clignements d'œil), tu n'as pas quitté ce chemin, ton vieux crâne aussi vide qu'une papaye (fruit creux) va retentir sous mon bâton.

La foule. — Tchi! tchi! bravo Arounassalou!

— Avant que ton bâton n'ait touché ma tête, et si tu ne déguerpis pas à l'instant, je vais te souffleter avec ma sandale. La foule hurlant. — Bravo! bravo! bien riposté Narayana.

Il n'y a pas d'insulte dans l'Inde supérieure à celle d'être frappé avec une sandale ; celui qui reçoit cette injure, sans s'en purifier par la mort de l'insulteur, perd immédiatement sa caste.

— Que parles-tu de sandale, chacal puant, tu sais

bien que si tu osais seulement la lever sur moi, je te ferais mourir sous le bâton.

— Impudent coquin, pars sans plus tarder.

— Hors d'ici, entremetteur de ta mère.

— File à l'instant, toi qui..... la tienne (le mot supprimé est intraduisible).

— Attends, marchand de callou, tu vas sentir les effets de ma vengeance, quand le soleil aura déplacé l'ombre de ce manguier jusque-là. Si tu as l'audace de te trouver encore là, je te fais mourir sous le bâton.

— Si dans trois minutes, tu n'as pas disparu, ignoble marchand de porcs, je prononce contre toi un *mentram* qui t'anéantit à l'instant.

Cette injure d'entremetteur de ta mère, de ta sœur, est vulgaire dans l'Inde, et les indigènes se disent cela et bien autres choses, à propos de n'importe quoi..... mais, se traiter de marchand de callou, c'est-à-dire de liqueurs fermentées, et de marchand de porcs, c'est atteindre les dernières limites de l'insulte, et deux Xchatrias ou gens de la caste militaire en seraient venus aux mains depuis longtemps, mais quelle que soit l'injure faite, on n'a jamais vu deux brahmes vider ainsi leurs querelles.

La foule continuait à trépigner de joie et à les exciter, mais nos deux hommes, à bout de ressources, préférèrent se renfermer dans un dédaigneux silence.

L'affaire n'eût pu se terminer, si quelques brahmes attirés par le bruit, n'eussent pris le parti de porter l'affaire devant les chefs de la caste à laquelle appartenaient les deux champions. Nous partîmes sans attendre le résultat du jugement.

Nous aurons souvent l'occasion d'assister à de bizarres aventures suscitées par ces préjugés de caste si enracinés dans l'Inde que l'on peut dire que toute la vie civile et religieuse des Indous leur est soumise.

La caste ! voilà le grand moyen de division inventé par les brahmes pour éterniser leur domination, et le moyen a paru si bon que les Anglais se sont bien gardés d'y toucher.

Quand on n'appartient pas à la même caste, non seulement toute alliance est prohibée, mais les gens ne peuvent ni manger ensemble, ni coucher sous le même toit, ni même se toucher sans être exposés à une impureté qui ne cède qu'après des ablutions et des cérémonies interminables, qui sont toujours fort coûteuses, car les brahmes qui officient dans ces sortes de cérémonies, se font payer grassement. Il faut être riche, très riche pour payer par exemple les cérémonies de purification d'une maison où est entré un pariah.

Aussi les gens de cette classe méprisée courent-ils risque de mort à entrer dans la case d'un homme de caste; il est juste de dire qu'ils ne s'y hasardent jamais. Au début de ce voyage, et afin de n'avoir pas à chaque instant à y revenir pour expliquer certains faits, certaines coutumes, nombres de préjugés que nous rencontrerons, il me paraît indispensable d'épuiser, puisque l'occasion s'en présente, sur ce que je pourrais avoir à dire, les castes du sud de l'Inde. Cela déblayera le terrain d'autant, et ne m'obligera pas à ouvrir des parenthèses à chaque pas, pour donner la clef de certains faits qui ne s'expliquent que par l'organisation de la société indoue en classes plus séparées entre elles, que ne le sont les divers peuples de l'Europe, même ceux que divisent des haines séculaires.

On sait que primitivement l'Inde ne comptait que quatre castes.

La caste des brahmes ou des prêtres;

La caste des Xchatrias ou des rois et des guerriers;

La caste des Vaisyas ou des marchands, négociants, bourgeois, propriétaires, cultivateurs;

La castes des Soudras ou des serviteurs, des esclaves.

Mais ces quatre divisions ne se sont pas conservées dans leur pureté. Ces castes se sont subdivisées en une foule d'autres dont il n'est point facile de connaître le nombre, parce que ces subdivisions varient selon les localités, et que telle caste qui existe sur un point ne se retrouve pas sur un autre.

Parmi les brahmes, par exemple, on distingue dans le sud, trois ou quatre castes principales qui elles-mêmes, en comptent au moins vingt chacune. Les lignes de démarcation entre elles sont tellement prononcées qu'elles s'opposent à toute espèce de fusion d'une caste à l'autre, surtout celles qui pourraient s'opérer par mariage.

Les castes des Xchatrias et des Vaysias ont aussi beaucoup de divisions et de subdivisions, l'une et l'autre sont moins nombreuses dans le Sud que dans les autres parties de l'Inde.

Les brahmes affirment même que la caste des Xchatrias n'existe plus, et que ceux qui prétendent lui appartenir ne sont qu'une race abâtardie.

Mais la caste où les catégories sont le plus multipliées, est celle des Soudras. personne, dans aucune des contrées que nous allons visiter, n'a jamais pu m'en faire connaître avec précision le nombre et les espèces; seulement on estime, par conjecture, qu'il y en a dix-huit principales subdivisées en cent huit autres.

La plus nombreuse des quatre anciennes castes est donc celle des Soudras, elle forme toute la masse de la population, à peu près les neuf dixièmes, sans compter les pariahs, qui forment à peu près aujourd'hui le huitième de toute la population de l'Inde.

Comme c'est aux Soudras que sont dévolus la plupart des professions mécaniques et presque tous les travaux manuels, et que d'après les préjugés du pays, aucun Indou ne peut exercer deux métiers, il ne paraîtra pas surprenant que la population qui compose la caste des Soudras, soit divisée en tant de branches distinctes.

Cependant, plusieurs castes de Soudras n'existent que dans certains pays. De tous ceux que j'ai habités, la contrée Dravida est celle où les ramifications m'ont paru le plus multipliées ; elles ne sont pas en aussi grande quantité dans le Maïssour, ni dans le Deccan.

Je n'ai vu nulle part, en effet, dans ces derniers pays, des castes qui correspondent à celles qu'on connaît, par exemple, sur le territoire de Pondichéry, sous les noms de Modely, Agambady, Nattaman, Tottiers, Ventouven, Vellaya, Oupilien, Pallen et une foule d'autres.

Il faut néanmoins remarquer que les castes de Soudras qui sont exclusivement chargées des occupations indispensables dans toute vie civilisée, se retrouvent partout sous des noms différents, suivant la variété des idiomes.

De ce nombre sont entre autres les jardiniers, les bergers, les tisserands, les *Pantchalas* ou les cinq castes d'artisans qui se composent des charpentiers, des orfèvres, des forgerons, des fondeurs, et en général de tous les ouvriers qui travaillent sur les métaux, des distillateurs, des vendeurs d'huile, des pêcheurs, des potiers, des blanchisseurs, des barbiers et de quelques autres, dont la réunion dépasse de beaucoup le chiffre *cinq*, mais qu'on continue à ranger sous ce nom de Pant-chalas, ou les cinq castes.

Toutes font partie de la grande caste des Soudras, cependant les cultivateurs tiennent le premier rang, et regardent avec dédain et comme bien inférieures les autres castes qui ont en partage les professions que je viens de nommer, ils ne consentiraient jamais à manger avec ceux qui les exercent, et même souvent à les recevoir dans leur maison.

On voit même dans de simples districts des castes qu'on ne retrouve nulle part et qui se distinguent par des pratiques singulières qui leur sont tout à fait propres. Je ne sache pas qu'on connaisse ailleurs qu'au Travancor la caste très connue, du reste, des Nainars, ou Nairs, dans laquelle les femmes jouissent du privilège d'avoir plusieurs maris.

Dans cette même contrée, il existe une autre caste qui porte le nom de Namboury, qui observe religieusement une des coutumes les plus étranges qu'on puisse rencontrer dans le monde. D'après leurs croyances, toute fille qui meurt vierge ne peut espérer de parvenir au céleste séjour, elle est par ce fait condamnée à revenir sur la terre, accomplir une foule de migrations nouvelles, jusqu'à ce qu'elle ait satisfait à l'obligation naturelle qui seule peut la délivrer de ces retours successifs sur la terre.

Aussi marie-t-on les filles de cette caste bien avant l'âge de puberté, car si une fille venait à mourir après avoir atteint l'âge de puberté sans avoir eu commerce avec un homme, les principes de la caste exigeraient impérieusement, pour lui éviter toutes les migrations dont elle est menacée, qu'une monstrueuse union eût lieu après la mort. Dans ces circonstances, les parents sont obligés de se procurer, à prix d'argent, quelque misérable qui n'ait pas horreur d'un pareil rapprochement. La famille serait déshonorée si cette odieuse et stupide profanation n'avait pas lieu, elle serait du reste chassée de la caste.

La caste des callers, c'est-à-dire des voleurs, dans laquelle on exerce la profession comme une prérogative héréditaire, ne se trouve guère que sur la côte de Marava, dans le pays de Malabar.

Les petits rajahs qui y commandaient, appartenaient à cette caste, et la profession de voleur n'a rien d'infamant ni pour eux, ni pour aucun des individus qui composent cette caste; en volant, ils ne sont censés que prendre leur bien, car le droit de vivre sur le bien d'autrui leur aurait été concédé, de temps immémorial, par les anciens rajahs.

Ils ne doivent jamais prendre au delà de leurs besoins, et ils le font ouvertement, sans se cacher, prenant dans les récoltes ce qu'ils ont besoin pour leur nourriture. Quand un membre de cette caste marie sa fille, partout les Indous enterrent leurs objets précieux, car le caller, accompagné de ses parents bien armés, fait le tour de toutes les maisons et s'empare de tous les bijoux à sa convenance pour en orner sa fille.

Je n'en ai jamais vu un seul rougir de sa caste ou de son métier, et quand il m'est arrivé de demander à un de ces individus à quelle caste il appartenait, il m'a toujours répondu sans embarras :

— Je suis de la caste des voleurs.

En raison du privilège ancien, respecté par les préjugés, qui leur permet d'exercer cette singulière profession, la caste des *callers* passe même dans le pays du Madura, où elle est très répandue, pour fort honorable.

Il y a aussi dans cette même province une autre caste connue sous le nom de *Tottier*, où les femmes sont en commun, mais dans la même famille seulement. La mère seule est respectée par le fils, et la fille par le père, à part cela, frères, sœurs, cousins, oncles et neveux, vivent ensemble dans le plus complet état de promiscuité ; les enfants qui naissent appartiennent de droit et reconnaissent pour leur père le mari de leur mère.

Dans cette caste, l'indivision dans les liens est la loi, tout appartient à la communauté.

Nous verrons plus tard, en passant dans les différentes contrées qu'elles habitent, d'où viennent ces castes, et quelle est l'origine des étranges coutumes auxquelles elles sont soumises.

A l'est du Maïssour, il existe une caste désignée sous le nom de Morsa-Kokoula-Makoulou, ou caste du doigt coupé, dans laquelle lorsqu'une mère de famille marie sa fille aînée, elle est obligée de subir l'amputation d'une phalange au doigt du milieu et à l'annulaire de la main droite.

Si la mère de la fille est morte, c'est alors celle du marié, et à son défaut une des plus proches parentes qui doit se soumettre à cette étrange mutilation.

Il existe encore, dans les différentes provinces du Sud, une foule d'autres castes qui se distinguent par des pratiques aussi insensées que celles que je viens de faire connaître.

En général, il y a peu de castes chez lesquelles, outre les usages et les cérémonies religieuses et civiles qui existent dans la communauté sociale, pour garantir et sanctionner son existence comme agglomération d'individus, il n'y ait en outre quelque coutume particulière destinée à distinguer une caste d'une autre.

La façon et la couleur des vêtements, la manière de s'habiller, la forme particulière des joyaux, la manière de les ajuster sur certaines parties du corps, tout cela fournit aux castes une grande variété de signes distinctifs.

Les unes ont pour les cérémonies du mariage et du deuil, des rites qui leur sont particuliers; d'autres ont divers ornements qu'elles seules peuvent employer, des drapeaux de certaines couleurs qu'elles seules ont le droit de faire porter dans ces diverses cérémonies.

Cependant quelque curieuses, extravagantes, cruelles, ou répugnantes parfois que puissent paraître les pratiques adoptées par diverses castes, elles ne leur attirent aucune marque de ridicule ou de mépris de la part des autres castes qui ne les admettent pas.

Il règne sur cet article, la plus grande et la plus complète tolérance, et pourvu qu'on se conforme aux règles de civilité et de bienséance généralement reçues, chaque caste peut suivre paisiblement ses règlements et ses usages domestiques, sans qu'aucune caste s'avise de les blâmer, ni même de les critiquer, quoiqu'ils se trouvent en opposition avec les siens.

Il y a néanmoins des coutumes qui, quoique scrupuleusement suivies dans le pays où elles existent, sont cependant si fort opposées aux règles de la décence et aux usages adoptés généralement dans l'Inde, que les Indous eux-mêmes n'en parlent que pour les blâmer.

Telles sont les coutumes suivantes : Dans le sud

du Maïssour, sur les limites de ce pays et du Travancor, les femmes sont obligées d'accompagner leurs parents de l'autre sexe, lorsque ceux-ci vont satisfaire un besoin naturel ; elles emportent un vase plein d'eau, et accomplissent elles-mêmes les ablutions nécessaires. Cette pratique dans le Maïssour est regardée comme faisant partie d'une bonne éducation, et une femme qui s'y déroberait serait regardée par tous comme fort mal élevée.

Dans tout le nord de l'Inde et chez certaines castes du Sud, l'usage des liqueurs enivrantes est proscrit absolument. Chez les habitants qui peuplent les forêts et les montagnes de la côte malabare, cette prohibition n'existe point.

Les castes les plus élevées parmi les Soudras, sans même en excepter les femmes et les enfants, boivent publiquement de l'arack, sorte d'eau-de-vie du pays, et du toddy ou jus du palmier fermenté.

Chaque habitant est abonné avec le vendeur de toddy, qui lui apporte tous les jours une quantité déterminée de cette liqueur pour laquelle il est payé en denrées, au temps de la récolte.

Les brahmes qui habitent ces contrées ne peuvent se livrer à un pareil excès sans perdre leur caste, et osent néanmoins en cachette, tout à leur aise, ce que n'oseraient point faire les brahmes des autres contrées.

Ils se livrent aussi beaucoup à l'usage de l'opium, qui les abêtit rapidement ; aussi les populations de certaines parties de cette côte sont rachitiques et dégénérées.

Ces usages viennent sans doute de ce que les habitants de ces contrées humides et malsaines ont reconnu que l'usage modéré des liqueurs et de l'opium pourrait les garantir, au moins en partie, contre l'insalubrité causée par les vapeurs pestilentielles, au milieu desquelles ils sont obligés de vivre ; mais l'abus qu'ils en ont fait peu à peu, comme toujours, a fait que le remède adopté s'est trouvé pire que le mal.

Quelques tribus de Soudras qui peuplent les montagnes du Carnatic ont dans leur règlement domestique un article aussi singulier que dégoûtant. Il oblige les personnes des deux sexes à passer leur vie dans la malpropreté, en leur défendant de jamais laver leur vêtement.

Après s'être enfin couverts des toiles telles qu'elles sortent des mains du tisserand, il leur est interdit de les quitter jusqu'à ce qu'elles tombent en lambeaux, avec pourriture.

On peut juger de l'infection de ces toiles, lorsqu'elles sont ainsi restées sur le corps, jour et nuit pendant trois ou quatre mois, chez les femmes surtout obligées par nature à des soins réguliers de propreté plus exquise ; on doit juger de ce que doivent être ces vêtements quand elles sont obligées de les quitter.

Il suffit de passer dans un village habité par une de ces castes soumises à cette nauséabonde coutume, pour se sentir le cœur soulevé par l'odeur méphitique qu'exhalent les maisons, et qui se répand jusque dans la rue.

Cependant cet ignoble usage est régulièrement observé, et si quelqu'un de ces contrées s'avisait seulement de tremper une seule fois dans l'eau les toiles dont il est revêtu, il serait exclu de sa caste.

Un brahme du pays que j'interrogeais un jour, me répondit qu'il croyait que cette coutume venait de la rareté de l'eau dans cette partie du Maïssour; en effet, on ne rencontre dans cette contrée que des mares d'eau plus ou moins stagnantes qui seraient bientôt corrompues, si les habitants de tous les villages avaient la permission d'y laver leurs vêtements.

Je donne cette explication pour ce qu'elle vaut, c'est-à-dire telle que je l'ai reçue.

Il y a des usages religieux qui ne sont suivis que par certaines sectes et qui sont purement locaux.

Je n'ai vu par exemple que dans les districts situés à l'ouest du Maïssour le lundi de chaque semaine, chômé à peu près comme l'est le dimanche parmi les chrétiens. Ce jour-là, les habitants s'abstiennent des travaux ordinaires, surtout de ceux où il faudrait employer les bœufs et les vaches, comme le labourage, car le lundi étant consacré à Bassouva à qui le taureau est dédié, et où l'on rend à cette divinité un culte spécial, ce jour doit être un de repos pour cette espèce d'animaux encore plus que pour les Indous.

Cependant, cet usage n'est en vigueur que dans les districts où dominent les lingouristes, c'est-à-dire les sectaires de Siva, qui ont pour le taureau une vénération religieuse plus profonde encore que les autres Indous. Dans des lieux où cette secte est la plus nombreuse, non seulement elle observe religieusement le jour consacré à cette divinité favorite, mais encore elle force les autres castes à l'observer aussi.

Indépendamment des divisions et des subdivisions générales pour toutes les castes, on distingue encore dans les diverses tribus, les familles déjà alliées entre elles : cette distinction a lieu surtout quand il s'agit de mariages. Les Indous de bonne caste évitent, autant qu'ils le peuvent, de contracter des alliances étrangères et ils cherchent toujours à marier leurs enfants dans des familles avec lesquelles ils sont déjà unis par des liens d'affinité et de consanguinité.

Les mariages se font d'autant plus volontiers que les contractants sont plus proches parents.

Un veuf se remarie avec la sœur de sa première femme, un oncle épouse sa nièce, et un cousin-germain sa cousine-germaine.

Les individus qui sont à ces différents degrés de parenté, ont même le droit exclusif de se marier avec les parentes que je viens de désigner. Quand ils le veulent, ils peuvent les empêcher de se choisir un mari dans le degré plus éloigné, et les forcer bon gré mal gré de s'unir à eux, quels que soient leur âge, leurs défauts, leurs infirmités et leur pauvreté.

Mais il y a sur ce point une distinction qui nous paraîtra bizarre et ridicule.

Un oncle épousera la fille de sa sœur, mais en aucun cas, il ne pourra épouser la fille de son frère.

Les enfants du frère se marieront avec ceux de la sœur, mais les enfants de deux frères, ni même ceux de deux sœurs ne pourront contracter mariage entre eux.

Parmi les descendants d'une même souche la ligne masculine aura le droit de s'allier avec la ligne féminine, mais jamais les membres de l'une ou de l'autre ne seront autorisés à choisir leurs conjoints dans leur propre ligne.

On donne pour raison de ce fait dans l'Inde, que les enfants de la ligne masculine ainsi que ceux de la ligne féminine continuent de génération en génération à s'appeler entre eux frère et sœur, aussi longtemps qu'il est connu dans le public qu'ils dérivent d'une même souche, fussent-ils à la dixième génération.

Un homme épouserait donc sa sœur de lait, si les enfants se mariaient entre eux dans l'une ou l'autre de ces deux lignes, tandis que les enfants de la ligne masculine ne donnant pas le nom de frère et de sœur aux enfants de la ligne féminine et *vice versa*, mais se désignant entre eux par leurs noms personnels, le même inconvénient n'est pas à craindre.

Cette règle est universellement et invariablement observée par toutes les castes, depuis le brahme jusqu'au pariah : la ligne masculine doit toujours se croiser avec la ligne féminine.

L'explication ci-dessus donnée par les Indous à cette coutume, selon moi, est toute moderne.

Les anciens brahmes qui ont établi ces règles étaient des hommes fort savants qui, tout en proscrivant les alliances entre gens de classes différentes pour conserver la pureté du sang et les qualités sélectionnées pour une race, n'ignoraient pas que les mariages consanguins trop fréquents pouvaient conduire à un but tout différent de celui qu'ils avaient l'intention d'atteindre.

C'est à cette coutume qu'il faut attribuer la connaissance que possèdent tous les Indous, et surtout les Brahmes, de leur arbre généalogique ou *gotram*.

Ces derniers, surtout, sont parfaitement renseignés sur la souche d'où ils dérivent, ils savent quel est le brahme, personnage fameux, prêtre mauny ou pénitent d'où ils descendent, et ils portent la plus grande attention à suivre la ramification de sa descendance masculine afin de ne pas s'exposer ou exposer la descendance directe de cet antique grand prêtre, leur ancêtre commun.

Aussi ont-ils toujours soin de se marier dans un gotram différent du leur.

Les Indous qui ne trouvent pas à se marier dans leur gotram, sont indispensablement obligés de se marier dans leur caste, et dans la subdision ou branche de la caste à laquelle ils appartiennent.

Il leur est interdit, sous quelque prétexte que ce soit, de contracter des alliances étrangères.

Les castes d'un pays ne peuvent pas non plus s'allier par mariage aux castes d'une autre province, puisqu'elles sont exactement les mêmes sous des noms différents.

Ainsi les *Yedeyers-Tamouls* et *les Ouparêrou-Canaras* ne consentiraient jamais à prendre des femmes, chez les Gollavatrias-Télingas et les Pollys-Tamouls, puisque les deux premières castes sont exactement les mêmes que les secondes, à la dénomination près dont la différence est due à celle des idiomes.

La plus distinguée des quatre grandes tribus dans laquelle les Indous furent divisés par leurs premiers législateurs est, comme nous l'avons dit, celle des brahmes; après eux viennent les Xcharias ; mais à part les rajahs, dont il reste si peu dans l'Inde, nous ne connaissons pas une seule agglomération de gens de cette caste. Les dires des brahmes que cette caste s'est perdue dans les guerres innombrables qu'elle a eu à soutenir, me paraissent fondés en vérité.

Les Vaysias viennent ensuite dans l'ordre régulier, et ils devraient être fort au-dessus des Soudras qui, dans l'origine, n'avaient d'autre mission que celle de servir les autres castes ; mais peu à peu les Soudras se sont emparés des travaux des champs regardés comme les plus nobles par les livres saints, et ils en ont fait l'apanage de leur caste ; pendant que les Vaysias préféraient rester à leurs comptoirs de marchands et de banquiers, où ils trouvaient plus vite à s'enrichir, peu à peu les Soudras sont devenus possesseurs de la terre, et ils disputent vivement la prééminence à leurs anciens maîtres.

Aujourd'hui, les Vaysias paraissent avoir entièrement perdu cette prééminence, excepté dans les livres sacrés, où, ainsi que je l'ai dit, ils sont restés les maîtres des Soudras.

Pas un Soudra ne voudrait reconnaître cette domination, et dans le commerce de la vie, il se regarde comme bien au-dessus du Vaysia, et ne perd aucune occasion de lui faire sentir sa supériorité et de le traiter avec mépris.

Au sujet de la caste des Vaysias, il est une remarque que l'on fait partout dans l'Inde : c'est que leurs femmes sont en général bien moins belles que celles des Soudras, et que la race s'est considérablement abâtardie dans la mollesse qu'engendrent le bien-être et la richesse ; ceci est un fait avéré, j'ai été à même de voir une foule de femmes appartenant à cette caste, et je dois dire que je n'ai pas retrouvé cette pureté de formes, cette beauté délicate et charmante qui distinguent les femmes des Soudras, qui sont bien les plus belles qui existent au monde.

Les femmes vaysias qui sont à peu près toutes riches, car les membres de cette caste aujourd'hui peu nombreuse sont tous négociants, armateurs, banquiers et se soutiennent les uns les autres dans leurs affaires, les femmes vaysias, dis-je, peuvent se couvrir de bijoux et de soie, elles n'arriveront jamais à rivaliser avec une femme soudra simplement couverte d'une fine toile qui lui laisse le torse et les seins demi-nus, et qui s'en va en fredonnant quelque refrain malabare, chercher de l'eau à la fontaine, le sourire aux lèvres et une fleur dans les cheveux.

Ah ! charmantes enchanteresses, que vous êtes belles sous votre ciel de feu avec votre teint de safran, vos grands yeux languissants comme ceux des gazelles, votre peau douce et fine pleine de promesses amoureuses dans ses tièdes effluves, vos seins plus durs que les fruits du papayer, vos grands

cheveux noirs qui balayent le sol sur vos talons,
et plus que tout cela vos faiblesses si tendres et si
faciles, et vos ardeurs toujours inassouvies...

Et quel admirable pays que l'Inde qui produit
de pareilles femmes!

Nous vous retrouverons bientôt, sirènes aux
lèvres de corail et aux baisers de feu; nul naufrage
n'est à craindre près de vous, et si vous attirez
comme les fleurs par votre beauté et votre par-
fum, nulle épine ne se cache sous les roses que
vous laissez effeuiller...

Ce n'est pas seulement chez les Vaysias que la
tradition de l'antique hiérarchie ne s'est pas con-
servée, les Brahmes eux-mêmes ne possèdent point
partout sans contradiction le premier rang dans
la société.

Les Pantchalas, c'est-à-dire les cinq castes d'artisans, ne veulent pas, en de certaines contrées, reconnaître leur supériorité, bien que ces cinq castes,
qui sont universellement méprisées, composent les
plus basses castes parmi les Soudras; cette prééminence leur est encore plus vivement disputée par
les Djeinas.

Les Djeinas font partie d'une secte religieuse
spéciale qui prétend avoir seule conservé dans
toute leur pureté les prescriptions des premiers
âges. D'après eux, ils posséderaient seuls les véritables textes des Védas et de Manou.

J'aurai occasion de parler plus loin de cette

secte à propos d'une visite que je leur ai faite dans un de leurs temples de Travancor, et où, pendant huit jours, ils ont exercé envers moi l'hospitalité selon le rite antique, qui faisait le voyageur roi de la maison de son hôte pendant tout le temps de son séjour.

Vingt fois, dans mes précédents voyages à la côte malabare, j'ai voulu conter cette aventure, j'avais toujours été retenu par son étrangeté, je n'hésiterai plus aujourd'hui ; mes adversaires m'ont taxé de voyageur romanesque, eh bien pour leur répondre, je montrerai l'Inde sans voile telle qu'elle est, chaque fois que j'en trouverai l'occasion, défiant toute contradiction, non des voyageurs de *Cook's Tourist*, qui courent le monde en paquebot, mais de quiconque a habité les contrées dont je parle.

Il n'est point très facile de décider quel ordre hiérarchique occupent entre elles les subdivisions de chaque caste.

Des castes méprisées dans un district sont souvent fort considérées dans un autre, selon qu'elles y vivent avec plus de décence, ou qu'elles y exercent des emplois plus importants.

Ainsi la caste à laquelle appartient un prince du pays, quelque basse qu'elle puisse être réputée ailleurs, est mise au premier rang de toutes les castes dans toute l'étendue de la province où ce prince exerce son commandement, et toutes les personnes qui en font partie participent à l'éclat que lui donne la dignité du chef qui gouverne.

Le moyen qui fait le mieux connaître quelles sont parmi les Soudras les castes qui ont la supériorité sur les autres, c'est l'opinion publique, et pour peu qu'un long séjour vous ait rendu familier avec les usages d'une province et la vie privée de ses habitants, on distinguera bientôt la hiérarchie des castes par le plus ou moins d'estime dont elles jouissent.

Ainsi les castes où l'on fait le plus attention aux règles qui concernent les ablutions et la pureté extérieure, où l'on s'abstient de toute nourriture animale, celles où l'on est délicat sur les alliances, où les femmes vivent retirées, où elles sont le plus sévèrement punies, quand elles viennent à manquer aux lois de la pudeur, celles où l'on est par cela même plus zélé pour le maintien des usages et la conservation des privilèges, sont les plus considérées.

Les Brahmes sont de tous les Indous ceux qui s'appliquent le plus à conserver cette pureté antérieure par des bains fréquents et par une abstinence sévère, non seulement de viande et de tout ce qui a eu un principe de vie, mais encore de toute boisson fermentée, et de plusieurs productions de la terre que des préjugés superstitieux leur font regarder comme impures et capables de souiller. C'est principalement à l'observation scrupuleuse de ces usages qu'ils doivent l'éclat de leur illustre caste ainsi que le respect et l'estime dont ils sont environnés.

Parmi les diverses tribus de Soudras, celles où les veuves peuvent se remarier sont méprisées comme les plus abjectes; aussi, excepté la caste des pariahs, j'en connais bien peu où ces mariages se fassent publiquement et de l'aveu de la caste.

Outre les divisions générales de castes dont je viens de parler, il y a encore les divisions de castes religieuses.

Les deux plus considérables sont celles de Vischnou, dieu conservateur, et de Siva, dieu modificateur et transformateur; ces deux sectes se subdivisent en une infinité d'autres.

Plusieurs castes, surtout parmi les Brahmes, se font distinguer par certaines marques tracées sur le front ou sur d'autres parties du corps.

Les trois premières des quatre grandes castes, c'est-à-dire les Brahmes, les Xchatrias et les Vaysias, ont pour signe distinctif un cordon de fil suspendu en bandoulière de l'épaule gauche à la hanche droite; ce signe est aussi porté par les Djeïnas.

Aujourd'hui grâce à la force du nombre, plusieurs castes de Soudras s'en parent au mépris des prescriptions des livres sacrés; il est donc très facile de s'y méprendre, et le cordon n'est plus le signe distinctif des castes élevées.

D'après ce que je viens d'exposer, on peut voir que c'est principalement par le nom que les différentes castes indoues se distinguent aujourd'hui; ces noms mêmes pour la plupart sont si anciens qu'ils ont perdu toute signification, quelques-uns cependant expriment des idées spéciales, comme une qualité : commoutys, négociant ; courouba, berger ; bohis, coureur, porteur de palanquin.

Il y a encore des divisions plus générales qu'aucunes de celles que je viens de rapporter, c'est la division en *main droite* et en *main gauche*.

Cette division est d'invention toute moderne, car nulle part il n'en est fait mention dans les livres sacrés anciens.

Dans le nord de l'Inde même, elle est absolument inconnue.

Les Indous du Sud ont été conduits là par cet amour inné chez eux pour les distinctions et les privilèges. Toutes les castes dont nous venons de parler, à part celles des Brahmes, des Rajahs, et de quelques-unes parmi les plus distinguées des Vaysias et des Soudras, sont subdivisées en gens de main droite et gens de main gauche.

Dans les gens de main gauche se rangent presque toutes les castes des Vaysias ou marchands, les Pantchalas ou cinq castes d'artisans, et les plus infimes castes des Soudras.

Ces castes de main gauche ont adopté pour faire respecter leurs privilèges, au besoin par le poing et le bâton, la *très honorable* corporation des Chakilys ou savetiers qui est bien la caste la plus infime et la plus méprisée de toutes et dans l'Inde entière. A la main droite appartiennent les castes les plus distinguées parmi celles des Soudras; pour répondre aux gens de main gauche qui se disputent et se battent par procuration, les Soudras de main droite ont choisi les Pariahs.

Aussi ces derniers profitant immédiatement de cela, dès qu'on leur demande leur caste, soit en justice, soit en tout autre lieu où cette formalité est exigée, répondent-ils orgueilleusement :

— J'appartiens à la caste Valan-Gaï-Mougattar, ce qui signifie, caste des amis de la main droite. Ceux qui les premiers ont imaginé ces distinctions ne pouvaient pas en inventer de plus nuisibles à la tranquillité publique, car elles sont une source intarissable d'émeutes, de batailles et d'insurrections sans cesse renaissantes entre les indigènes.

Dans toutes les disputes et les batailles qui s'ensuivent, ce sont toujours les pariahs qui font le plus de tapage et aussi le plus de mal.

Les castes des Brahmes, des Rajahs, et les bonnes castes parmi les Vayssias et les Soudras ne prennent aucune part à ces luttes, mais elles sont en grande minorité, et ne peuvent que rester neutres dans l'impuissance où elles sont de mettre la paix.

Quelquefois au lieu de pousser leurs soutiens,

messieurs les pariahs et savetiers, à s'associer pour leur compte, les castes de main droite et de main gauche, choisissent les castes neutres pour arbitre, mais le cas est rare, car à la première discussion les pariahs, qui ne cherchent que cela, descendent dans la rue provoquer les savetiers, et la bataille commence.

Ce qui distingue une main de l'autre, ce sont certains privilèges exclusifs que chacune revendique; mais comme ces prétendus privilèges ne sont nulle part clairement définis et reconnus, il en résulte une confusion et une incertitude dont il n'est guère possible de se tirer. Dès qu'une main prétend que l'autre empiète sur ses droits, alors on voit des soulèvements se communiquer de proche en proche, on voit souvent pariahs et savetiers se mettre en mouvement dans toute une province et le tout dégénère en batailles sanglantes.

L'Indou, si timide, si doux dans les autres circonstances de la vie, semble changer de nature en celle-ci.

Il n'est aucun danger qu'il n'affronte pour maintenir ce qu'il appelle ses droits; et plutôt que d'en faire le sacrifice, il ne craindra pas de s'exposer au risque presqu'évident de perdre la vie.

J'ai été souvent témoin de ces sortes d'émeutes, excitées par les prétentions des gens de main gauche et de main droite qui se livrent d'autant

plus facilement à leurs contestations de privilèges,
que ce ne sont pas eux qui en viennent aux
mains, et reçoivent les coups pour faire respecter
leurs prétendus droits.

Le degré de fureur auquel atteignent parfois
les Chakilys et les Pariahs est extrême à ce point
que la présence de la troupe n'est pas toujours capable de les calmer. J'ai vu souvent les exhortations pacifiques et les autres voies de conciliation
employées par les magistrats n'ayant produit aucun
effet, le gouvernement être contraint d'employer
la force pour réprimer ces luttes qui finissaient
par dégénérer en révoltes. Il arrive souvent que
ces forcenés, arrivés au paroxysme de la rage, non
seulement ne cèdent pas, mais courent au-devant
de la fusillade, révoltés par la vue du sang et le
spectacle des leurs tombés dans la poussière.

Mais quand la lutte est bien engagée, que le fanatisme a gagné toute une province, il faut des
mois pour les pacifier, le calme ne se rétablit que
lentement, la première étincelle ravive le feu : sa-
vatiers et Pariahs en viennent de nouveau aux
mains sans que le souvenir d'une répression récente soit assez puissant pour les retenir.

Si encore les prérogatives pour lesquelles se livrent ces batailles sanglantes avaient quelque importance, mais elles sont la plupart du temps de
l'espèce la plus ridicule, et un Européen qui n'a
pas vécu dans l'Inde aura peine à croire, que des

choses aussi misérables puissent conduire à de pareils résultats.

Ainsi, le droit de porter des pantoufles, celui de pouvoir se promener à cheval ou en palanquin dans les rues, les jours de mariage, l'honneur de se faire escorter dans certaines circonstances par des gens armés, celui de faire sonner la trompette devant soi, de se faire accompagner de la musique du pays aux fêtes et aux autres cérémonies publiques, d'employer dans ces occasions des instruments de telle ou telle espèce; le droit de faire porter autour de soi à ces mêmes cérémonies des drapeaux de telle ou telle couleur, ou représentant l'image de telle ou telle divinité, le droit de porter une canne à pomme d'or et une foule d'autres de même force... tels sont les privilèges pour lesquels les Indous s'entr'égorgent les uns les autres ; et ce qu'il y a de plus fort, c'est que ce ne sont pas ceux qui s'en emparent, et ceux qui les revendiquent qui descendent dans l'arène, ce sont de pauvres diables qui n'en peuvent mais, et qui n'en profitent pas.

Je pourrais citer une foule de cas dans lesquels, comme chef du parquet de Pondichéry, j'ai été appelé à rétablir l'ordre par la force, je me contenterai d'en retenir un des plus curieux qui donnera bien au lecteur, une idée exacte, et des prétentions des castes, et des excès auxquels ces prétentions conduisent.

Dans les villages, les gens de main gauche habitent le côté gauche de la rue, et les gens de main droite le côté droit, de plus chaque rue est spécialement affectée à certaine caste.

Il y a la rue des tisserands, la rue des forgerons, la rue des marchands, etc...; nul n'a le droit d'habiter une de ces rues s'il n'appartient à la fois, à la caste et au métier.

Un jour, un soudra de la caste des forgerons vient à mourir dans le district de Vilnoor; cet homme, grâce à son honnêteté et son exactitude à remplir tous ses devoirs de caste et de religion, était très considéré. Quoique de caste forgeron il n'exerçait pas son métier, car une des choses les plus curieuses dans le système actuel des castes, c'est que nul aujourd'hui n'est forcé d'exercer le métier de la caste à laquelle il appartient. Le premier avocat indigène de Pondichéry pour la science et le talent, lors de mon séjour dans l'Inde, était un nommé Tomaperassary et appartenait à cette même caste des forgerons.

En raison de la réputation dont il jouissait, les parents du mort résolurent de lui faire de splendides funérailles qui pussent rehausser l'éclat de la caste tout entière.

Le mort était un homme de main gauche. Tout alla bien tant que la cérémonie se passa dans la maison, mais dès que le cortège funèbre voulut se mettre en marche pour le bûcher, deux ou trois cents Pariahs armés de triques, se mirent à barrer le chemin, et déclarèrent que le mort ne passerait pas, à moins qu'on n'enlevàt du palaquin qui le portait toutes les fleurs rouges qu'on y avait répandues à profusion et qu'on ne laissât en tète du cortège qu'une seule trompette au lieu de trois ; le droit, suivant eux, d'avoir des fleurs rouges et trois trompettes à une cérémonie funèbre appartenant exclusivement aux castes de main droite.

On avait vu construire le palanquin de fleurs ; les musiciens des morts avaient été engagés d'avance, on savait donc depuis la veille quelle solennité on allait donner à la cérémonie, depuis la veille seulement on savait que les Pariahs devaient s'opposer à la marche du convoi.

Mais les savetiers, soutiens de la main gauche, n'étaient pas restés à court, ils avaient envoyé des émissaires de tous les côtés, aussi purent-ils se présenter en face des Pariahs, en nombre égal, pour faire respecter les droits de leurs patrons les gens de main gauche.

A la première sommation des Pariahs, le convoi s'arrêta, les savetiers armés de rotins et de joncs flexibles passèrent devant le mort, et sommèrent les Pariahs de leur livrer passage ; ces derniers répondirent par des injures, que les savetiers leur renvoyèrent à profusion.

Tout le village était là pour juger des coups de langue et des coups de triques et exciter les combattants,

Pendant des heures, ainsi que cela est d'usage, le temps se passa des deux parts en menaces d'extermination complète; à entendre les Pariahs, dans les cinq minutes il n'allait plus rester un seul savetier debout; de leur côté les savetiers d'un seul coup de bâton se vantaient de faire disparaître les Pariahs, et tout cela était mêlé d'injures à faire reculer les héros d'Homère.

C'était à qui ne donnerait pas le premier coup; le soir arriva sans que l'attaque se fût dessinée de part et d'autre. Le Thasildar ou chef du village, s'efforçait par des paroles conciliantes à ramener le calme et à faire adopter une transaction. Il proposa que les gens de main gauche enlevassent la moitié des fleurs rouges, et congédiassent une trompette sur trois.

C'était donner un semblant de satisfaction aux gens de main droite, sans trop humilier les gens de main gauche.

S'il n'y avait eu que la question des trompettes on se fût entendu, mais les gens de main droite déclarèrent qu'ils ne céderaient jamais pour les fleurs rouges, qu'ils n'en permettraient pas une seule, le port de ces fleurs constituant un privilège exclusif des gens de main droite.

D'un autre côté les Pariahs criaient bien haut pendant les tentatives de conciliation que quand bien même leurs patrons accepteraient l'arrangement proposé, ils se refuseraient encore, comme défenseurs des droits de la caste, à laisser diminuer en quoi que ce fût les privilèges des gens de main droite.

Les savetiers ripostaient de même et la nuit vint sans qu'on fût parvenu à s'entendre ; l'engagement, c'est-à-dire la solution du différend par le bâton, fut remis au lendemain.

Pendant toute la nuit, savetiers et Pariahs, furent gorgés d'arrack et de callou, jus fermenté du cocotier, et le Thasildar prévoyant la tournure que cela allait prendre, m'envoya un exprès pour me prévenir ; mon subordonné m'avertissait qu'il croyait à une sérieuse effusion de sang au lever du soleil.

J'eus ce jour-là la gloire de réprimer une émeute qui menaçait d'atteindre à des proportions redoutables, par une de ces idées de génie comme il en vint une au maréchal Lobeau quand il employa les pompes à incendie contre les attroupements de la place de la Concorde.

Je priai le commandant de place, mon brave ami le colonel O'Brien de mettre cinquante soldats d'infanterie de marine à ma disposition, munis de tous les balais qu'il serait possible de trouver.

Une explication pour faire comprendre mon idée.

Etre frappé dans l'Inde par un balai ou une sandale, est à ce point déshonorant, que celui qui reçoit cette correction est regardé comme tel-

lement impur, qu'il est à l'instant même exclu de
sa caste par ses compagnons, s'il ne peut se faire
réhabiliter après s'être vengé toutefois, avec de
longues et coûteuses cérémonies de la purification.
C'est à ce point qu'un Indou, placé entre une condamnation à dix ou vingt ans de travaux forcés,
prononcée par les tribunaux européens et une condamnation à deux coups de balai ou de sandale
prononcée par les chefs de caste, comme peine em-
portant exclusion de la caste, préférera cent fois la
condamnation aux travaux forcés qui ne le dés-
honore pas, à l'autre condamnation qui lui fait
perdre toute sa situation sociale.

L'exclusion de la caste équivaut à la mort civile
de notre ancien droit, qui du reste ne fut qu'un
écho des pénalités de l'Orient.

Bien que les Pariahs ne fassent partie d'aucune
caste, ils affectent pour se relever dans l'estime sociale, d'en partager tous les préjugés. Quant aux
chakilys ou savetiers, il font partie d'une caste reconnue, quelque infime qu'elle soit.

Le lecteur doit comprendre maintenant comment je m'y pris pour dissiper l'attroupement de
Vilnoor.

Je mis nos braves soldats d'infanterie de marine
au courant de ce que je désirais d'eux, par le ca-
nal de l'officier qui commandait..... tout le monde
comprit, le véritable courage n'a pas d'absurdes
susceptibilités ; il valait mieux en somme faire une

expédition qui pût prêter à rire, que de risquer de coucher par terre à coups de fusil, deux ou trois cents malheureux fanatiques, qui n'étaient certes point cause de leur abrutissement.

L'officier monta en voiture avec moi, laissant la direction de la colonne à un sergent.

Les braves gens partirent avec leurs balais en se tordant les côtes de rire, comme à une corvée de propreté à la caserne.

Quand nous arrivâmes à Vilnoor, il était temps, la lutte était commencée depuis un quart d'heure, et une dizaine d'individus des deux camps, gisaient déjà sur le sol, à demi assommés.

Sur un coup d'œil de son lieutenant, le sergent s'écria d'une voix de stentor en étouffant ses rires :

— En avant ! chargez à la baïonnette ! et voilà mes braves petits *marsouins* qui se précipitent à coups de balais dans la mêlée..... On voit cela d'ici ; pour éviter la souillure, ce fut un sauve-qui-peut général.

Les Indous sont très fiers et très moqueurs : un éclat de rire universel, parti aussi bien des rangs des gens de main gauche que de ceux de main droite accueillit l'exécution de mon idée.

Pariahs et savetiers se hâtèrent pour échapper au ridicule de se réfugier chez eux, et ils ne reparurent plus dans la journée. L'affaire qui avait causé tout le mal fut portée devant moi, et je rendis un arrêt qui eût contenté Salomon.

Tout le village ayant témoigné de la pureté des mœurs, et de l'honorabilité du défunt à l'unanimité, je pris la parole devant tous les chefs de castes assemblés et je m'exprimai ainsi :

« Nul de nous ne doit empiéter sur les privilèges qui de temps immémorial, sont l'apanage des autres castes, mais le cas qui nous occupe doit être considéré comme une exception. Voici un homme qui de l'opinion de tous, a toujours mené une existence honnête et pure, eh bien, je le considère comme ayant déjà reçu sa récompense céleste, comme s'étant déjà absorbé dans le sein de Brahma; en cet état il ne possède plus de caste et l'on peut sans enfreindre la coutume rendre les plus grands honneurs, même ceux réservés aux Rajahs, à la dépouille mortelle d'un homme que ses bonnes actions ont élevé au rang de Deva. Do- rénavant quand tous les chefs de caste d'un village déclareront à l'unanimité, qu'un mort aura accompli sa vie sur la terre selon la loi de Dieu marquée dans les livres saints, on pourra lui rendre sans porter atteinte à aucun privilège de caste, les plus grands honneurs qui existent sur la terre; à ces hommes justes on pourra accorder toutes les fleurs du district et toutes les musiques du village sans blesser la coutume ni religieuse ni civile.

« Ainsi j'ai dit et ordonné, moi Pundit-saëb, chef de tous les chefs de caste »

Un murmure flatteur accueillit mes paroles :

C'est la sagesse même qui parle par la bouche de notre Pundit-saëb (seigneur de la justice), dit-on de toute part.

Ma sentence fut universellement acceptée, mais je venais de créer une nouvelle caste, celle des familles ayant eu des morts privilégiés, qui, en moins de quelques années, sous prétexte de célébrer les anniversaires de la naissance, du mariage, et de la mort desdits, n'allaient pas tarder de s'attribuer, en vertu de mon ordonnance, tous les privilèges que je n'avais concédés qu'aux défunts dont la vie avait été irréprochable.

Ainsi vont les choses humaines.

C'est ce que notre proverbe « Quand on prend du galon..., a parfaitement traduit.

Ne rions point trop fort de toutes ces luttes pour des distinctions... N'avons-nous pas en Europe des lois qui punissent de la prison, ceux qui sans droit accrochent à leurs habits des rubans rouges, verts ou jaunes, ou se permettent de porter un costume qui ne leur appartient pas?

Tous les peuples sont composés d'hommes triturés dans la même pâte, et nous sommes tous plus ou moins Indou par quelque côté.

Je suis persuadé que l'ancienne étiquette de la cour de Versailles était tout aussi ridicule et tout aussi minutieuse que l'étiquette indoue.

Pendant le grand nombre d'années que j'ai étudié, observé les usages et les coutumes des Indous, je n'ai jamais remarqué parmi eux une seule pratique, quelque indifférente, quelque simple, et même quelque dégoûtante qu'elle pût paraître, qui n'ait eu la superstition pour principe.

Rien n'est laissé à l'arbitraire, tout se trouve réglé parmi eux, et le fondement de tous leurs usages, c'est la religion.

De là vient l'attachement inviolable des Indous pour leurs pratiques et leurs coutumes, qui se trouvant intimement liées à la religion, sont par là devenues aussi sacrées, aussi inviolables qu'elle.

Il est certain, en laissant de côté l'étude à laquelle on pourrait se livrer sur la meilleure forme de gouvernement, et en repoussant surtout la plupart des coutumes indoues, basées sur les plus ridicules superstitions, il est certain, dis-je, que cette division du peuple en castes, n'a pas laissé que de produire dans l'Inde ancienne quelques bons et utiles résultats.

Ces castes furent primitivement basées, du reste, sur quatre divisions que l'on peut presque appeler naturelles de tout état social : le prêtre, le soldat, le commerçant, l'agriculteur. Pas n'est besoin de rendre, comme dans l'Inde, de sévères édits, pour maintenir entre ces diverses classes d'individus de sévères lignes de démarcation ; même dans nos sociétés modernes, le soldat n'a rien de commun avec le prêtre, le prêtre avec le commerçant, le commerçant avec l'agriculteur, et comme dans l'Inde, nous avons encore, en dehors de ces quatre grandes divisions sociales, des subdivisions qui vont à l'infini, qui se spécialisent par professions artistiques, libérales, manuelles, et qui ne diffèrent des castes antiques qu'en ce sens que rien ne s'oppose à ce que l'on change de profession, de métier, d'état social.

La manie des divisions, des castes en un mot, est plus humaine qu'on ne le suppose, et la culture intellectuelle n'en éloigne pas l'homme comme on le croirait.

Voyez, par exemple, si l'École Polytechnique ne forme pas une véritable caste de gens, unis par un lien presque aussi fort que les castes de l'Inde.

Et cette tendance de l'homme à se fractionner toujours, en société, en corporation, etc...

Il ne faudrait donc pas croire que la période des castes dans l'Inde a été la période de l'abrutissement et du servage, elle a été au contraire la période pendant laquelle l'Inde a fait ses plus belles conquêtes scientifiques et artistiques. Une caste entière, qui, de père en fils, s'adonnait à l'étude, à la culture d'une branche de la science ou à l'exercice d'un art, d'une profession, d'un métier, arrivait forcément à une grande perfection en tournant toutes les forces d'un groupe social vers une spécialité.

L'Inde a vu commencer sa décadence avec la

perte de son autonomie ; du jour où elle ne fut plus gouvernée par des princes de sa race, elle ne représenta plus qu'un pays de production à outrance, que l'envahisseur se donna pour mission de piller à loisir.

La division en castes maintint longtemps dans l'Inde, une morale et une honnêteté réellement remarquables ; l'ignominie que faisait rejaillir sur tous les membres de la caste, la faute d'un des siens si elle restait impunie, engageait la caste à soumettre les siens à une incessante surveillance, et à faire prompte justice elle-même pour contenir tous ses membres dans les bornes du devoir.

Les castes, en effet, avaient et ont encore une série de lois et de règlements qui leur sont propres, et selon lesquels elles exercent ou plutôt exerçaient autrefois une justice très sévère.

Tous les membres de la même caste vivaient en commun, apportaient leur travail en commun, c'est la vie collective par l'association, vers laquelle tendent les collectivistes modernes qui ne voient pas que la vie collective, l'indivision de la propriété et du travail, est la base de tous les despotismes religieux et sociaux. Le peuple aura beau faire, dans la collectivité, le travail des chefs se compose de surveillance ; électives d'abord, ces fonctions ne tardent pas à devenir héréditaires par le jeu naturel des appétits humains, et de ce jour-là, une nouvelle aristocratie est née. Tous nos collectivistes modernes ne le sont que par ignorance, le jour où on les aura tous fait passer par le collège, et les leçons que donne l'histoire, il n'y aura plus de collectivistes, et le peuple comprendra que c'est seulement dans le développement de toutes les forces individuelles d'une nation que résident le progrès et la liberté.

Le collectivisme a été la forme sociale des agrégations anciennes.

L'individualisme sera la forme finale des agrégations sociales modernes.

Le collectivisme c'est l'Inde vieillie.

L'individualisme c'est la jeune Amérique.....

J'ai parlé beaucoup de l'exclusion de la caste ; de tous les genres de punitions qui peuvent être infligées à un Indou, la plus terrible, celle qu'il redoute le plus, c'est l'exclusion de la caste.

Par cette pénalité, il perd femme, enfants, famille, sa succession est ouverte, il tombe au niveau des Pariahs, race qui du reste ne s'est formée que par la réunion de tous les gens chassés primitivement de leur caste pour quelque méfait.

Ceux qui ont seuls le droit d'infliger cette punition, sont les chefs de la caste, sorte de tribunal composé des anciens, et assisté d'un gourou ou prêtre. Quand le cas n'est pas clair ils ont le droit de s'adjoindre quelque pundit, ou savant dans l'art de commenter les ordonnances de Manou et les autres livres sacrés.

Celui qui en est frappé est atteint d'une sorte d'excommunication, qui le retranche de la vie sociale, il est abandonné par sa femme, par ses enfants, ses amis, tous ses parents, qui s'ils continuaient à rester avec lui, tomberaient immédiatement à son niveau, seraient frappés du même ostracisme. Personne ne consentira à lui donner des aliments, on le fuira comme un pestiféré partout où il sera reconnu.

Au moins si en perdant sa caste un Indou pouvait être admis dans une caste inférieure, le châtiment serait plus tolérable, mais il n'a pas même cette humiliante ressource, et un simple soudra, pour peu qu'il ait d'honneur et de délicatesse, ne voudra jamais s'allier ou même simplement communiquer avec un Brahme ainsi dégradé : il faut donc qu'il cherche un refuge dans la classe impure des pariahs s'il ne peut réussir à se faire réhabiliter dans la sienne.

En général l'Indou ainsi frappé, au lieu de demander asile aux Pariahs, préfère s'associer à des personnes dont la caste est équivoque, et il n'en manque pas dans les grandes villes habitées par les Européens.

Mais malheur à qui les reçoit! malheur à qui se fie à ces gens-là! Un Indou de caste peut être un homme peu délicat, mais un Indou décasté est toujours un malhonnête homme et un fripon.

Et il ne faudrait pas croire que l'exclusion de la

caste est astreinte dans l'Inde, en raison de la gravité du châtiment, à une foule de formalités importantes. Cette exclusion est souvent prononcée très légèrement ; souvent le caprice ou l'inimitié d'un homme puissant en décide. Quelquefois des fautes légères, et qui nous paraîtraient à nous sans importance, la font prononcer.

Ainsi par exemple lorsque des particuliers, sans motif apparent capable de les justifier, refusent d'assister aux cérémonies du mariage ou des funérailles, de leurs parents ou de leurs amis, ou lorsqu'ils affectent de ne point inviter ces derniers dans les mêmes circonstances, les personnes négligées ne manquent pas d'intenter un procès devant les chefs de caste pour demander raison de l'insulte qui leur a été faite, et souvent les arbitres appelés à décider prononcent purement et simplement l'exclusion.

Néanmoins dans de pareils cas elle n'attire pas sur les condamnés tout l'opprobre, et tous les maux qui pèsent sur ceux qui l'ont encourue pour des causes plus graves, et de plus il leur devient très facile moyennant des sacrifices pécuniaires et l'accomplissement des cérémonies de purification, d'obtenir un jugement qui les réintègre dans leur caste.

Il importe peu que les transgressions soient volontaires ou non, d'une nature grave ou de peu de conséquence, pour que celui qui la commet puisse être soumis à cette pénalité infamante. Un pariah qui déguisant sa caste, se mêlerait avec des Indous, pénètrerait dans leurs maisons, mangerait avec eux, sans pouvoir d'abord être reconnu, exposerait malgré cela ceux qui auraient ainsi communiqué avec lui, à être ignominieusement exclus de la caste.

Aussi un pariah qui aurait une pareille audace serait infailliblement assommé sur place.

Un soudra par exemple qui aurait commercé avec une femme pariah serait sans rémission possible exclu pour toujours de sa caste.

J'ai été témoin à Coursoucoupane du fait suivant :

Un grand nombre de Brahmes rassemblés pour une cérémonie domestique, ayant admis à leur repas un Soudra qui s'était mêlé avec eux en se donnant faussement pour appartenir à leur caste, furent tous exclus de la tribu et ne purent y être réintégrés qu'après des formalités et des dépenses considérables.

J'ai vu dans la caste des Gollavabras — bergers — un exemple de sévérité non moins étonnant.

Un jour que j'étais allé à Coursoucoupane, en instruction judiciaire, j'eus à recevoir la déposition de plusieurs vieillards appartenant à la caste des bergers; au cours de l'interrogatoire j'entendis dire que personne n'était marié, cela m'étonna au delà de toute expression dans un pays où la loi religieuse et la coutume font un devoir impérieux à tout homme de se marier dès l'âge de seize ans, loi et coutumes à ce point respectées que garçons et filles sont mariés dès l'âge le plus tendre, quitte à attendre l'époque de la puberté chez leurs parents respectifs.

Je demandai la raison de cette étrange anomalie, et voici ce qui me fut conté.

Il y avait près de quarante années de cela, une jeune fille de cette caste des Gollavabras avait été promise en mariage, et les cérémonies des fiançailles accomplies ; avant la célébration du mariage le fiancé vint à mourir ; les parents de la jeune fille se laissèrent aller à la marier à un autre homme. C'était violer les usages de cette caste qui condamnent à un veuvage perpétuel les filles déjà fiancées, même si le futur époux meurt avant la célébration du mariage.

En conséquence de ce fait, toute la famille et toutes les personnes qui avaient participé à cette seconde union furent exclues de la caste, et l'on refusa obstinément de s'allier et de communiquer avec elles.

Les vieillards gollavabras que j'avais interrogés, faisaient partie de cette famille, et avaient été exclus de la caste pour avoir joué un rôle dans cette affaire, quoique fort jeunes alors. Leur rôle s'était borné à préparer le pandal de fleurs sous lequel le mariage avait été célébré.

4

Ils n'avaient jamais pu depuis trouver à se marier dans leur caste. Or, l'on comprendra l'importance de ce terrible ostracisme, quand on saura que d'après la croyance indoue, l'homme ne parvient à être lavé de ses dernières souillures, et n'arrive au séjour de Brahma que par les prières que son fils aîné accomplit sur son bûcher après sa mort.

L'exclusion de la caste et la privation du mariage, forcent l'homme à repasser par des milliers de migrations d'animaux avant de reconquérir la dignité d'homme. On comprend d'après cela quelle terrible punition cela est.

Si j'insiste aujourd'hui sur toutes ces questions de castes, dont j'ai souvent parlé dans mes voyages, sans jamais leur consacrer une étude d'ensemble, c'est que sans cela on ne peut comprendre l'Inde, c'est qu'on ne peut suivre un voyageur avec fruit, n'étant pas initié à ces étranges préjugés, à moins que le voyageur ne les connaissant pas lui-même passe dans l'Inde, sans rien comprendre et rien voir, et comme M. Théodore Duret, l'historiographe de l'excursion de M. Cernuschi, n'ayant pas rencontré des bayadères sur les grandes routes, des fakirs dans l'hôtel Wilson à Calcutta, et des tigres en chemin de fer, déclare qu'il n'y a plus dans l'Inde, ni bayadères, ni fakirs, ni tigres.

Lord William Bentinck qui fut vice-roi des Indes,

après avoir passé dix années dans le pays, n'a pas craint de déclarer que peu d'Européens, même ceux habitant l'Inde, connaissaient les mystères de la vie intime des Indous, et que quant aux voyageurs, l'Inde était un livre absolument fermé pour eux.

En effet les explications que le touriste donne aux rares choses qu'il aperçoit sont tellement singulières et absurdes, que pas un Indou, si le livre lui était mis sous les yeux, ne voudrait croire que c'est de son pays qu'il est question.

Allons, franchement, lecteur, excusez-moi si j'en appelle toujours à vous, mais il faut une bonne fois que la vérité se fasse jour.

A quel voyageur pouvez-vous accorder créance?

Est-ce à celui qui arrive en paquebot et parcourt l'Inde en chemin de fer, ignorant la langue, les usages, ne pénétrant jamais dans l'intérieur, ou s'il y pénètre, ne comprenant rien à tout ce qu'il voit et qu'il juge avec ses idées européennes?

Est-ce à celui qui a habité dix ans le pays, parlé la langue, et par ses fonctions a été constamment mêlé à la vie privée des Indous?

Il me semble que poser la question c'est la résoudre.

J'ai peut-être tort de revenir sans cesse sur ce sujet, mais j'ai besoin de faire comprendre, en présence de certaines attaques mesquines, que celui qui a été magistrat dans l'Inde, et comme chef du parquet a eu tous les chefs de castes et tous les cadis musulmans sous ses ordres, n'a pas besoin de faire appel au roman pour intéresser.

J'épuiserai donc ces questions des castes, même au risque de revenir sur des sujets précédemment traités dans mes autres voyages, car je veux donner un tableau complet de la société civile et religieuse des Indous. Quand on connaîtra bien la civilisation étrange qui s'est épanouie dans la vieille contrée des Brahmes, quand on sera bien au courant de tous les préjugés qui ont découlé de cette organisation sociale, alors on verra en me suivant dans mon voyage, qu'il n'est pas un fait, pas une aventure, pas un récit qui ne soient le produit de cette organisation, de ces préjugés.

Voici encore un fait d'exclusion de la caste qui s'est dénoué sous mes yeux, et que j'ai eu à examiner sur la plainte de l'exclu.

Quelques brahmes qui voyageaient ensemble arrivèrent un soir, épuisés de fatigue et de faim dans un lieu désert de Tirounicarri. Ils avaient avec eux une certaine provision de riz, mais ils ne trouvèrent pour le faire cuire d'autres vases que ceux qui avaient été laissés dans la maison du blanchisseur du village.

Les toucher seulement était pour des brahmes une souillure ineffaçable ; cependant pressés par la faim et s'étant jurés de se garder mutuellement le secret, ils préparèrent leur nourriture dans ces vases, après les avoir vingt fois lavés avec de l'eau et du sable.

On servit le riz une fois cuit, et tous les brahmes prirent leur repas, excepté un seul d'entre eux qui refusa d'y participer.

Ils ne furent pas plus tôt arrivés au village de Villnoor, à la pagode de ce nom à laquelle ils appartenaient, que celui qui avait refusé de contracter la souillure occasionnée par les vases étrangers, dénonça ses compagnons aux chefs de la caste.

Le fait fut bientôt répandu dans le village et excita un énorme scandale parmi les habitants.

On s'assembla, les délinquants furent cités, et obligés de comparaître; mais prévenus d'avance du procès qu'on allait leur intenter, ils prirent leurs mesures et, comme ils en étaient convenus entre eux, ils répondirent d'une voix unanime que c'était l'accusateur lui-même qui avait seul commis le délit qu'il leur imputait méchamment et à tort.

Le témoignage de six à sept personnes devait forcément l'emporter sur celui d'une seule, et en conséquence les accusés furent absous, et l'accusateur fut ignominieusement chassé de sa caste. Ainsi que je l'ai dit, j'eus à en connaître sur la plainte de l'exclu qui accusa les chefs de caste d'avoir reçu de l'argent pour rendre cette sentence.

Je fis prier le plus ancien des chefs de la caste

de passer au parquet, et voici la curieuse conversation que nous eûmes à ce sujet.

Rama-Atchariar, le doyen des brahmes de Villnoor, était un homme de près de quatre-vingt-ans, très instruit, très intelligent et au fond j'en suis sûr jugeant à leur valeur beaucoup de ces préjugés dont il était tout le premier l'esclave. Ce n'est cependant qu'une simple opinion que j'émets, mais je la crois vraie, je dirai bientôt pourquoi :

— Salam, Pundit-Saëb (seigneur de la justice), que l'être supérieur qui est le Dieu des Frangué (Français) comme celui des Indous, te protège dans ta caste, dans ta famille et que les petits-fils des fils de tes fils puissent te fermer les yeux !

— Merci, Rama-Atchariar, que Brahma t'accorde une longue existence, que cette vie soit la dernière de tes migrations sur la terre, et que ton fils aîné assisté de toute ta famille puisse accomplir les cérémonies funéraires sur ton bûcher !

— Merci, Pundit-Saëb, ta parole sera entendue par les dieux.

— Tu sais sans doute pourquoi je t'ai fait appeler ?

— Le fils ne sait rien en présence de son père, le Pundit-Saëb est notre père à tous, car il est l'image des dieux incarnée dans la justice ; j'écoute avant de répondre.

— C'est pour l'affaire de caste que toi et les tiens avez jugée il y a trois jours ; le brahme que vous avez exclu de la caste, vous accuse d'avoir été corrompus à prix d'argent par les parents des autres brahmes accusés par lui.

— Pundit-Saëb, il suffit de *parler la vérité*, pour que dans ta sagesse tu puisses apprécier notre sentence.

Personne de nous n'avait été témoin du fait, nous devions donc écouter les témoignages les plus nombreux, ils étaient sept accusés par un seul. Or dans le doute, il fallait préférer un moindre mal à un plus grand, et il est certain que cela causait moins de perturbation dans le village, dans la caste, et les familles, de chasser un seul brahme de la caste que sept.

— Je suis de ton avis, Rama-Atchariar, mais si vous eussiez eu la preuve que c'étaient les sept brahmes qui avaient contrevenu à l'antique usage relatif aux vases destinés à la nourriture, qu'eussiez-vous fait?

— Nous eussions quand même prononcé l'exclusion de la caste.

— Bien, maintenant, je te prie de me répondre avec franchise, que penses-tu de cette affaire et où sont les vrais coupables?

— Nous avons jugé conformément aux règles établies par Manou, le divin législateur, toutes les fois qu'il n'y a pas eu en cause de témoins indépendants, et que les deux parties s'accusent mutuellement; nous sommes allés où le scandale était le moindre, et où la pénalité frappait sur le moins de monde; mais si tu me demandes mon opinion personnelle, je vais te la donner avec la même franchise que si je parlais à Brahma lui-même; dans ma pensée, les vrais coupables sont bien les sept brahmes et celui qui les a accusés, est bien le seul qui n'ait pas voulu partager avec eux une nourriture préparée dans des vases impurs.

— Crois-tu que cette pensée ait été partagée par les autres juges?

— Oui, nous ne nous sommes cachés aucunes de nos impressions.

— Alors pourquoi avez-vous condamné?

— Parce que notre conviction n'avait rien de juridique, elle n'était point formée à l'aide des moyens indiqués par la loi et que là où la loi a parlé, l'homme doit se taire.

— Sur quoi, alors, bases-tu cette conviction toute morale?

— Sur ce fait que si les sept brahmes avaient refusé de manger le riz préparé dans des vases impurs, le huitième fût plutôt mort de faim que d'y toucher devant les sept autres qui refusaient de faire comme lui.

— Pourquoi, alors, le condamner, ne pourriez-vous vous borner à acquitter les autres?

— Non, car la dénonciation reconnue ou admise comme calomnieuse, et devant avoir pour résultat l'exclusion de la caste, l'accusateur qui succombait devait être puni de la même peine. Je dois maintenant te dire, Pundit-Saëb, que nous avons condamné l'accusateur, parce que nous avons été indignés de la noirceur de son procédé ; nulle part, dans nos lois, on ne trouvera la délation en honneur, bien plus, nul ne peut être forcé, tu le sais, Pundit-Saëb, à témoigner en justice contre un homme de sa caste.

— Je comprends maintenant le mobile qui t'a fait agir.

— Nous avons été tous du même avis.

— Bien ! mais maintenant laisse-moi te poser une question.

— Je t'écoute, Pundit-Saëb.

— La délation entre gens de même caste est-elle punie ?

— Oui, quand elle ne s'appuie sur aucune preuve.

— Je te comprends, mais dans le cas qui nous occupe, vous avez tous eu la conviction morale que le dénonciateur avait raison ; je ne veux pas prendre la défense d'un tel homme, mais pour un fait que Manou ne punit que quand la dénonciation est fausse, n'avez-vous pas été un peu sévères, vous qui étiez, au fond, convaincus que la dénonciation était vraie ?

— Nous n'avons pu agir autrement, nous avons appliqué la loi dans sa dure nécessité ; sans cela, on eût dit partout que nous avions hésité à condamner les sept brahmes.

— N'importe, ne sens-tu pas qu'il y a là comme une menace d'injustice ?

— Je suis de ton avis, Pundit-Saëb, mais je puis te donner l'assurance qu'il ne sera point difficile au brahme exclu de rentrer dans quelques mois dans sa caste en accomplissant les cérémonies ordinaires de l'expiation, à condition, toutefois, que la plainte qu'il a portée devant toi contre nous, ne soit point connue du village. Dans ce cas, son exclusion serait irrémédiable.

— Ceci est dans son intérêt, je le lui ferai comprendre et je pense qu'il saura garder le silence ; tu dois bien penser, Rama, que je ne t'ai point fait appeler pour te parler de la plainte absurde que l'expulsé a portée contre toi et les tiens, cela m'a simplement servi d'occasion pour le recommander à ton indulgence et à celle de tous les chefs de caste, à cause de sa très nombreuse et très honorable famille que votre sentence a plongée dans la désolation.

— Ton désir sera un ordre pour nous, Pundit-Saëb.

— Merci, Rama-Atchariar.

Je lui tendis la main à l'européenne, chose dont les Indous sont très fiers quand nous la leur accordons, bien qu'ils ne veuillent pas l'avouer, quelle que soit l'excellence de leur caste.

Ils ont parfaitement remarqué que nous ne donnions jamais la main aux Pariahs, et cela leur fait priser très haut cette marque d'estime.

C'est en effet, la seule chose aujourd'hui que nous ne puissions absolument pas nous permettre dans l'Inde, à moins de faire complètement fi de l'opinion unanime des Indous, et de prendre son parti de vivre absolument en dehors de leur société; ils ont pris leur parti de nous voir manger de la viande de bœuf, leur animal révéré, car si, à leurs yeux, cela peut constituer un sacrilège, un tel acte, du moins, n'emporte avec lui aucune idée d'impureté et de dégradation, ils ne font même plus attention si beaucoup de nos serviteurs sont Pariahs, ils admettent qu'il y a certains travaux dégradants qui ne peuvent être effectués que par cette classe d'hommes regardée par eux comme plus abjecte que les animaux.

La présence de plusieurs Pariahs dans notre maison n'empêche même pas que d'autres Indous de bonne caste ne consentent à entrer à notre service; ils se bornent à ordonner aux Pariahs et ont le gourdin à la main au cas où ils n'obéiraient pas, de ne point se tenir, en dehors du service, dans le même lieu qu'eux, de ne pas faire cuire leurs aliments dans la maison, de ne pas manger en leur présence et de ne jamais toucher ni à eux, ni à aucun des objets qui leur appartiennent.

Quand on sait ce qu'étaient les Indous du Sud de l'Inde surtout, il n'y a pas un siècle seulement, on ne peut qu'être étonné des concessions qu'ils ont faites à l'esprit européen.

Mais sur le chapitre des Pariahs, ils n'iront jamais plus loin, et pour toute la société indoue, un Européen qui donnerait la main à un Pariah, tomberait immédiatement au niveau des membres de cette classe méprisée.

Le vieux brahme me prit la main, et parut on ne peut plus touché de cette marque d'estime.

— C'est moi qui te remercie, Pundit-Saëb, me dit-il, de ce que tu as bien voulu faire passer dans mon cerveau les lumières de la raison et de la justice; avant un mois, Sawana-Atchariar sera réintégré dans la caste.

— Salam Rama, je te souhaite de longs jours.

— Salam, Pundit-Saëb, puisse-tu rester longtemps parmi nous, car c'est Brahma lui-même qui a parlé par ta bouche. Après ces exagérations de l'étiquette orientale, le vieil Indou me quitta pour retourner à Villnoor.

Dans le mois qui suivit, en effet, je reçus la notification de la réintégration du délinquant dans sa caste.

La France et l'Angleterre ont solennellement promis de respecter la religion, les coutumes et les castes des Indous, il y a là une nécessité de domination forcée, il vaudrait mieux quitter l'Inde que de refuser de s'y soumettre. Ainsi, par exemple, nous avons parfaitement amené les Indous à accepter nos tribunaux et à respecter leurs décisions, cela vient de ce que nous n'avons jamais admis pour faire prêter serment que des brahmes pour les Indous et des moullahs pour les Musulmans, et que comme interprètes, nous n'avons jamais choisi que des gens de très haute caste.

C'est pour cela, et afin que le gouvernement ne soit pas exposé à faire des choix indignes dans l'esprit des Indous, que toute exclusion ou toute réintégration dans la caste doivent être notifiées au parquet.

Une autre raison s'ajoute à celle-ci pour exiger cette formalité : le chef du parquet, ainsi que je l'ai dit, a sous ses ordres tous les chefs de castes et, sans qu'il ait le droit d'influer sur une décision, il faut qu'il soit prévenu, car il a le droit, si la sentence lui paraît injuste, de faire des observations, et de provoquer même un arrêt de revision, par-devant toute la caste assemblée.

Il est des cas où le coupable n'a été exclu que par les parents ; dans ce cas, la réintégration est des plus faciles ; le coupable, après avoir gagné les principaux d'entre eux, se présente dans une humble posture avec tous les signes du plus grand repentir, devant toute sa famille et ses alliés assemblés. Là, il écoute sans se plaindre les réprimandes qu'on juge à propos de lui adresser, il reçoit patiemment les coups qu'on lui administre, car les peines corporelles sont les condamnations le plus vulgairement prononcées dans ce cas; il paye l'amende qu'on lui impose, et après avoir solennellement promis de réparer, par sa bonne conduite, la tache dont l'a souillé sa condamnation infamante, il verse quelques larmes de repentir, fait le sachtanga devant l'assemblée, sert un repas à toutes les personnes présentes, et, cela fait, est réintégré droit dans sa caste.

La salutation du sachtanga consiste à se courber, le visage contre terre et les bras étendus au delà de la tête. Ce mot de sachtanga signifie prosternation des six membres, parce que lorsqu'on la prend, les pieds, les genoux, le ventre, l'estomac, le front et les bras doivent toucher la terre.

On se prosterne ainsi devant les grands personnages, tels que les rois, les gourous, les magistrats et autres fonctionnaires revêtus de quelque haute dignité.

Les Soudras doivent le sachtanga aux brahmes.

Anciennement, les rajahs, avant d'engager une bataille, faisaient le sachtanga aux dieux devant le front de leurs troupes rangées en bataille.

Ce salut, usité chez les Indous et la plupart des peuples de l'Asie, fut également en honneur chez plusieurs nations de l'antiquité, on en trouve la preuve dans la Genèse, chap. 18, v. 2, — chap. 19, v. 1, — chap. 33, v. 3, — chap. 42, v. 6, — chap. 43, v. 26, — chap. 50, v. 18, etc...

Il ressort de ces passages que les Égyptiens, les

Chaldéens, et tous les autres peuples et peuplades avec qui les Hébreux furent en rapport, connaissaient la manière respectueuse de saluer et l'employaient dans les mêmes circonstances que les Indous, de qui ils la tenaient, on n'en saurait douter, soit par infiltration, soit par transmission directe.

Lorsque l'exclusion de la caste a été prononcée pour des causes graves, et par le tribunal de la caste, c'est à ce tribunal seul qu'il appartient de rétablir le délinquant dans ses privilèges, comme aussi de choisir le genre de pénalité qui lui sera infligée.

Voici une des purifications les plus ordinaires. Le patient se présente au jour et à l'heure indiqués; là on lui brûle la langue avec un lingot d'or d'un certain poids et d'une certaine grosseur, tout dépend de la gravité de la faute, car le délinquant doit payer ce lingot et en offrir un de même poids et de même grosseur à chacun des brahmes qui composent le tribunal, et comme c'est le tribunal qui fixe le poids du lingot, on voit le résultat d'ici.....

Le lingot rougi lui est ensuite promené sur différentes parties du corps de façon à lui imprimer des marques ineffaçables, puis on le fait courir les pieds nus sur des charbons ardents, on le fait passer trois fois sous le ventre d'une vache, et enfin pour consommer sa purification, on lui fait boire du pantcha-gavia ou *cinq substances*, qui proviennent de la vache, c'est-à-dire le lait, le caillé, le beurre, la fiente et l'urine de cet animal mêlés ensemble.

D'après les idées du pays, c'est la dernière substance, c'est-à-dire l'urine de la vache qui est censée la plus efficace pour purifier de toute espèce de souillure.

J'ai souvent vu dans les champs de pauvres et superstitieux Indous suivre ces animaux quand on les menait paître, et attendre le moment où ils pourraient recueillir dans des vases de cuivre, cette précieuse liqueur toute chaude pour l'emporter chez eux, ou bien en recevoir dans le creux de la main pour en boire aussitôt une partie, et se laver le visage et la tête avec le reste. Employée de cette manière, elle purifie les souillures extérieures ; on la boit pour effacer les souillures intérieures.

La cérémonie du pantcha-gavia accomplie, le réhabilité doit donner un grand repas aux brahmes, accourus de tous côtés pour y avoir part et pour recevoir les présents, plus ou moins considérables, qu'il est obligé de leur faire, après quoi il rentre dans ses droits.

Il existe cependant des fautes si énormes aux yeux des Indous, qu'elles ne permettent dans aucun cas, à celui qui s'en est rendu coupable, de rentrer dans la caste dont il est exclu : telle est, par exemple, la faute d'un brahme qui aurait notoirement cohabité avec une femme de la caste des pariahs. Bien que le brahme ne doive s'allier qu'à des femmes de sa caste, cependant s'il vient à habiter avec une femme appartenant à une caste reconnue, il peut en la quittant, et en renonçant aux enfants qu'il aurait eus d'elle, après de nombreuses purifications, des offrandes, des cadeaux sans nombre aux chefs de sa caste, obtenir sa réintégration, mais il devrait perdre tout espoir s'il avait choisi pour concubine ou maîtresse une femme pariah.

Malgré la réprobation qui atteint cette caste, la passion de l'homme s'est souvent trouvée plus forte que la loi et la coutume, et les cas ne sont point aussi rares qu'on pourrait le croire où les brahmes ont abandonné caste et famille pour satisfaire leurs passions, d'autant que dans la caste abhorrée, il ne manque pas de belles et opulentes filles qui mettent en œuvre toutes leurs séductions, pour attirer dans leurs bras quelque membre de la haute caste, et leur succès est d'autant plus facile que, en général, satisfaites de leurs conquêtes, elles les tiennent secrètes le plus possible, se contentant de jouir en secret de leur bonheur, ou de ce vague bruit qui décèle toujours ces sortes de liaisons.

Les nuits profondes, ces nuits sans lune de l'Inde, permettent de tenir parfaitement secrètes ces liaisons, pourvu que les amoureux se contentent de ne se rencontrer que quelques jours par mois.

Je dois dire aussi que l'on est assez large dans l'Inde sur toutes les questions de mœurs ; pourvu qu'on ne se fasse ni voir ni surprendre, tout est à peu près permis.

Il est une autre faute dont on ne peut être relevé à aucun prix ; le brahme ou le membre de toute autre caste qui aurait mangé de la chair de vache ne pourrait être absous de son sacrilège par aucune expiation.

Nulle raison ne serait admise, ni la force ni l'obligation de conserver sa vie. Je puis citer à l'appui de ce fait un trait bien typique.

L'avant-dernier rajah mahométan du Maïssour, sur la fin de sa vie, fut pris d'une véritable folie de propagation religieuse. Pour arriver à faire le plus grand nombre de prosélytes, il s'adressa d'abord à la caste des brahmes, pensant que leur exemple suffirait à entraîner tout le pays à les imiter peu à peu ; n'ayant éprouvé que des refus, il fit saisir plusieurs brahmes, les fit circoncire de force, et les contraignit ensuite à manger de la chair de vache, en signe non équivoque de renonciation à leur caste et à leurs usages.

Lorsqu'il fût mort, son fils qui lui succéda, prince doux et éclairé, laissa chacun entièrement libre de suivre la religion qui lui plairait ; il ne craignit pas de dire au milieu de toute sa cour, et devant ses oncles qui blâmaient secrètement son indulgence :

— En vérité, croyez-vous donc Dieu semblable à nous tous, pour admettre qu'il peut refuser les prières des hommes parce qu'elles ne lui sont pas adressées de la même manière, et dans la même langue ?

Donc les Indous redevenus libres de pratiquer publiquement leur religion, plusieurs de ceux qui avaient été ainsi contraints d'embrasser le mahométisme, firent toutes les démarches possibles, et offrirent des sommes considérables pour pouvoir être rétablis dans leur caste.

Il se tint alors des assemblées dans les différents districts pour approfondir l'affaire avec toute la maturité convenable.

Partout, on fut d'avis qu'on pouvait être purifié des différentes souillures contractées par la circoncision, et de la communication avec les musulmans, ceux-mêmes qui avaient contracté mariage avec des femmes musulmanes, pouvaient être relevés de leur mésalliance; mais le crime d'avoir, quoique par force, mangé de la chair de vache, fut partout regardé comme irrémissible, et de nature à ne pouvoir être effacé, ni par les présents, ni par le feu, ni par le pantcha-gavia.

Pareille décision fut rendue à l'égard d'une foule de soudras qui avaient fait la même démarche.

Les pauvres diables n'avaient plus qu'une ressource, celle de rester musulmans ; sans cela, ils fussent tombés dans la caste des pariahs.

La réintégration dans la caste ne fait pas complètement disparaître la condamnation aux regards de la foule; il reste pour celui qui a été exclu, puis réhabilité, comme une sorte de tache dont il ne se lave jamais complètement; en effet, à la première querelle qu'il a, c'est toujours la première chose qu'on lui reproche.

En parlant plus haut du brahme Rama-Atchariar, j'ai dit que d'après mon opinion, il devait priser à leur juste valeur les préjugés de sa nation; il doit en être de même de beaucoup de brahmes très instruits et très intelligents, mais je ne puis sur ce point qu'émettre une pensée personnelle, pendant tout le temps de mon séjour dans l'Inde, un seul brahme ayant consenti un jour à tenir conversation sur ce sujet.

Il y avait sept ans que j'étudiais le sanscrit avec ce brahme qui, en outre, était mon interprète au tribunal; nombre de fois, j'avais cherché à obtenir son opinion personnelle sur les castes et les coutumes de son pays.

Il m'avait toujours répondu très brièvement à peu près ceci :

— « Les castes sont d'institution divine, elles ont été établies, pour que chaque homme dans la société puisse être employé selon son tempérament et ses aptitudes. En forçant les familles à exercer le même métier, la même profession, on arrive à un perfectionnement que nul ne peut nier dans tous les métiers et tous les arts; de père en fils, l'intelligence se spécialise et progresse d'autant. Sans la caste, l'Inde tomberait bien vite dans la barbarie, témoin les pariahs! » D'ordinaire, je lui répondais que son raisonnement était contraire à l'expérience historique, que tous les peuples qui avaient été placés sous le régime de la caste n'avaient jamais pu dépasser un certain niveau; que quand on faisait un métier de père en fils, on en arrivait à considérer par respect les moyens d'action légués par les ancêtres comme les meilleurs et à regarder comme un perturbateur quiconque veut changer quelque chose; que sans l'autorité, cet état social, l'art ne s'élevait jamais au-dessus du métier et qu'on détruisait chez l'homme le plus grand de tous les mobiles, l'ambition et le désir d'améliorer sa situation. « Je sais bien lui disais-je, que vous avez été très forts, vous avez inventé pour le peuple la récompense dans l'autre vie, mais cet espoir ne vaut jamais la réalisation immédiate, le salaire payé tous les soirs. Vous avez pu faire des fanatiques de croyance, vous n'avez pas fait des hommes d'action; vos peuples ont travaillé juste pour le nécessaire, et la somme de vos inventions pratiques, en face de toutes celles trouvées par les peuples d'Europe ne représente même pas celles que le hasard vous eût fait faire, si chaque homme eût été libre d'aller où l'appelaient ses facultés.

5.

« Cela est si vrai... que vos castes de guerriers n'ont pu vous défendre des invasions de toute espèce; si vous aviez su au contraire faire des hommes de tous les Indous, au jour du danger, vous auriez pu remuer des millions d'hommes et on n'aurait pas vu trois cents millions d'indigènes gouvernés tantôt par les Mogols, tantôt par les Européens. »

D'ordinaire, nous ne nous convainquions ni l'un ni l'autre et nous en restions là. Mais un jour que nous étions seuls dans mon cabinet, mon brahme regarda furtivement autour de lui et par la fenêtre pour voir s'il pouvait être entendu et, se penchant vers moi, il me dit à voix basse :

—Oui, tu as raison, il n'y a qu'une caste dans le monde, c'est la *caste homme* ; oui, tu dis la vérité quand tu dis que l'homme ne travaille que pour profiter et jouir.

Oui, nous nous sommes trompés dans notre système de gouvernement.

Oui, l'homme libre va plus vite et plus loin que celui qui est conduit par la bride.

Oui, nous autres brahmes, nous avons perdu notre pouvoir dans l'Inde parce que nous avons fait des esclaves et des hommes.

Oui, les Xchatrias n'ont pas su nous défendre de l'invasion.

Mais qu'y faire, le mal est sans remède, les

nations ont une période d'énergie et d'action comme les hommes, et comme ces derniers également une période de vieillesse, l'Inde est aujourd'hui dans cette seconde phase... on ne ressuscite pas un cadavre.

J'allais prendre la parole, il ne me le permit pas et continua :

— Je sais ce que tu vas me dire, fit-il immédiatement, je devrais revoir les brahmes qui pensent comme moi, et prêcher avec eux la régénération, c'est bien cela, n'est-ce pas?

Je fis un signe de tête affirmatif.

— Comme on voit bien, me répondit-il, que tu en parles à ton aise! Tu ne sais donc pas que je n'ai jamais osé parler à un seul brahme comme je le fais avec toi, que j'ignore par conséquent si je ne suis pas le seul dans l'Inde qui soit arrivé à reconnaître la vérité de ces idées... tu ne sais donc pas que si un autre brahme me tenait le même langage que je te tiens aujourd'hui, je serais obligé de refuser de l'écouter, par peur d'une trahison; tu ne sais donc pas que nous avons si peu veillé à émanciper, à instruire la femme, qu'elle réagit aujourd'hui contre nous, que demain, je n'aurais plus de famille, et serais chassé de la caste honteusement, si on pouvait soupçonner un seul instant que je pusse partager ces idées. Donc tu vois, il est entièrement inutile d'agiter encore ces questions entre nous... l'homme que tu as devant toi, est de ton avis, le brahme Nargana ne peut pas t'écouter.

Si j'étais né en Europe, je parlerais comme toi.

Si tu étais né dans l'Inde, tu parlerais comme moi.

J'ai dit : tu sais mes idées, tu ne m'arracheras plus un mot sur ce sujet, reprenons notre traduction des chants du Rig-Véda.

C'est, je le répète, le seul brahme que j'aie jamais entendu parler ainsi.

Aucune institution ne paraît plus ancienne que l'institution des castes dans le monde, et l'on comprend que toutes les traditions des Indous se rattachant à cet état social, ils y soient fort attachés.

Les écrivains grecs et latins qui ont parlé de l'Inde pensent qu'elles ont existé depuis un temps immémorial. L'attachement des Indous à leurs principaux usages, leur immobilité depuis des milliers d'années, n'en déplaise à Max Muller, qui dans un but tout anglais, a essayé de prouver que la caste était d'institution relativement récente, prouvent au contraire l'antiquité de la caste. Sans cesse rappelés à l'obligation d'observer invariablement, sous peine de perdre leur situation sociale, les nombreux usages, coutumes, préjugés, les Indous ont de tout temps regardé une nouvelle coutume comme une chose inouïe dans le pays, et quiconque essayerait aujourd'hui de l'introduire serait regardé comme un innovateur dangereux et exciterait un soulèvement et une réprobation universels.

La révolution de 1857 dans l'Inde contre l'Angleterre n'a eu d'autre cause que des tentatives ridicules faites par le pardi des *saints* en Angleterre pour renverser les préjugés religieux des Indous, et arriver peu à peu à leur conversion.

Toutes ces coutumes indoues ne leur furent pas spéciales dans l'antiquité, je l'ai déjà remarqué pour le sachtanga; mais si on voulait faire des rapprochements plus étroits, on verrait que les préceptes des Indous, sur la souillure et la propreté, ainsi que les moyens employés pour effacer l'une et conserver l'autre leur étaient communs, sous plusieurs rapports, avec les anciens Hébreux.

L'obligation de se marier dans sa caste et même dans sa famille fut spécialement imposée aux Juifs par les règlements de Moïse. Cette obligation était générale et existait longtemps avant chez les Égyptiens et les Chaldéens; nous voyons en effet qu'Abraham épousa sa nièce, que quand il voulut marier son fils Isaac, il fit venir de loin une fille de sa parenté, et Esaü est accusé de s'être marié avec des étrangers, c'est-à-dire des Chananéens. Et Jacob qui s'en fut chez Laban choisit une femme de sa ligne.

C'est ainsi qu'encore aujourd'hui, on voit les Indous établis dans une province éloignée de la leur s'en aller quelquefois, à deux cents lieues de dis-tance, chercher dans leur pays natal des garçons pour leurs filles et des filles pour leurs fils.

Je terminerai cette étude sur les castes par quel-ques considérations sur les pariahs et sur certaines castes qui se rattachent à la grande tribu des Sou-dras, la plus nombreuse, aujourd'hui, de toutes les castes de l'Inde.

Le mépris et l'aversion que les autres castes en général, et surtout celle des brahmes, témoignent à ces malheureux sont portés à un tel excès que, dans bien des endroits, leur approche seule ou la trace de leurs pas est considérée comme capable de souiller tout le voisinage.

Il leur est interdit de jamais traverser la rue où logent les brahmes. S'ils s'avisaient de le faire, ceux-ci auraient le droit, non pas de les frapper eux-mêmes, puisqu'ils ne peuvent le faire sans se souiller, mais de les faire assommer de coups par d'autres personnes.

Un pariah qui pousserait l'audace jusqu'à en-trer dans la maison d'un brahme pourrait être mis à mort sur-le-champ, et l'on a vu des exem-ples de cette impiété révoltante dans des provinces soumises à des rajahs de race indoue, sans que personne y trouvât à redire.

Toute personne qui a été touchée soit par inad-vertance, soit volontairement par un pariah, est souillée par cela seul et ne peut communiquer avec qui que soit jusqu'à ce qu'elle ait été purifiée par les cérémonies expiatoires qui sont plus ou moins importantes selon la dignité et les usages de la caste à laquelle cette personne appartient.

Manger avec des gens de cette caste, ou toucher à des vivres apprêtés par eux, et même boire l'eau qu'ils auraient puisée, se servir de vases de terre qu'ils ont tenus dans leurs mains, mettre le pied dans leur maison ou leur permettre l'entrée de la sienne, tout cela offrirait autant de motifs d'exclusion, et celui qui l'aurait encourue n'obtiendrait de rentrer dans sa caste qu'après de pénibles et dispendieuses formalités.

Cependant, cette horreur qu'inspirent les pariahs n'est pas partout aussi grande.

C'est surtout dans les parties méridionales de la presqu'île de l'Indoustan que nous allons traverser qu'elle subsiste dans toute son énergie, elle devient beaucoup moins sensible dans les provinces septentrionales.

Dans le nord du Maïssour, cependant, les autres castes de Soudras se laissent approcher par les pariahs, et leur permettent l'entrée de la partie de la maison où l'on tient les vaches; et même il est des cantons où l'on souffre qu'ils mettent un pied et avancent la tête dans l'appartement où se trouve le maître pour prendre ses ordres, car dans ce pays, les Soudras consentent à employer les Pariahs aux travaux serviles.

J'ai pu m'assurer par moi-même dans mes divers voyages que plus on avance vers le nord, et plus la différence qui existe entre eux et les divers Indous va en s'affaiblissant, et quand on arrive sur les rives de l'Indus et aux contreforts de l'Himalaya, cette distinction de race finit par disparaître complètement, c'est-à-dire qu'on n'y trouve plus de pariahs.

L'origine de cette caste avilie, ainsi que je l'ai dit plus haut, doit être cherchée dans les Indous chassés de la caste; il en est fait mention dans les plus anciens Pourranas, ce qui prouve qu'elle existait déjà. Elle se forme de l'agrégation des individus exclus des diverses castes, pour crimes, délits, mauvaise conduite, et qui repoussés ainsi à jamais de la société des gens de bien, et n'ayant plus rien à craindre ni à espérer, se livrent sans retenue à leurs penchants naturels, à tous les excès et à tous les vices dans lesquels ils continuent encore à se vautrer.

Néanmoins, la distance qui existe entre les autres castes et celle du pariah ne paraît pas avoir été dans le principe aussi grande qu'elle est maintenant; quoique relégués sur le dernier plan dans le cadre social, ils n'en étaient pas totalement exclus, et la ligne de démarcation entre eux et les Soudras était imperceptible. Ils passent encore aujourd'hui dans certaines provinces pour les descendants des castes de cultivateurs ; les Vellayers de race tamoule et les Kokoula-makoulou de race kanara ne dédaignent pas de les nommer leurs enfants ; on a vu que ces derniers, en effet, prenaient partie dans toutes les querelles de caste pour soutenir les privilèges de leurs maîtres, contre les prétentions des castes de main gauche qui sont soutenues, elles, par les chakilys ou savetiers.

Les Européens sont dans la nécessité d'admettre les pariahs dans leur service, car il serait très difficile de trouver, parmi les Indous de bonne caste, un seul serviteur qui voulût décrotter les souliers, graisser les bottes, vider et nettoyer certains vases, peigner et arranger les cheveux ; pas un également ne consentirait à occuper l'emploi de cuisinier, parce que ce genre de service l'obligerait à préparer la viande de bœuf que les Européens, sans aucun égard pour les préjugés du pays, admettent sur leurs tables ; ils sont donc obligés d'avoir recours à des pariahs pour cet office..

L'état de domesticité dans l'Inde, comme dans tout l'Orient, n'a rien de dégradant par lui-même : le valet mange avec son maître, la servante avec sa maîtresse, ainsi que j'ai eu l'occasion de le dire ; c'est la caste seule qui est considérée. Un brahme réduit à se faire le serviteur d'un brahme sera toujours plus considéré qu'un membre de la caste royale; si donc nous ne trouvons dans l'Inde que très difficilement des domestiques de caste, la raison en est tout entière dans ce fait, que ces derniers éprouvent une grande répugnance à servir côte à côte avec des pariahs.

Il faut avouer que si les membres de cette classe proclamée impure sont victimes d'un détestable préjugé, les malheureux qui en sont les victimes ne s'inquiètent guère de démontrer par leur conduite l'injustice de la réprobation dont ils sont l'objet.

Un grand nombre de ces malheureux se vendent comme esclaves pour toute leur vie, eux, leurs femmes et leurs enfants à des cultivateurs qui leur font exercer les états les plus pénibles, et les traitent avec la dernière dureté.

Les valets de village obligés par leur office de nettoyer les rues, de balayer et enlever les immondices appartiennent à cette caste, et sont connus sous le nom de Tuttys; ces derniers sont un peu plus monnayés que les autres pariahs, parce qu'en dehors de leurs fonctions, ils sont chargés de distribuer l'eau dans les champs de riz.

D'autres soignent les chevaux, d'autres encore se font rabatteurs pour la chasse des animaux sauvages, et ils y montrent généralement beaucoup de courage.

Ceux-là sont les pariahs qui travaillent, et ils en sont récompensés par une espèce de considération qui, si légère qu'elle soit, montre cependant que ces malheureux, avec le temps, pourraient avoir raison du préjugé.

Quant à la grande masse des pariahs convaincus qu'ils n'ont rien à perdre ni rien à gagner dans l'opinion publique, ils se livrent sans retenue et sans honte à tous leurs vices, et l'on voit régner chez eux les plus grands désordres, sans qu'ils paraissent en avoir conscience. Leur malpropreté fait naturellement horreur aux autres Indous, si délicats sur cette question. Leurs cabanes sont couvertes d'ordures, de vermines, d'insectes et offrent un aspect plus dégoûtant encore que leurs personnes.

Ils sont fort adonnés à l'ivrognerie, vice extrêmement odieux à tous les autres Indous; ils s'enivrent d'ordinaire avec le jus fermenté du cocotier appelé callou; je dois dire que cette boisson est parfaitement désagréable, nauséabonde même, ce qui ne les empêche pas d'en faire leurs délices.

Dès qu'ils ont trop bu, il arrive une chose fort ordinaire dans tous les pays du monde, ils battent leurs femmes, mais comme, dans l'Inde, personne ne les en empêche, il s'ensuit que ces misérables s'en donnent à cœur joie et les assomment à moitié.

Il m'est arrivé souvent, en traversant la nuit un village de pariahs, d'entendre de tous côtés des cris lamentables : c'était ces misérables qui, un rotin à la main, envoyaient leur vin sur le dos de leurs femmes ; m'élancer alors, arracher le rotin des mains de l'ivrogne, et le rouer de coups à son tour était chose tôt faite ; lorsque j'avais procédé de cette façon à deux ou trois exécutions, le calme se rétablissait comme par enchantement, car j'avais soin de demeurer jusqu'au jour, ma présence comme celle de tout autre Européen, du reste, suffisant pour empêcher le retour de ces scènes dégoûtantes.

Ils n'épargnent même pas les malheureuses quand elles sont enceintes; aussi les avortements sont-ils très fréquents chez les femmes de cette race maudite.

Ils n'ont pas la moindre idée de ce que peut être la morale, et mettent au contraire tous leurs soins, à tourner en dérision tout ce que les autres femmes comprennent sous le nom de vertu.

Dès l'âge le plus tendre, ils élèvent leurs filles pour la prostitution, et vendent leur virginité dès l'époque de la puberté qui arrive ordinairement entre neuf et onze ans.

Le prix d'une fille pariah vierge dans l'Inde est aussi régulier que celui du pain ou de la viande de boucherie : elle se paye 22 roupies, soit cinquante-cinq francs, la roupie valant environ 2 fr. 50 c. et ceci est le prix des villes ; dans l'intérieur, on les a souvent pour moitié prix, et aux époques de famine, pour quelques livres de riz.

Le pariah qui a faim vend sa femme et ses enfants pour manger.

Je ne parle pas ici de ces virginités d'occasion qui se refont dix fois et se vendent de même : la fille qu'on vous livre dans ces odieux marchés vous est amenée parfaitement pure de tout commerce antérieur avec un homme, elle est conduite à celui qui l'achète aux premiers signes de la puberté ; la croyance religieuse qui livre aux esprits infernaux tous ceux qui ont commerce avec une fille non nubile a cela de bon cette fois, qu'elle protège au moins ces pauvres petites filles jusqu'à l'âge de puberté.

Malgré ce bas prix, et l'incontestable beauté des filles pariahs, elles trouvent peu d'acheteurs en dehors des Européens qui habitent les villes, ou tout au moins ces marchés, cause du préjugé qui fait chasser de la caste tout Indou qui a eu commerce avec une femme de la caste impure, ne se font entre Indous que dans le plus grand secret et, s'ils sont soupçonnés, ne sont jamais notoirement connus.

Les brahmes, qui sont de fins connaisseurs, passent pour faire une grande consommation de ce genre de marchandise, et il n'est pas rare de voir dans les rues une belle fille pariah de douze à treize ans, brune comme une statue de bronze, allaiter un beau bébé de quelques mois à la peau de ce blanc légèrement teintée de citron, qui est la couleur caractéristique des brahmes du Sud.

La foule qui ne s'y trompe pas, moqueuse et satirique comme toutes les foules, nomme d'ordinaire le petit enfant en riant : Siva Vallouver Brochmanaha. Littéralement en tamoul, le petit pariah brahme.

D'ordinaire, la mère sourit sans se défendre, car c'est un grand honneur pour elle que cet enfant venu avec son signe de race, mais elle se garde bien d'en nommer le père, son témoignage ne serait d'aucun poids et une belle nuit, elle resterait sous le bâton des serviteurs du brahme qu'elle aurait ainsi accusé.

Ce secret dont il est absolument assuré dans sa liaison passagère avec les belles filles vallouvers, la liberté entière du choix, car on n'a jamais à craindre de refus ni de la part de la famille, ni de la part de la fille, et surtout la facilité de les avoir vierges, font que le brahme n'est pas, je crois, calomnié quand il est accusé par les autres Indous d'avoir un faible pour les belles canys.

Élevées en plein air, toujours demi-nues, et rien ne venant gêner ou arrêter leur dévoloppement, les filles vallouvers ou pariahs, sont en général, de douze à vingt ans, tant que plusieurs maternités ne les ont pas déformées, des modèles de perfection. Voici le portrait le plus fidèle que je puisse en tracer.

Elles sont en général d'une taille au-dessous de

la moyenne, plutôt petites, je n'ai jamais vu une femme grande dans cette caste; s'il y en a, c'est une bien rare exception. La tête est petite, fine, et le visage affecte un ovale parfait, les yeux sont grands avec un aspect langoureux et velouté, le nez droit, mince avec deux petites ailes frémissantes et mobiles, la bouche exiguë avec des lèvres fines, mais fermes et qui ne s'entr'ouvrent que pour montrer de petites dents blanches et nacrées, si régulières qu'on les dirait artificielles.

Ce genre de beauté est vulgaire dans l'Inde, cet admirable pays, où, grâce à la nourriture lactée et végétale et à la vie en plein air, on ne rencontre jamais, pas plus chez l'homme que chez la femme, ni une dent défectueuse, ni une haleine *exagérée*.

L'ensemble du corps est admirable de proportion. La courbe des épaules est superbe, le modelé des seins, de la poitrine, du bassin est irréprochable, la croupe est onduleuse et pleine de promesses, les cuisses et les mollets rendraient jaloux dans leur perfection la Vénus antique. Quant aux mains et aux pieds, je ne répondrais pas que bottines et gants de vos fillettes de sept à huit ans ne leur fussent encore trop grands...

Que de fois ne m'est-il pas arrivé aux heures chaudes du jour, alors que la chasse interrompue, je me balançais dans un hamac sous les feuillages des multipliants ou des flamboyants aux fleurs rouges, de voir venir à moi une troupe de cinq à

six jeunes filles pariahs ; les cheveux tressés avec
des fleurs, le sourire aux lèvres, elles se présen-
taient à mon choix... Me soulevant à demi, je me
donnais alors le plus beau spectacle que l'on puisse
imaginer sous le ciel bleu de l'horizon : au milieu
des rayons d'or qui perçaient en se jouant le
feuillage des grands arbres, sur un tapis de mousse
verte émaillé de liserons roses ; sur un signe, les
belles filles se débarrassaient de leur léger vêtement ; à l'une, je faisais donner une de ces jarres de
terre qui ont enfanté l'amphore et elle se baissait
comme si elle allait puiser de l'eau, l'autre simu-
lait une sortie du bain et tendait ses grands cheveux qui balayaient la terre ; les quatre ou cinq
autres, les jarres sur la tête ou sur la hanche, si-
mulaient l'aller et le retour à la fontaine avec des
poses qu'elles prenaient d'elles-mêmes et au hasard... et je les regardais toutes baignées de lumière, de grâce, de beauté, au milieu de cette
nature dont chaque brin d'herbe recélait un insecte,
un papillon, un scarabée aux couleurs diamantées,
dont chaque branche recélait un oiseau chanteur,
dont chaque souffle attiédi se chargeait par les
plaines des parfums du vétiver et des champs de
vanille... et les yeux perdus dans mon extase en
face du tableau que je venais de me composer,
avec les grands horizons bleus, les verdures des
grands bois, du soleil, de la chair, du mouvement
et de la vie partout... Je songeais à ces braves

gens qui, un bouquet de poil à la main, du jaune, du blanc, du rouge, du noir et du bleu dans des tubes, barbouillent des carrés de toile en soutenant qu'ils font mieux que la nature... qu'ils l'idéalisent... farceurs va !...

Avec les vingt-deux roupies que lui procure la vente de sa fille, le pariah pourrait acheter du riz pour une année, une année et demie même pour lui et sa famille, si l'état de misère et d'imprévoyance dans lequel il a toujours vécu, ne lui faisait une loi d'habitude de tout dépenser en victuailles et en boissons, en quinze jours, un mois tout au plus ; mais pendant tout ce temps, il mange à sa faim, et reste du matin au soir dans un état complet d'ivresse.

Chaque fois que le pariah vend une de ses filles, c'est une fête qui marque dans sa vie. On l'entendra dire souvent :

— Quand j'ai vendu Anniouna, pendant un mois, j'ai bu et mangé tout mon saoul.

Si le pariah pouvait vendre deux ou trois filles par an, ce serait l'être le plus heureux qui soit au monde.

En général, il préfère vendre sa fille à un Européen qu'à un Indou, la raison en est facile à comprendre.

L'Indou garde la fille huit à dix jours dans une maison tierce où un ami lui rend le service de recevoir la fille, comme si elle était employée aux vils soins de certains services abandonnés à sa caste, et la renvoie quand il en a assez et surtout pour que la durée de la liaison ne la fasse pas soupçonner; la fillette revient alors au logis paternel, partage la nourriture de la famille, elle est une charge avec laquelle on ne comptait plus depuis quelque temps et dont on voudrait bien se débarrasser.

L'Européen, au contraire, surtout s'il est nouvel arrivant, s'éprend assez facilement de cet enfant qui lui a donné les prémices de sa jeunesse, la garde, et quand il la renvoie plus tard, lui achète un petit champ à riz suffisant pour les nourrir, elle et son enfant, car il est rare que l'union n'ait pas été féconde; et voilà une fille qui a été bien placée : non seulement elle n'est pas revenue à la maison comme une bouche inutile, mais encore plus tard elle pourra faire du bien à sa famille; l'enfant né ainsi s'habillera à l'européenne, portera le nom de son père, qu'il le veuille ou non, fera partie de cette classe connue sous le nom de Topas ou *gens à chapeaux* qui remplit les bureaux des administrations françaises et anglaises où elle occupe de petits emplois.

Quand une famille pariah voit grandir au milieu des siens une fille d'une beauté merveilleuse, elle la soigne d'une façon toute particulière, on se cotise pour lui fournir de beaux pagnes, quelques bijoux et l'on attend que quelque vieil Indou riche, brahme ou Commouty, s'éprenne d'elle pour exploiter la situation. Malheur à ceux qui se laissent aller, les pariahs sont passés maîtres dans l'art de profiter de leurs faiblesses. Dans l'Inde, le théâtre a toute liberté et rien ne dépeint mieux les mœurs de ce pays que les pièces que l'on y représente et qui sont conçues, exécutées et jouées avec une rare licence.

Les auteurs indous ne respectent absolument rien, leur verve s'attaque aux castes les plus élevées, ridiculisent les brahmes, les dieux et ne se gênent pas pour mettre à la scène les choses les plus viles et les plus dégradantes.

L'autorité y est toujours bafouée, la vertu ridiculisée, l'effronterie et le vice étalés avec la plus grande impudeur.

Les libertés du Karageutz Turc sont morales en comparaison du Ranguin indou.

Ranguin, dans le théâtre tamoul, représente toutes les passions, tous les vices poussés à leur extrême, unis à une habileté, une effronterie et un esprit sans pareils.

J'ai déjà eu l'occasion souvent dans mes voyages, de donner une idée de l'étrange littérature populaire de l'Inde. En voici un nouveau spécimen, c'est une petite pièce qu'on ne lira pas sans intérêt, car en dehors des mœurs spéciales qu'elle accuse, elle se rattache étroitement à mon sujet et va nous montrer le pariah aux prises avec le brahme, la classe infime avec la caste supérieure. J'ai vu souvent cette pièce représentée dans les aldées du pays Malabar et toujours aux applaudissements de la foule qu'elle avait le don d'amuser au suprême degré.

J'ai traduit spécialement cette pièce qui rappelle par plus d'un côté les audaces d'Aristophane, pour nos lecteurs, en les prévenant que j'ai été obligé d'adoucir la plupart des traits qui n'eussent supporté ni la traduction ni l'impression dans notre langue.

L'Oriental, et surtout l'Indou, n'a ni la chasteté de l'oreille, ni surtout celle des yeux, et les femmes les plus honnêtes de ce pays supportent des paroles et des spectacles qu'on n'oserait faire entendre et montrer à des filles faciles en Europe. Je serai dans ma traduction le plus chaste possible, tout en conservant à cette farce son cachet original.

Mes difficultés de traducteur commencent dès le titre même. La version littérale serait Le P....... de Kochely et bien entendu un demi-mot.

Je traduis : La virginité de Kochely.

DEUXIEME PARTIE

LES PARIAHS

ET

LES CASTES INFIMES

LA VIRGINITÉ DE KOCHELY

LES PARIAHS

ET

LES CASTES INFIMES

FARCE EN CINQ PARTIES

PERSONNAGES

RANGUIN, musicien funéraire de caste vallouver ou pariah.

TAMBY, son frère, vallet de village.

AROUNATCHARIAR, brahme gourou (prêtre officiant).

LE BECHCAR, officier de police du bazar.

LE THASILDAR, chef du village.

LA VIEILLE MONIAMALLE, femme de Ranguin.

FOULE DES DEUX SEXES.

TROUPE DE JEUNES COMMOUTYS (fils de négociants, armateurs, banquiers de la caste des Vaysias,
jeunes vauriens qui font danser les roupies de leurs
pères).

MUSICIENS FUNÉRAIRES.

METIS, domestique des commoutys.

Ire PARTIE

La scène se passe aux abords d'un village, chaumière pariah
entourée de bosquets de cocotiers.

SCÈNE PREMIÈRE.

RAGUIN, MONIAMALLE, MUSICIENS MORTUAIRES.

RANGUIN, *arrive sa trompe mortuaire à la main.*

Holà! Moniamalle, holà! répondras-tu, vieille
carcasse de mangouste?

LES MUSICIENS.

Ranguin est de bonne humeur aujourd'hui, nous
allons rire.

RANGUIN, *plus haut.*

Holà! hé! Moniamalle, si tu ne te montres à
l'instant je vais te frotter les épaules avec ce rotin,
jusqu'à ce que ta vieille peau s'en aille comme
une pelure de banane.

LES MUSICIENS.

Où donc est ce riz, Ranguin, dont tu avais promis de nous régaler ? Nous avons beau ouvrir nos narines, nous n'en sentons point l'odeur.

RANGUIN.

Par le sacré Linguam, je vais la laisser sous le bâton.

LES MUSICIENS.

Bien joué, Ranguin... tu viens de nous enseigner un bon moyen d'économiser notre riz quand nous t'inviterons.

RANGUIN.

Que les chacals me rongent le ventre, si je n'arrache pas les tripes de la vieille !

LES MUSICIENS.

N'arrache rien, Ranguin... tu es un habile homme, bonsoir Ranguin, ton riz était très bon, Ranguin ; nous allons souper chez nous, Ranguin.

RANGUIN.

Ne me poussez pas à bout, ou je vous casse ma trompe sur la tête.

LES MUSICIENS.

Adieu, Ranguin, il faudra t'engager dans une

troupe de Kouravers pour faire des tours au bazar, tu sais très bien escamoter le riz. (*Ils sortent.*)

RANGUIN.

Oh ! l'abominable vieille qui me fait insulter par tous ces gens-là !

MONIAMALLE, *accourant un faix de bois sur le dos.*

Me voici, mon seigneur, mon maître, j'ai passé ma journée à monder le riz pour le repas du soir, et voici le bois pour le faire cuire.

RANGUIN.

Ici ! chien maudit, vieille face de chacal !

MONIAMALLE.

Que me voulez-vous, maître ? j'ai peur.

RANGUIN.

Ici, te dis-je.

MONIAMALLE.

Vous allez me battre, je suis bien fatiguée.

RANGUIN.

Ah ! tu raisonnes ! Attends... (*Il court sur elle, et la roue de coups.*)

MONIAMALLE.

Ahio ! ahio ! samy (*Hélas ! hélas ! mon Dieu*).

RANGUIN, *redoublant*.

Tiens, tiens donc, cela t'apprendra à faire cuire le riz à l'heure.

MONIAMALLE.

Ahio! ahio! que je suis malheureuse! ne me tuez pas... vous ne m'aviez pas donné d'argent pour en acheter.

RANGUIN, *se radoucissant*.

Une femme habile doit toujours trouver du riz sans argent.

MONIAMALLE.

Hélas! je suis vieille, Ranguin, et personne ne veut plus faire avec moi des stations dans les topes de cocotiers, mais quand j'étais jeune, Ranguin, quand mes seins étaient aussi fermes que les fruits du manguier, n'ai-je pas, arrêtant les voyageurs dans les carrefours, et les défiant de me lasser, apporté chaque jour l'abondance dans la maison?... As-tu manqué de quelque chose, tant qu'on m'a appelé Moniamalle la belle?

RANGUIN.

Cela ne peut pas durer, j'ai le ventre vide sept jours de la semaine. Je ne puis plus boire de caillou, et je suis la risée de tous les musiciens funéraires. Où est Kochely ?

MONIAMALLE.

Elle rôde autour de la maison du brahme Arounat-Chariar.

RANGUIN.

Lui as-tu fait suffisamment la leçon ?

MONIAMALLE.

Depuis plusieurs jours, elle met des fleurs dans ses cheveux, et le brahme la regarde avec complaisance.

RANGUIN.

Lui a-t-il parlé ?

MONIAMALLE.

Il n'a osé encore, mais écoute, Ranguin, je crois que nous sommes bien près de réussir dans mes projets ; du doigt, ce matin, le brahme lui a montré le soleil, en abaissant sa main peu à peu jusqu'à l'horizon.

RANGUIN.

Eh bien, qu'est-ce que cela signifie ?

MONIAMALLE.

Tu ne comprends pas ?

RANGUIN.

En aucune façon.

MONIAMALLE.

Tu baisses, Ranguin, tu n'es plus cet habile musicien des morts que tous les commoutys envoyaient chercher pour leurs missions amoureuses.

RANGUIN.

Trêve de tes discours, j'ai encore mon rotin dans les mains.

MONIAMALLE.

A votre volonté, mon seigneur.

RANGUIN.

La voilà maintenant qui ne parlera pas ! Tu as du bonheur que je sois radouci, et puis j'aime cette soumission dont tu fais preuve.

MONIAMALLE.

Cela signifie, Ranguin, que le vieux brahme Arounat-Chariar, n'osant parler à Kochely en plein jour, a indiqué avec sa main le coucher du soleil à l'horizon, pour lui faire comprendre qu'il la viendrait trouver dès que la nuit serait descendue sur la terre.

RANGUIN.

Quoi ! il viendrait ici un brahme ?

MONIAMALLE.

Ce ne serait pas le premier. Que tu as peu de mémoire... Non, pas aujourd'hui... ni demain peut-être, mais Kochely sait son rôle, je lui ai enseigné des caresses irrésistibles, et le brahme, poussé par la passion, finira par accepter un rendez-vous dans notre chaumière. Alors nous le tenons.

RANGUIN.

Vrai, Moniamalle, je regrette les coups que je t'ai donnés il n'y a qu'un instant.

MONIAMALLE.

Souviens-toi du brahme, Ranguin ; ne venait-il pas toujours passer la nuit dans notre demeure ? Il était bien sûr que les autres brahmes ne franchiraient jamais le seuil de la maison d'un pariah, même pour venir prendre en faute un des leurs.

RANGUIN.

C'était le bon temps.

MONIAMALLE.

Tu n'avais pas toujours le rotin à la main, à cette époque.

RANGUIN.

Pourquoi as-tu vieilli, Moniamalle?

MONIAMALLE.

Et toi, Ranguin... crois-tu donc que pour toi, les ans ont remonté leur cours?

RANGUIN.

Non, mais le temps, en ravageant ton visage, et ces appas, qui pendant si longtemps, m'ont procuré le bien-être, ne m'ont pas du même coup, enlevé mon appétit.

MONIAMALLE.

Tant que je fus jeune et belle, n'ai-je pas satisfait tous tes désirs, n'avais-tu pas toujours le plus beau riz du bazar, le poisson frais le plus délicat, et dans le coin de ton *chouine*, n'avais-tu pas toujours une poignée de roupies, pour aller te réjouir chez les belles filles de la place d'Odiau-Galle?

RANGUIN.

C'est vrai, tu as été une bonne femme, une femme dévouée à son mari, mais pourquoi m'avoir si longtemps entretenu dans l'abondance pour me forcer maintenant à me serrer le ventre?

MONIAMALLE.

Est-ce ma faute si même les rôdeurs de carrefours ne veulent plus de moi? et le souvenir de ta splendeur passée ne devrait-elle pas te rendre plus doux à mon égard?... Battue du matin au soir, ahio! samy, que je suis malheureuse!

RANGUIN.

De quoi te plains-tu? n'est-ce pas le destin habituel? Quand une vache ne donne plus de lait, on la roue de coups.

MONIAMALLE.

Mais, n'est-ce pas encore moi qui te nourrit?

RANGUIN.

C'est vrai, mais si tu n'avais pas peur de mon rotin, tu n'apporterais jamais rien à la maison.

MONIAMALLE.

Qu'avais-je donc fait aujourd'hui?... Voilà le riz et le bois pour le faire cuire, si tu continues à me battre, aussi bien quand j'ai trouvé le riz du repas que quand je n'ai rien pu récolter, ne crains-tu pas que, battue pour battue, je ne me lasse de mendier pour toi?

RANGUIN.

Ce jour-là, Moniamalle, ta vieille carcasse sera battue sous le bâton comme les épis de nelly dont on veut retirer le grain. Quant à aujourd'hui, respectable guenon, je t'ai rossée comme tu le méritais, parce que j'avais invité mes amis les musiciens funéraires à venir manger ici, et que quand nous sommes arrivés, le riz ne chantait pas dans la *tiselle*.

MONIAMALLE.

Pourquoi ne m'avais-tu pas avertie?

RANGUIN.

Une bonne femme doit prévenir les désirs de son mari..... mais trêve de récriminations, tu me dis que notre fille Kochely, stylée par toi, va attirer dans ses filets le brahme Arounat-Chariar.

MONIAMALLE.

C'est vérité pure.

RANGUIN.

O divin Linguam, je vais donc de nouveau connaître les joies de la table à pleine ventrée, et chaque soir, je pourrai rafraîchir mon gosier altéré avec le callou des filles vouées à Cama, dont les plus belles donneront pour moi leur pagne, sous les ombrages de l'Arian-Coupan, et sur la natte parfumée du vétiver, leurs membres craqueront sous les efforts du plaisir.

LES JEUNES COMMOUTYS, *chantant dans la rue.*

La vieille Tamary a du bon callou,
Ses pastilles au safran disposent à l'amour
Et les braves filles qu'elle cache
  Dans son Terem,
Ont les seins plus durs que le fruit du manguier,
Plus polis que la dent du jeune éléphant,
Plus parfumés que la fleur amatlé,
Plus doux que l'amrita aimée des dieux.
Mais si la vieille Tamary a toujours
  Du bon callou,
Et des pastilles parfumées,
Si les belles filles du Terem sont toujours dis-
  posées,
Quand les commoutys sont gorgés de nourriture,
Et saouls comme des pariahs!
Ils ne peuvent plus ni manger ni boire,
Ni se livrer aux amoureux travaux sur les nattes
  parfumées du Terem.

MONIAMALLE.

Que voilà une belle troupe de vauriens.

RANGUIN.

Ce sont les fils de nos riches marchands qui
font danser les roupies gagnées par leurs pères.

MONIAMALLE.

Le char étoilé de la nuit n'a pas encore chassé
le jour, et ils sont déjà ivres.

RANGUIN.

C'est la seule manière, aujourd'hui, de prouver
qu'on appartient à une bonnne famille, et qu'on n'a
pas besoin d'acheter le riz à la *cope*.

MONIAMALLE.

Quel plaisant raisonnement!

RANGUIN.

Sans doute, tout le monde peut s'enivrer la nuit
et courir les belles filles sous les topes de cocotiers,
mais le faire en plein jour, pendant que leurs pères
pèsent l'or au bazar et s'éreintent à travailler et à
amasser, voilà qui est tout à fait du bon genre,
et les jeunes commoutys ont bien raison d'agir
ainsi.

MONIAMALLE.

Tu prend la défense de pareils mauvais sujets?

RANGUIN.

Ils appartiennent à une caste noble, apprends à les respecter... ou sinon tu recevras vingt coups comme celui-ci. (*Il lui donne un coup de bâton.*)

MONIAMALLE.

Ahio samy! à mon secours!

LES COMMOUTYS.

Oh! là, qu'est-ce?

MONIAMALLE.

Seigneurs, à mon secours.

RANGUIN, *la frappant.*

Te tairas-tu à la fin?

LES COMMOUTYS.

Tiens, c'est Ranguin, le musicien funéraire qui bat sa femme.

RANGUIN.

Seigneurs, elle avait mal parlé des commoutys.

LES COMMOUTYS,

Il ne nous plaît pas que tu battes une femme pour nous, entends-tu Ranguin.

RANGUIN.

La drôlesse vous a traité de vauriens.

LES COMMOUTYS.

Il ne nous plaît pas que tu prennes notre défense ; approche ici, que nous te rendions les coups que tu as donnés à Moniamalle.

RANGUIN.

Vous voulez rire.

LES COMMOUTYS.

Nous ne t'en empêcherons point, si c'est ton plaisir.

RANGUIN.

Je casse ma trompe sur la tête du premier qui me touche.

LES COMMOUTYS.

Tout beau, Ranguin ! modère ton orgueil ; des commoutys toucher un pariah, mettre la main sur un être de ton espèce... Ohla, metis !

LES METIS, *serviteurs des commoutys.*

Nous voilà, seigneurs.

LES COMMOUTYS.

Allez, du rotin sur le dos de Ranguin, et ne cessez que quand vous aurez brisé tous vos bâtons.

RANGUIN.

Essayez, vous autres... j'irai me plaindre au bechcar.

(Les metis entourent Ranguin et le frappent.)

1er METIS.

Tiens, porte-lui ce coup de trique au Bechcar.

RANGUIN, *criant.*

Au secours!... au meurtre!

2e METIS.

Tiens, en voilà un autre pour l'accompagner.

RANGUIN.

Ahio! samy, ahio samy!

(Tous les metis le frappent à la fois.)

MONIAMALLE.

La bonne chose que les coups de bâton sur les épaules des autres.

RANGUIN.

Tu me payeras cette parole-là... ahio! ahio! samy! Pitié, seigneurs commoutys, pitié!

LES COMMOUTYS.

Ah! ah! tu ne nous menaces donc plus du bechcar..... allons, une petite danse encore.

(Les metis frappent de nouveau Ranguin.)

RANGUIN.

A moi! à moi! on m'assassine, on m'écorche, on me coupe en morceaux!

LE BRAHME AROUNATSARIAR, *paraissant.*

Quels sont ces cris qui sont venus me troubler dans le pieux sacrifice que j'offrais aux dieux?...

LES COMMOUTYS.

C'est nous, seigneur brahme, qui faisons administrer une raclée à maître Ranguin.

LE BRAHME.

N'avez-vous point honte de lancer tous vos serviteurs sur un seul homme?

LES COMMOUTYS.

Pieux brahme, Ranguin n'est point un homme, c'est un pariah!

LE BRAHME.

Soit, mais votre conduite n'est pas très courageuse.

LES COMMOUTYS.

Vous osez défendre un pariah, aimable brahme?

LE BRAHME.

Ranguin est un homme, et tous les hommes sont égaux devant la douleur.

LES COMMOUTYS.

Ouais! que signifie cette belle commisération pour un pariah? mêlez-vous de vos affaires, pieux fainéant, marchand d'eau lustrale, et si vous ne déguerpissez tôt d'ici, nos bâtons vont faire connaissance avec vos épaules sacrées.

LE BRAHME.

Battre un brahme! vous oseriez battre un brahme!

LES COMMOUTYS.

Pourquoi pas, est-ce que les brahmes ne ressentent pas les coups de trique comme les autres?

LE BRAHME.

Vous perdriez votre caste.

LES COMMOUTYS.

On ne perd pas sa caste, vénérable marchand de prières, quand on a de l'or, beaucoup d'or...

nous payerions le dommage fait à tes pieuses épaules.

LE BRAHME.

Les drôles sont ivres !

LES COMMOUTYS *se mettent à danser autour du brahme en chantant.*

La vieille Tamary a du bon callou.
Ses pastilles au safran disposent à l'amour.
Et les brunes filles qu'elle cache,
   Dans son Terem,
Ont les seins plus durs que les fruits du manguier,
Plus parfumés que la fleur amatlé,
Plus doux que l'amrita aimée des dieux.

LE BRAHME.

Quelle désolation !... voilà la jeunesse d'aujourd'hui, en vérité nous approchons des temps maudits, prédits par les livres saints, et le divin Vichnou ne va pas tarder à revenir pour combattre le génie du mal déguisé sous les traits du cheval Kalki.

LES COMMOUTYS, *continuant.*

Mais si la vieille Tamary a toujours du bon callou
Et des pastilles parfumées,
Si les belles filles du Terem sont toujours disposées...

Quant les commoutys sont gorgés de nourriture,
Et saouls comme des pariahs !
Ils ne peuvent plus ni manger ni boire,
Ni se livrer aux amoureux travaux sur les nattes
  parfumées du Terem.

LE BRAHME.

Allez au diable, vauriens ! polissons, je vais de ce
pas au bazar faire connaître votre conduite à vos
pères, et vous faire châtier d'importance.

*(Les commoutys l'entourent et lui hurlent aux
oreilles.)*

La vieille Tamary a du bon callou...

LE BECHCAR *entre.*

Qu'est-ce qui cause tout ce bruit ?

LE BRAHME.

Délivrez-moi de tous ces malandrins, bechcar.

LE BECHCAR.

Contez-moi d'abord votre affaire, vénérable
brahme.

LE BRAHME.

Ce sont ces jeunes commoutys...

LES COMMOUTYS, *l'interrompant.*

Non, c'est le brahme.

LE BRAHME.

Ce sont ces jeunes commoutys, dis-je...

LES COMMOUTYS, *en chœur*.

Non, c'est le brahme...

LE BECHCAR.

Continuez, vénérable brahme.

LE BRAHME.

J'offrais un pieux sacrifice au divin Vichnou, quand ces jeunes commoutys sont venus.

LES COMMOUTYS, *même jeu*.

Non, c'est le brahme.

LE BECHCAR.

Taisez-vous et laissez parler ce saint homme.

LES COMMOUTYS, *en chœur*.

C'est le brahme...

LE BECHCAR.

Je crois que vous vous moquez, vous autres.

LES COMMOUTYS, *éclatant de rire*.

Non, c'est le brahme.

LE BECHCAR.

Je vois que vous aimez à rire.

LES COMMOUTYS.

C'est le brahme...

LE BECHCAR, *à part.*

Ne nous brouillons point avec ces jeunes gens, ils appartiennent aux plus riches familles de la ville, et il pourrait m'en cuire..

LES COMMOUTYS.

Voilà le bechcar devenu muet...

LE BECHCAR.

Non, mais il vous écoute, de quoi avez-vous à vous plaindre ?

LE BRAHME.

Voilà ces polissons devenus plaignants maintenant !

LE BECHCAR.

Non pas, vénérable brahme... mais pourquoi leur cédez-vous la parole?... allons, je vous écoute.

LE BRAHME.

Donc, ce sont ces jeunes commoutys.

LES COMMOUTYS.

Non! c'est le brahme.

LE BRAHME.

Voilà qui est fort.

LE BECHCAR.

Soyez plus sage que cette folle jeunesse, laissez parler les commoutys.

LES COMMOUTYS.

C'est Ranguin.

RANGUIN.

Bon, voilà que c'est moi maintenant!

LES COMMOUTYS.

Oui, c'est Ranguin qui rouait de coups sa femme.

LE BECHCAR.

Il avait tort.

LES COMMOUTYS.

Alors, nous l'avons fait battre à notre tour.

RANGUIN.

Assommé, seigneur bechcar, assommé par leurs valets.

LE BECHCAR.

Tais-toi, tu es bien audacieux de venir couper la parole à des commoutys. (*Aux jeunes gens*) Vous avez eu tort, seigneurs commoutys, de vous commettre avec cet impur pariah !

LES COMMOUTYS.

Oh ! nous l'avons fait frapper par nos metis.

LE BECHCAR.

A vous, vénérable brahme.

LE BRAHME.

J'ai voulu m'interposer pour empêcher ce malheureux de mourir sous le bâton, et ces jeunes fous m'ont insulté.

LE BECHCAR.

Un brahme défendre un pariah ! vous avez eu tort, estimable Arounatchariar.

LES COMMOUTYS.

Rends ta sentence, aimable bechcar, comment vas-tu t'en tirer, ô soleil de justice, puisque nous avons tous tort ?

LE BECHCAR.

Seigneurs commoutys, je vous condamne au profit du trésor de la chauderie, à une roupie d'amende chacun pour avoir fait battre cet homme.

LES COMMOUTYS, *riant*.

Bravo, bechcar, bravo! tu pourras avec cet argent aller goûter le callou de la vieille Tamary.

LE BECHCAR.

Vénérable Arounatchariar, je vous impose une roupie d'amende également pour avoir voulu défendre un pariah.

LES COMMOUTYS.

Lumière d'équité, superbe bechcar, tu nous fais mourir de rire.

LE BECHCAR.

Quant à toi, Ranguin, cause de tout ce bruit, tu vas recevoir sur l'heure dix coups de rotin sur le derrière.

RANGUIN.

Ceux-ci sont condamnés pour m'avoir battu, celui-là pour m'avoir soutenu et moi pour avoir été rossé... voilà qui est plaisant.

LE BECHCAR.

Tu vas payer de cinq coups de rotin de plus ton insolence.

RANGUIN.

Je ne suis point aussi ignorant que vous le pensez, et je sais parfaitement qu'en ordonnant des condamnations, vous vous arrogez un droit qui n'appartient qu'au Pundit-Saëb.

LES COMMOUTYS.

Bravo, Ranguin ! que réponds-tu à cela, bechcar ?

LE BECHCAR.

Le drôle a de l'esprit.

LES COMMOUTYS.

Alors, nous aussi, nous sommes libres de ne te point payer ?

LE BRAHME.

Condamner un brahme ! tu payeras cher cette audace.

LE BECHCAR.

Oui, seigneurs commoutys, oui, seigneur brahme, vous pouvez parfaitement ne point me donner la somme que je vous ai demandée, sous forme de condamnation, mais alors, je ferai mon rapport contre vous.

LES COMMOUTYS.

Nous ferons comme Ranguin, nous nous plaindrons au Pundit-Saëb.

LE BECHCAR.

Je veux bien, seigneurs, vous avertir d'une chose.

Le principe de l'autorité de la justice, cette lumière du ciel, commence au Pundit-Saëb et, en suivant les degrés inférieurs, arrive du Pundit-Saëb au Naïnard, du Naïnard au Thasildar, du Thasildar au Paléagar, du Paléagar aux derniers péons de la police judiciaire, vous me comprenez.

LES COMMOUTYS.

Nous suivons ton raisonnement avec la plus grande attention, illustre bechcar.

LE BECHCAR.

Or, tous ces gens-là forment les anneaux d'une chaîne, dont on ne peut rompre un seul sans détruire la chaîne elle-même.

LES COMMOUTYS.

Nous voyons ta conclusion, aimable bechcar.

LE BECHCAR.

Quand même j'aurais mille fois tort, vous seriez condamnés, parce que la justice doit être infaillible.

LES COMMOUTYS.

C'est une belle justice.

LE BECHCAR.

L'image même de Brahma sur la terre.

LES COMMOUTYS.

Alors, nous sommes forcés de te payer chacun une roupie.

LE BECHCAR.

Oui, et moyennant cette somme j'étoufferai l'affaire ; sans cela, au fur et à mesure que l'affaire montera, vous serez obligés de payer, faites le compte : une roupie ou Paléagar, pour droit d'inscription sur son registre, deux au Thasildar pour transmission de mon rapport au Naïnard, quatre au Naïnard, pour transmission au Pundit-Saëb, et quant à ce dernier, si Aniama veut un beau pagne de soie tout neuf ou s'il a perdu au jeu la veille, gare à la condamnation ! ce n'est pas la somme de cent roupies qui nous en tire... une roupie pour arrêter tout cela, vous le voyez, c'est pour rien.

LES COMMOUTYS.

Oui, mais c'est une roupie que tu nous voles, tandis que les autres...

LE BECHCAR.

Que je vous vole par persuasion, tandis que les autres vous en voleront cent par force.

RANGUIN.

Offrez-lui six caches. (La cache est la même monnaie que notre ancien liard.)

LE BECHCAR.

Tout cela se capitalise, tu vas payer cher bientôt ton insolence.

LE BECHCAR, *tendant la main.*

Dépêchez-vous, seigneur brahme, et vous seigneurs commoutys.

LE BRAHME.

Je ne ferai point cela...

LES COMMOUTYS.

Tu seras bien habile, mon pauvre bechcar, si tu arraches une cache à un brahme.

LE BECHCAR.

Mais vous, vous allez payer.

LES COMMOUTYS.

Nous connaissons trop le respect que nous devons à la classe sévère des brahmes pour agir autrement qu'Arounatchariar.

LE BECHCAR.

Je suis joué !

RANGUIN.

Et battu ; tiens, voilà tes dix coups de rotin. (*Il le frappe.*)

LE BECHCAR.

A moi, à mon secours ! Comment ! vous me lais-sez battre par un pariah.

LES COMMOUTYS.

Tu nous as condamnés pour nous être commis avec un pariah !... Bravo, Ranguin, bravo !

LE BECHCAR, *se sauvant.*

Tu payeras de ta vie les coups que tu m'as donnés... je vais de ce pas faire mon rapport.

LES COMMOUTYS.

Tu n'as plus qu'à te réfugier dans la jungle, Ranguin, car nous ne donnerions pas deux caches de ta peau.

(Ils sortent lentement en chantant.)

La vieille Tamary a du bon callou.
Ses pastilles au safran disposent à l'amour.
Et les brunes filles qu'elle cache dans son Terem
Ont les seins plus durs que le fruit du manguier,
Plus polis que la dent du jeune éléphant,
Plus parfumés que la fleur amatlé,
Plus doux que l'amrita aimée des dieux.
Mais si la vieille Tamary a toujours du bon callou
Et des pastilles parfumées,

Si les belles filles du Terem sont toujours dis-
    posées...
Quand les commoutys sont gorgés de nourriture,
    et saouls comme des pariahs,
Ils ne peuvent plus ni manger ni boire,
Ni se livrer aux amoureux travaux sur les nattes
parfumées du Terem.

> *(Ils sortent.)*

RANGUIN, *faisant le sebactouga.*

Vénérable brahme, esprit de la sagesse, lumière
de Vichnou, toi qui as été créé dès le commencement des choses, roi des créatures animées, toi
dont les pieds sont aussi parfumés que la fleur du
lotus, et qui as reçu de Vichnou le secret des
mentrams qui aplanissent toutes les difficultés,
daigne me protéger contre les vengeances du
bechear.

LE BRAHME.

La justice est due même au pariah, a dit le
divin Manou, aussi vais-je de ce pas me rendre
auprès du Pundit-Saëb pour lui conter toute l'affaire.

RANGUIN.

J'embrasse la trace de vos pas, vénérable
brahme.

LE BRAHME.

Tu as eu tort de le frapper, mais enfin j'essayerai d'arranger l'affaire... dis-moi, n'es-tu pas le père d'une jeune fille du nom de Kochely?

RANGUIN,

Je suis le père de cette jeune fille, lumière céleste.

LE BRAHME.

Elle est bien jeune pour la laisser sortir comme tu le fais, seule à toute heure, elle pourrait être rencontrée par des gens comme ces commoutys qui ne respectent rien.

RANGUIN, *avec humilité*.

Oh! une fille de la caste maudite, seigneur brahme, qui donc oserait faire attention à elle?

LE BRAHME.

La beauté n'a pas de caste, Ranguin.

RANGUIN,

Quoi, vous pourriez croire qu'un commouty s'exposerait à perdre sa caste pour une pariah?

LE BRAHME.

Ta fille est vierge, Ranguin?

RANGUIN.

Vierge comme la déesse Nari, quand elle sortit des eaux au sein d'une fleur de lotus.

LE BRAHME.

Ce soir, quand le soleil aura disparu, et que les bosquets de cocotiers seront pleins d'ombres et de mystères, je viendrai te dire le résultat de mes démarches auprès du Pundit-Saëb.

RANGUIN.

Vous daignerez, ô saint brahme, franchir le seuil de la demeure d'un pariah ?

LE BRAHME.

Ne pourrais-tu placer ta fille dans ce bosquet de cocotiers, afin qu'elle pût, quand je viendrai, m'avertir, si quelque indiscret rôdait dans ces parages...

RANGUIN.

Il sera fait selon votre volonté, ô divin Pundit... que le puissant Vichnou nous accompagne, et vous fasse réussir dans la démarche [que vous allez tenter pour moi ?

LE BRAHME.

N'oublie pas ma recommandation au sujet de ta fille.

LES COMMOUTYS, *chantant dans le lointain.*

La vieille Tamary a du bon callou.
Ses pastilles au safram disposent à l'amour.

LE BRAHME.

Voici encore ces ivrognes, ils doivent avoir bu
encore plus que tout à l'heure, ils vont peut-être
passer ici, je m'en vais pour ne pas les rencontrer... songe à ce que je viens de te dire.

RANGUIN.

Je n'aurai garde d'oublier vos recommanda-
tions.

(*Le brahme s'en va.*)

RANGUIN, *appelant.*

Moniamalle! Moniamalle! voyez si la vieille
marchande de moutaï répondra! Moniamalle! Moniamalle!

MONIAMALLE.

Me voilà!

RANGUIN.

Pourquoi ne répondais-tu pas?

MONIAMALLE.

Je craignais que tu ne voulusses encore me
battre.

RANGUIN.

Te battre, je n'en ai pas de motifs; réjouis-toi, Maniamalle, le vieux brame Arounatsariar est dans nos filets, ce soir même il doit se rencontrer dans ce bosquet de cocotiers avec Kochely.

MONIAMALLE.

Dis-tu vrai?

RAUGUIN.

Par le Linguam, c'est vérité pure.

MONIAMALLE.

Viens te réjouir, le riz est cuit et c'est l'heure de prendre ton repas.

IIᵉ PARTIE

La nuit est venue, la lune éclaire les bosquets de cocotiers qui
entourent la maison de Ranguin, on entend au loin les commoutys chanter, ils se rapprochent et arrivent dans une petite
clairière qui sert de scène aux acteurs.

———————

LES COMMOUTYS, *chantant.*

Une jeune fille aux seins éclatants
Passe tous les jours la tête voilée;
Je la vois et le dieu de l'amour
A lancé ses traits contre moi.
J'ai passé mes jours à souffrir
Et la lune se levait chaque soir,
Au-dessus des grands bois de Ponné.

O jeune fille aux seins éclatants,
Aux yeux de gazelle, au teint vermeil,
Sais-tu quel amour s'est emparé de moi
A la vue de ta démarche de cygne,
Viens, que je te presse dans mes bras;   [soir
Cela n'empêchera pas la lune de se lever chaque
Au-dessus des grands bois de Ponné.

O jeune fille aux seins éclatants,
Merci, tu as entendu ma prière.

Pendant une nuit entière, tes membres délicats
Ont craqué sous mon étreinte passionnée,
Sous mes baisers tes flancs se sont ouverts pour
Aspirer la rosée féconde de l'amour.
Mais va ! ce soir, la lune se lèvera encore
Au-dessus des grands bois de Ponné.

UN COMMOUTY.

Oh là ! Ranguin ! oh…

RANGUIN.

Que me voulez-vous, seigneur ?

LES COMMOUTYS.

Nous avons entendu dire que tu avais une fille charmante du nom de Kochely, et nous venons pour la voir.

RANGUIN.

C'est trop d'honneur que nous font vos seigneuries.

LES COMMOUTYS.

Non pas… on nous a dit qu'elle connaissait les plus belles chansons que les Dumbarous et les Couravers s'en vont répétant dans les aldées, nous sommes en joie ce soir et nous venons pour entendre chanter Kochely, nous lui donnerons une roupie par chanson.

RANGUIN.

Une roupie par chanson?... vous voulez vous moquer d'un pauvre pariah.

LES COMMOUTYS.

Non, c'est très sérieux, voici dix roupies d'avance.

RANGUIN, *au comble de la joie.*

Quel coup de fortune! merci, ò Siva j'accrocherai dans la forêt ton emblème du linguam orné de fleurs et de plumes de paon. (*Il appelle.*) Kochely! Kochely!

KOCHELY, *sortant du bosquet.*

Que veut mon père?

LES COMMOUTYS.

Mais!... va-t-elle déjà faire des stations amoureuses sous les topes de cocotiers?

KOCHELY, *montrant sa panelle.*

Je vous ai entendu, mon père, et je n'ai pas eu le temps d'emplir une panelle d'eau pure.

LES COMMOUTYS.

La belle fille!

RANGUIN.

Laisse là ta panelle et chante les chansons de

Madurè, que tu as apprises en courant la jungle avec les Dumbarous. Tiens, regarde : leurs seigneuries ont payé d'avance.

KOCHELY.

Qui m'accompagnera sur la vounei ?

RANGUIN.

Moniamalle, ta mère va faire cet office.

(Kochely se met à chanter et Moniamalle l'accompagne sur une sorte de lyre à trois cordes.)

KOCHELY, L'AMANT.

O ma bien-aimée, la perle des femmes, qui t'achemine vers la rivière pour t'y baigner, en laissant tes cheveux tomber en boucles, et livrant aux regards indiscrets des devas et des génies des forêts, tes beautés les plus cachées.

O beauté divine, que je serais heureux de t'attirer ainsi, dans la splendeur de ta nudité, et de te tenir étroitement embrassée sur mes genoux.

Je t'adore, ô ma belle, toi qui es douce comme le miel des fleurs, découvre tes yeux que tu caches avec tes deux mains ; sinon, ils s'ouvriront comme s'ouvrent les fleurs d'amalté, sur les rives des étangs, quand le divin sourya quitte le ciel pour venir éclairer la terre.

O belle fille, ointe d'essence de sandal et toute

couverte de fleurs, tu ressembles à la jeune colombe, ou au ramier vert qui roucoule au fronton des pagodes ; mon cœur brûle pour toi, et la possession amoureuse de ton corps charmant peut me calmer.

Depuis que j'ai vu ton visage plus beau que la face de la divine Satchooans, tes cheveux, dont les boucles soyeuses sont plus fines que les rayons du soleil, tes doux seins ronds et fermes semblables à deux coupes d'ivoire, tes hanches à la croupe onduleuse, et ce doux nid d'amour, temple de plaisir qui ne s'entr'ouvre sous le léger bosquet qui l'ombrage que pour le sacrifice au dieu Linguam.

Depuis que j'ai détaillé toutes les beautés de ton corps, j'ai pu calmer les tortures d'amour qui s'étaient emparées de moi, j'ai savouré le nectar de tes lèvres, j'ai goûté tous les charmes d'une passion partagée ; mais hélas ! tu en es venue à oublier tes serments, tes promesses étaient donc un mensonge, une vaine illusion... cela était-il bien possible après tant d'amour ?

O femme à la démarche de cygne, je ne sais à qui adresser mes regrets de mes amours passées, alors que nous étions unis comme les pétales qui composent une fleur. Mon cœur est accablé de tristesse au souvenir des ébats amoureux où je t'enlaçais, tantôt en te pressant sur mon sein, tantôt en te serrant sur mes genoux.

Que de promesses nos lèvres s'étaient faites en

s'unissant, nous devions ne jamais nous quitter, mais la jalousie et des propos mensongers ont désuni nos cœurs inséparables. Oh! reviens, car toi seule peut calmer mon chagrin.

Reviens, ô toi, pareille au cygne pour la grâce, à la colombe pour la tendresse, mon cœur gémit et soupire après toi, il se lamente et palpite encore de joie au souvenir de nos amoureuses étreintes.

L'AMANTE.

Ton cœur s'est éloigné de moi, mais je n'ai jamais cessé de t'aimer. Je n'ai jamais pu dompter ma passion pour toi. Oh! que ne te hâtes-tu de voler dans mes bras, calmer le feu qui me consume, mon cœur ne sera en repos que quand je t'aurai revu.

D'où vient que tu es en colère? que t'ai-je fait, pourquoi tardes-tu à revenir? Ah! reviens me caresser, mes seins sont aussi fermes qu'autrefois, et rien qu'à la pensée, je sens mes flancs, asile du plaisir, qui tressaillent et s'entr'ouvrent.

Viens donc, mon bel amoureux, presse entre tes lèvres le bout de mon sein, pareil au jeune bouton de la rose, écrase mes lèvres sous tes baisers, je me meurs d'amour pour toi, ma vie, mon prince, mon seigneur, mon tout.

N'as-tu pas d'ailes pour voler vers moi aussi vite que la pensée; à mon amour, il n'est d'autre remède que ton amour, je suis languissante, éperdue, troublée, viens verser le calme et l'apaisement dans mes flancs altérés.

L'AMANT.

Je t'ai entendue, ô mon amante ! j'accours avec la vitesse de l'abeille altérée, qui vient puiser la force dans le calice des fleurs, me reconnais-tu ?

L'AMANTE.

Si je te reconnais, ô mon bien-aimé, vois, je suis sans forces et déjà pâmée, ta seule vue a déjà fait naître dans mon sein les plus douces jouissances de l'amour.

Et sous les bosquets en fleurs on n'entendit plus que ces doux cris, et ces plaintes mystérieuses que l'amour pousse aux lèvres des amoureux,... et elle qui montait silencieusement dans les cieux, voila sa face d'un nuage, pour environner d'ombre ces deux enfants qui s'aimaient.

LES COMMOUTYS.

Voilà qui est merveilleux... et l'on ne saurait mieux chanter l'amour.

(Ils jettent les roupies à poignée.)

RANGUIN, *les ramassant.*

Moniamalle, au temps de sa jeunesse, n'a jamais gagné tant qu'elle dans une année.

(Il en jette une à sa femme.)

Tiens, la vieille va me chercher une panelle de callou.

LES COMMOUTYS.

Eh ! Ranguin, ta fille doit être experte dans l'art de faire l'amour, pour le savoir célébrer avec tant d'expression ?

RANGUIN.

Seigneurs, ma fille n'a pas encore connu d'homme.

LES COMMOUTYS.

Pas possible ! une fille de la jungle !

RANGUIN.

Les cérémonies de sa nubilité n'ont eu lieu qu'hier, et ce n'est que d'hier seulement qu'elle a pris le bain de purification à la suite des premières fleurs de son printemps.

1ᵉʳ COMMOUTY.

Hum ! c'est un fin morceau.

2ᵉ COMMOUTY.

Qui va tomber aux mains de quelque vagabond.

1ᵉʳ COMMOUTY.

Si nos seigneuries sont de mon avis, ici, et à l'instant même, nous achèterions le p....... de Kochely.

RANGUIN, *à sa femme.*

Par le sacré Linguam, Moniamalle, si cela continue, nous allons devenir des mirasdars (propriétaires de terre).

LES COMMOUTYS.

L'idée de Saverinaden est excellente, posons les bases du marché.

3e COMMOUTY.

Ne craignez-vous point que l'exclusion de la caste soit prononcée contre vous, quand on connaîtra le fait?

LES COMMOUTYS.

L'exclusion de la caste Soupraya ! Qui donc serait assez puissant pour la faire prononcer contre nous ? Où sont les témoins, d'abord, qui pourraient déposer dans l'affaire?

1er COMMOUTY.

Au pis aller, nous en serions quittes pour payer l'amende.

LES COMMOUTYS,

Voyons, Ranguin, combien ta fille?

RANGUIN.

C'est un fin joyau, seigneurs, et vous êtes mieux à même de l'apprécier que moi.

LES COMMOUTYS.

Voyez-vous le rusé compère... Eh bien! mettons-la aux enchères... Cent roupies le p..... de Kochely.

1ᵉʳ COMMOUTY.

Deux cents roupies.

LES COMMOUTYS.

Oh! oh! tu doubles du premier coup, Saverinaden, est-ce que la belle Kochely te tiendrait au cœur?

2ᵉ COMMOUTY.

Deux cent trente.

3ᵉ COMMOUTY.

Deux cent cinquante.

LES COMMOUTYS.

— Deux cent soixante.
— Deux cent soixante-dix.
— Deux cent quatre-vingts.
— Deux cent quatre-vingt-dix.
— Trois cents.

1ᵉʳ COMMOUTY.

Six cents roupies.

LES COMMOUTYS.

Tu doubles encore, Saverinaden, nous ne connaissions pas jusqu'à ce jour ta passion pour Kochely.

2ᵉ COMMOUTY.

Qu'il l'avoue et nous ne la lui disputerons pas.

1ᵉʳ COMMOUTY.

Je suis comme vous, mes amis, je la trouve belle, et je la désire.

LES COMMOUTYS.

Dans ce cas, pourquoi nous la disputer entre nous ?

2ᵉ COMMOUTY.

C'est vrai.

LES COMMOUTYS.

Achetons-la mille roupies que nous paierons en commun, et le sort décidera auquel d'entre nous reviendra la virginité de Kochely.

RANGUIN.

Mille roupies, Moniamalle ! mille roupies le p... de Kochely, tandis que le tien ne fut, s'il t'en souvient, vendu que vingt-deux roupies et demie. O Siva ! je jure d'oindre tous les matins ton Linguam d'huile parfumé.

2° COMMOUTY.

Soit! que le sort en décide.

1ᵉʳ COMMOUTY.

Je n'accepte pas... continuons les enchères.

RANGUIN.

Voilà qui est parlé.

LES COMMOUTYS.

Saverinaden est fou.

1ᵉʳ COMMOUTY.

Saverinaden n'est pas fou, il veut Kochely.

3° COMMOUTY.

Je propose que nous payions en commun les mille roupies, et que Kochely choisisse celui d'entre nous à qui elle veut se livrer.

1ᵉʳ COMMOUTY.

J'accepte.

LES COMMOUTYS.

Nous acceptons tous... tiens, compte ton argent, Ranguin.

RANGUIN.

Seul coup de fortune.

LES COMMOUTYS.

Eh bien ! belle Kochely, maintenant que tu es à nous, choisis ton vainqueur.

KOCHELY.

Je choisis le beau Saverinaden.

LES COMMOUTYS.

Ils se connaissaient déjà.

Ier COMMOUTY.

Parole d'honneur, je n'avais jamais vu la brune fille de la jungle.

LES COMMOUTYS, *à Kochely*.

Pourquoi le choisis-tu alors ?

KOCHELY.

Quand le jeune commouty a dit : « Saverinaden n'est pas fou, il veut Kochely, » mon cœur a parlé pour lui.

LES COMMOUTYS.

Que la nuit soit propice aux amoureux, nous nous quittons... allons, Saverinaden, tâche de te distinguer dans les travaux des amoureux plaisirs.

(*Ils partent en chantant.*)

La vieille Tamary a du bon callou, ses pastilles au safran disposent à l'amour.

(Ranguin et sa femme rentrent dans leur paillotte. Saverinaden reste seul avec Kochely.)

SAVERINADEN.

Viens dans ce bosquet de cocotiers, Kochely, c'est là que, loin des indiscrets regards, tu vas avec moi sacrifier pour la première fois, à Cama, le dieu de l'amour.

KOCHELY.

Je veux bien te suivre, jeune et beau commouty, c'est un bien grand honneur que tu fais à une pauvre fille de la jungle.

SAVERINADEN.

Eh ! laisse là ce discours, ta jeunesse et ta beauté ne valent-elles pas cent fois ma caste et ma fortune ?

KOCHELY.

Non, commouty, je ne vends point tout cela, on ne s'approche d'une fille pariah que dans l'ombre et le mystère, et l'on fuit le jour venu, celle qu'on a couverte de ses baisers la veille, dans l'obscur réduit des bois.

SAVERINADEN.

Quel est ton âge ?

KOCHELY.

A la lunaison prochaine, j'aurai atteint mes quatorze printemps.

SAVERINADEN.

Il est vrai que tu n'as jamais connu l'amour?

KOCHELY.

Vrai! Ranguin et la vieille Moniamalle, ma mère, n'attendaient que les premiers signes de la fécondité pour me vendre à quelque Franguy étranger, car les hommes de caste ne veulent de nous qu'en se cachant..... ainsi j'ai beau te plaire à toi, quoique tu aies dit : Je veux Kochely, demain tu ne me connaîtras plus.

SAVERINADEN.

Si tu le désires, je n'abuserai pas du droit que j'ai acquis sur toi.

KOCHELY.

Tu es bien comme tous ceux de ta race, tu ne veux pas d'une fille pariah, dis la vérité...

LE COMMOUTY.

Tu te trompes, Kochely.

KOCHELY.

Tiens, regarde ces seins aussi fermes que le fruit

de l'oranger, presse-les dans tes mains, les a-t-on donc plus beaux chez les femmes de ta caste? Vois, ma chevelure dénouée balaye la terre, est-elle plus longue, plus parfumée, plus soyeuse chez les femmes de ta caste?... leurs dents sont-elles plus blanches, leurs lèvres plus sensuelles, leurs yeux plus langoureux, leur peau plus douce et plus polie?

LE COMMOUTY.

Non, Kochely, aucune ne t'égale en beauté, et tu excites mes désirs.

KOCHELY.

Viens donc, alors, sans crainte, que je reçoive de toi, avec les premières douleurs de l'amour, les premiers baisers et les premières sensations du plaisir; tu es beau et je te désire, ces instants trop courts n'en engendreront pas de pareils, je n'ai qu'une nuit pour aimer, c'est celle-là... après, je serai réduite à faire des stations dans les carrefours, sur les routes, à arrêter les voyageurs; cette fleur de virginité qui t'attire une fois envolée, pour quelques caches, le premier passant venu pourra m'avoir au coin d'un bois. Prends-moi donc ce soir, je n'ai encore été à personne, tu peux caresser de tes mains ces seins nus qui palpitent, presser tes lèvres sur les miennes, nul contact impur n'a encore souillé le doux et mystérieux asile de l'amour et du plaisir.

SAVERINADEN.

O fille enchanteresse, que n'es-tu de ma caste, que ne puis-je t'aimer à moi seul, et ouvertement ! Je te passerais le tali d'or des fiançailles au cou, et je te conserverais dans ma belle maison à colonnes du lac Oussoudou comme un précieux trésor.

KOCHELY.

A quoi sert de rêver ?..... les songes se dissipent au réveil comme les bulles d'air s'effacent à la surface des eaux.

SAVERINADEN.

Que tu es belle et si la possession allait me rendre fou d'amour !

KOCHELY.

On n'aime pas une fille pariah.

SAVERINADEN.

Mais si j'allais t'aimer ?

KOCHELY.

Eh bien ! la nuit, les bosquets sont pleins d'ombre, ce que le commouty aura fait aujourd'hui, n'aura-t-il pas la force de le refaire ?

SAVERINADEN.

Le désir ; oui, mais la possibilité, non ; si je t'aimais, il te faudrait à moi tous les jours, et je finirais par me faire chasser de la caste, d'une manière irrémissible.

KOCHELY.

Laisse donc là l'illusion, et viens... tu hésites, préfères-tu qu'avant demain, menacée par le rotin de Ranguin, je sois obligée d'offrir le premier sacrifice à Cama, avec quelque vieux brahme puant et décrépit ?

SAVERINADEN.

Ah ! Kochely, plutôt la mort que de laisser à un autre le bonheur de ravir ton premier baiser.

KOCHELY.

Viens donc, ô mon jeune amoureux, calmer le feu qui me dévore, viens me révéler les doux secrets de l'amour.

SAVERINADEN.

Donne-moi ta ceinture.

KOCHELY.

Dénoue-la toi-même, mon bien-aimé.

Saverinaden dénoue la ceinture de Kochely, son pagne tombe, et elle se trouve toute nue dans les bras du commouty qui l'emporte à quelques pas dans le bosquet.

1re VOIX, *chantant.*

Écoutez ces baisers, écoutez ces soupirs; sublime dieu Cama, toi par qui tous les êtres créés s'unissent pour l'amour et l'universelle fécondation, viens t'enivrer de ces plaintes langoureuses, le sacrifice des sacrifices est en train de s'accomplir.

2e VOIX, *chantant.*

Au milieu de ces ardents baisers d'amour, ne viens-je pas d'entendre un cri?

1re VOIX.

Oui! c'est le commouty Saverinaden qui vient de prendre le p... de Kochely.

IIIᵉ PARTIE

Saverinaden vient de partir, la lune éclaire fortement la clairière.

***

KOCHELY.

Mon bien-aimé vient de partir et je ne le reverrai plus... je lui ai donné ma virginité, et nul ne me connaîtra plus sous le doux nom de Kochely, je le lui ai promis.

RANGUIN, *paraissant.*

Kochely! Kochely!

KOCHELY.

Je ne m'appelle plus Kochely.

RANGUIN.

Qu'est-ce que c'est que cette fantaisie?

KOCHELY.

Mon nom est maintenant Poulocady.

RANGUIN.

Saverinaden est parti?

KOCHELY.

Il vient de me quitter.

RANGUIN.

Alerte, voici un voyageur... sache que tu dois rester vierge pendant toute cette nuit, et cela doit nous rapporter gros. En semblable circonstance, en une seule nuit, ta mère a fait vingt-deux stations sous les topes de cocotiers... allons, et joue bien ton rôle.

KOCHELY.

Je tâcherai d'être digne de ma mère.

RANGUIN.

Ne crains rien, je veille pour te protéger.

(Au moment où le voyageur paraît, Kochely, qui a pris une panelle à puiser de l'eau, court en sens inverse de lui, le voyageur l'arrête.) (1)

(1) Nous avons déjà publié cette scène en extrait dans nos précédents voyages, nous lui rendons sa véritable place dans ce petit drame qui est une photographie des mœurs usuelles de l'Inde.

LE VOYAGEUR.

Où cours-tu, ô jeune fille plus belle que la femelle du paon avec moucautys (bijoux) de neuf sortes, tes lèvres plus rouges que le corail, tes yeux plus bleus que le vilpalam?

KOCHELY.

Que t'importe, ô voyageur, le lieu où je porte mes pas? Dis-moi plutôt à quel nom tu réponds et quel est le lieu qui t'a vu naître.

LE VOYAGEUR.

Je suis de Madura dans le Mologolim, et mon nom est Cama, fils de Kasiappa.

KOCHELY, *riant.*

Tu t'appelles Cama, comme le dieu de l'amour, montre-moi alors ton carquois et tes flèches.

LE VOYAGEUR.

Ne me diras-tu pas le tien en échange, et le lieu où tu te rends?

KOCHELY.

Volontiers, je n'ai pas de raison pour te cacher cela.

LE VOYAGEUR.

Hâte-toi de déférer à mes vœux.

KOCHELY.

Mon nom est Poulocady, et je vais au puits remplir ma panelle.

LE VOYAGEUR.

Laisse-moi me charger de ce soin, et ensuite je te la placerai moi-même sur la tête.

KOCHELY.

Le motif n'est pas assez sérieux pour te détourner de ta route.

LE VOYAGEUR.

N'aie point peur, ta vue réjouit mon cœur, et je veux t'entretenir galamment en suivant le même sentier que toi.

KOCHELY.

Je connais les motifs qui font que les hommes suivent les jeunes filles sur les routes désertes.

LE VOYAGEUR.

Si tu les connais, pourquoi courir ainsi comme une biche devant le chasseur? Prends garde, belle Poulocady, de fatiguer inutilement ton beau corps et de pâlir ton visage; vois, tes seins bondissent dans ton émotion comme deux oranges que la brise agite au bout d'une branche.

KOCHELY,

Que t'importe? je ne te connais pas, laisse-moi.

LE VOYAGEUR.

Tu fuis en m'ordonnant de te laisser, je ne te quitterai pas.

KOCHELY.

Hélas! ce que tu dis est-il bien, et que vont dire les passants en nous voyant ensemble?

LE VOYAGEUR.

Ils diront : Voilà un homme et une femme qui se rendent à leur fontaine... et la femme, après avoir puisé à la source, laissera le voyageur appuyer ses lèvres brûlantes sur les bords de sa panelle et l'homme sera désaltéré de sa soif ardente.

KOCHELY.

Je ne comprends pas ton langage, cesse de me suivre.

LE VOYAGEUR.

C'est en vain que tu m'ordonnes de te quitter, tes yeux ont allumé le feu qui me dévore, c'est par tes seins seuls qu'il peut être éteint.

KOCHELY.

Nul homme ne m'a encore tenu ce langage, que

deviendrais-je si je me laissais aller à t'écouter ? quel est dans mon aldée le jeune homme qui voudrait dépenser seulement une cache pour m'acheter le tali du mariage.

LE VOYAGEUR.

Tes yeux brillent comme des diamants, ton visage est aussi resplendissant que celui de la déesse qui préside à la lune; qui pourrait rester insensible à tes charmes? cède à mon amour, ô belle vierge.

KOCHELY.

C'est en vain que tu me poursuis de tes flatteries, que tu me donnes les noms les plus beaux, perroquet au langage trompeur, je ne veux pas t'écouter.

LE VOYAGEUR.

Prends pitié de mon tourment, cesse de me contraindre, ne mets pas ma patience à l'épreuve. Peux-tu me rebuter par tes méchantes paroles ?

KOCHELY.

Je ne forme aucun projet; tu prononces des mots incohérents qui ne sont point dignes d'un homme de raison.

LE VOYAGEUR.

Que m'importe la raison, la sagesse et toutes les vertus que l'homme invoque ? la souffrance d'amour ne peut se calmer que par la possession : puisse Cama t'inspirer les mêmes désirs qu'à moi !

KOCHELY.

Cesse à l'instant ce langage... quoi ! tu oses porter la main sur mon pagne !

LE VOYAGEUR.

Écoute, Poulocady, je veux presser tes seins nus aussi fermes que le fruit de la pamplemousse, poser mes lèvres sur les tiennes, te serrer dans mes bras, et déposer dans ton sein la première rosée de l'amour.

KOCHELY.

Les sages qui se retirent dans les forêts après avoir renoncé à tout pour pratiquer la sagesse, disent que ce n'est point là le vrai bonheur.

LE VOYAGEUR.

Laisse là ces vieillards courbés par les ans, qui prêchent la chasteté à l'heure où ce n'est plus un sacrifice. Quand as-tu vu de jeunes hommes fuir l'amour, et Siva n'est-il pas représenté dans le Linguam ?

KOCHELY.

Fuis-moi, cesse tes poursuites.

LE VOYAGEUR.

Le sang me bout dans les veines, je ne saurais me contenir plus longtemps.

KOCHELY.

Que t'ai-je fait pour me traiter ainsi, mes refus ne te rebutent donc pas ?

LE VOYAGEUR.

Rien ne saurait arrêter un amoureux, et je vais me briser la tête contre la margelle de ce puits si tu refuses de m'entendre.

KOCHELY.

Hélas ! ne te portes pas à cette extrémité, tes paroles sont entrées dans mon âme comme un poison subtil et malgré moi l'amour commence à troubler mes sens.

LE VOYAGEUR.

Viens ici derrière ces buissons de cactus ; nul ne pourra nous y troubler.

KOCHELY.

Mes yeux ne distinguent plus le chemin, ma

panelle s'échappe de mes mains, la voilà cassée...
que dira ma mère quand je rentrerai au logis?

LE VOYAGEUR.

Viens, te dis-je, que je t'enseigne toutes les
ivresses de la volupté!

KOCHELY.

Jure-moi de conserver toujours mon souvenir.

LE VOYAGEUR.

Viens sans plus tarder, le désir d'amour va te
décocher sa première flèche.

KOCHELY.

O mon bien-aimé, noie tes yeux dans mon regard, presse mes lèvres contre les tiennes, ma
poitrine contre ta poitrine, enlace-moi de tes baisers comme le lierre qui serpente autour d'un
tronc d'arbre.

LE VOYAGEUR.

Tiens, reçois ces caresses, je te donne ma vie.

KOCHELY.

O mon amour! mon amour! mon amour!

LE VOYAGEUR.

Je me meurs dans tes bras.

KOCHELY.

O mon Dieu, redouble tes transports !

LE VOYAGEUR.

O ma bien-aimée ! ma bien-aimée ! ma bien-
-aimée !

KOCHELY.

Tiens, reprends tes forces dans un nouveau baiser, presse-moi bien sur ton cœur, ne crains pas
de froisser mes membres, de meurtrir mes seins.

LE VOYAGEUR.

Que tu es belle, ainsi frémissante !

KOCHELY.

Je reçois tes caresses, comme le lis qui s'entr'ouvre, aspire les gouttes de rosée.

LE VOYAGEUR.

Écoute, nos transports rendent jaloux les oiseaux des bois.

KOCHELY.

Appa ! appa ! Tchi ! tchi ! appa !

LE VOYAGEUR.

Calme-toi, ô belle fille qui viens de sacrifier
pour la première fois au dieu d'amour.

KOCHELY.

J'ai froid.

LE VOYAGEUR.

Toute ma vie vient de passer dans ton sein.

KOCHELY.

Que vais-je devenir si tu m'oublies?

LE VOYAGEUR.

Ne craignez rien, je prends à témoin ces bosquets ombreux, où les lierres jouent avec les nymphéas des bois, de ne jamais perdre le souvenir de cette nuit de bonheur.

KOCHELY.

Reçois mon pagne, tu m'as connue vierge.

LE VOYAGEUR.

Je reviendrai souvent près de cette fontaine qui a entendu tes premiers soupirs, et tu confondras encore tes plaintes amoureuses avec le bruit de ses eaux.

KOCHELY.

Puisse ton amour rester fidèle à cette promesse, aussi longtemps que ces eaux arroseront les champs de riz et rempliront les panelles des jeunes filles!

1re VOIX.

Ces bosquets ne cesseront donc pas de soupirer et de gémir.

2e VOIX.

C'est le voyageur qui vient de prendre encore le p... de Kochely.

VIᵉ PARTIE

RANGUIN,

Que t'a donné le voyageur ?

KOCHELY.

Jusqu'à sa dernière cache, il est parti aussi plat
qu'une pelure de banane.

RANGUIN,

Donne vite.

KOCHELY.

Voilà.

RANGUIN.

Cinquante roupies... quel coup de fortune ! Va
annoncer la bonne nouvelle à ta mère, et te reposer un peu.

Kochely rentre dans la paillotte.

Quelle belle nuit, et comme le dieu Siva nous
a été favorable... mais qu'est-ce que j'aperçois dans

10

l'ombre sous ce tamarinier luisant et poli comme le fruit du vomgon? on dirait la carapace d'une énorme tortue qui dort sur le sable, ou la pousse d'une charopa qui descend au fil de l'eau...

Il s'approche lentement.

C'est moins que cela... on dirait une outre énorme frottée d'huile, ou quelque gigantesque vessie que le vent agite en se jouant.

Il s'approche de plus près.

C'est moins que cela encore.

Qu'est-ce donc?

Tiens!... c'est le ventre gonflé de riz du brahme Arounatsariar qui digère en dormant.

LE BRAHME.

Qui va là?

RANGUIN,

C'est moi, Ranguin.

LE BRAHME.

Éloigne-toi, le jour ne va pas tarder à paraître, les pariahs vont conduire leurs troupeaux aux champs, il ne faut pas qu'on voie un brahme parler à un pariah.

RANGUIN.

Seigneur brahme, je vais vous envoyer ma fille, cette enfant ne tire pas à conséquence.

LE BRAHME.

C'est cela, je lui ferai part des bonnes nouvelles que j'apporte pour toi.

Ranguin rentre. — Kochely sort et s'approche du bosquet.

LE BRAHME.

Où vas-tu, belle Kochely?

KOCHELY.

Ahïo! vous m'avez fait peur.

LE BRAHME.

Ton père ne t'a donc pas prévenue de ma présence?

KOCHELY.

Si! mais j'ai cru qu'il plaisantait, un brahme attendre une fille de la jungle dans les topes de cocotiers?...

LE BRAHME.

Tu es assez belle pour cela, viens près de moi, dans cet épais réduit de feuillage.

KOCHELY.

Seigneur brahme, laissez-moi, savez-vous que si nous étions surpris, vous seriez chassé de votre caste.

LE BRAHME.

Que m'importe?

KOCHELY.

Et que je recevrais cent coups de rotin pour prix de mes complaisances.

LE BRAHME.

Viens, te dis-je, et ne crains rien, Arounatsariar est puissant dans sa caste, il ne craint rien; sache que j'ai obtenu du Pundit-Saëbla grâce de Ranguin, ton père. Le bechcar en sera pour les coups de rotin qu'il a reçus.

KOCHELY.

J'ai peur.

LE BRAHME.

Viens, belle fille, tu éveilles en moi des désirs que je n'ai pas éprouvés depuis longtemps... tu es vierge, n'est-ce pas?

KOCHELY.

Comme la déesse Nari sortant des eaux.

LE BRAHME.

Comme ta jeune poitrine est ferme et douce, à mesure que ma main se promène sur ton beau corps, je sens comme une douce chaleur qui m'envahit, et mon sang coule avec plus de force dans mes veines.

KOCHELY.

Seigneur brahme, laissez-moi.

LE BRAHME.

Te laisser quand je te tiens en mon pouvoir... quand, par toi, les jouissances de l'amour vont m'être rendues, quand je sens que le Linguam sacré va m'être favorable, quand je vois que malgré ma vieillesse, je vais encore avoir la force de te faire offrir ton premier sacrifice à Cama !

KOCHELY.

Ahïo samy, ne touchez pas à ma ceinture.

LE BRAHME.

Tu préférerais, sans doute, que quelque jeune et beau commouty vînt le premier délier ton pagne.

KOCHELY.

Ayez pitié de moi.

LE BRAHME.

N'espère pas que rien viendra te ravir à mon amour, cesse de résister à mon entreprise amoureuse, assez souvent la jeunesse est favorisée pour que je ne lui cède pas ma place aujourd'hui.

10.

KOCHELY.

Vous me faites mal; pourquoi me meurtrir la poitrine de vos baisers ?

LE BRAHME.

Ne vois-tu pas que tu me rends fou... oh! je t'en supplie, belle Kochely, ne me fais pas perdre des instants précieux, le dieu que tout le monde adore, le Linguam sacré, emblême de l'universelle fécondation, vient de jeter sur moi un regard favorable, hâte-toi de céder à mes vœux, laisse tomber tes derniers voiles.

KOCHELY.

Je crains la douleur qui, m'a-t-on dit, accompagne ce premier sacrifice.

LE BRAHME.

Parfois le rire est près des larmes, parfois la joie est mêlée d'amertume, mais l'amour sait guérir les blessures faites par l'amour.

KOCHELY.

Non, je ne céderai pas à votre langage enchanteur.

LE BRAHME.

Que faut-il donc pour te persuader ?

KOCHELY.

Rien ! je ne veux point mener l'existence de mes pareilles, je veux bercer sur mon sein un fils dont je pourrai nommer le père.

LE BRAHME.

Séduisante Kochely, n'irrite point davantage ma passion.

KOCHELY.

C'est inutile, seigneur brahme, n'essayez plus de me persuader.

LE BRAHME.

Je me meurs si tu ne cèdes à mes désirs.

KOCHELY.

Les commoutys ont offert mille roupies de ma virginité, et je n'ai point cédé.

LE BRAHME.

Moi, je t'en offre le double, ô Kochely, accepte sans plus tarder.

KOCHELY.

Il y a loin de la panelle d'eau à la bouche du voyageur altéré et les promesses ne coûtent rien, ô brahme Arounatsariar.

LE BRAHME,

Quoi ! la parole d'un brahme...

KOCHELY.

Les paroles sont des caractères tracés sur l'eau.

LE BRAHME,

Qui t'a appris à raisonner ainsi ?

KOCHELY.

Tu es vieux et laid, espérais-tu donc que je me livrerais à toi par amour ?

LE BRAHME.

Quoi ! l'honneur de t'unir à un brahme ne te touche point ?

KOCHELY.

Peux-tu payer les deux mille roupies promises ?

LE BRAHME.

Je ne les ai pas sur moi, mais je vais d'abord te donner ces cent vingt pagodes en or qui valent mille roupies, et qui sont contenues dans ce petit sac, et je vais te donner ma promesse sur une olle pour le reste.

KOCHELY.

Je veux en outre que tu me donnes en gage tes

sandales, ton bâton à sept nœuds, et ta ceinture brahmanique.

LE BRAHME.

O Vichnou, où conduit la passion, elle va me dépouiller de tout.

KOCHELY.

Je veux en outre...

LE BRAHME.

Que ne m'égorges-tu de suite? Tu m'éviterais une honteuse faiblesse et la ruine.

KOCHELY.

Je ne demande pas mieux que de m'en aller, seigneur brahme.

LE BRAHME.

Je t'en supplie, je ne m'appartiens plus, il faut que je te possède, termine au plus tôt ce marché.

KOCHELY.

Eh bien! je veux en outre pour moi, car les deux mille roupies sont pour Ranguin et la vieille Moniamalle, je veux les deux boucles que tu portes à tes oreilles.

LE BRAHME.

Mais ce sont des rubis.

KOCHELY.

Oh! je les ai parfaitement reconnus.

LE BRAHME.

Ils valent six mille roupies la paire.

KOCHELY.

Crois-tu que je ne les vaille pas?

LE BRAHME.

Ils me viennent de mon père.

KOCHELY.

Adieu, Arounatsariar.

LE BRAHME.

Ah! cruelle, ne t'en va pas, tu vois bien qu'il
faut que je te possède ou que je meure!

KOCHELY.

Ces bijoux?

LE BRAHME, *détachant ses boucles d'oreilles.*
Les voici.

KOCHELY.

Tes sandales?

LE BRAHME.
Les voici.

KOCHELY.

Ta ceinture, le bâton à sept nœuds?

LE BRAHME.

Tiens, prends, les voici encore... que te faut-il de plus?

KOCHELY.

Tu as oublié de signer l'olle.

LE BRAHME.

Tiens ! tiens, mais hâte-toi, car je sens que le Linguam sacré va me retirer sa protection.

O Siva dieu, immortel, fais que les forces que tu viens de me donner ne m'abandonnent pas avant la fin du voyage !

Kochely, où es-tu ?... Ciel, je suis joué.

KOCHELY, *paraissant.*

Je viens de mettre en sûreté ce que tu m'as donné.

LE BRAHME.

Viens donc dans le bosquet... hâte-toi, si quel-que mauvais génie allait me faire sentir les sinis-tres effets de sa puissance.

KOCHELY.

Je te suis sans plus tarder.

LE BRAHME.

Ah! viens, ô belle fille aux appas robustes, tu seras peut-être la dernière que j'aurai la force de coucher sur la natte du plaisir.

KOCHELY.

Eh bien, prends-moi donc, vieux tigre aux dents rongées... vieil éléphant à la trompe paralysée et sans forces, prends-moi si tu le peux, tu m'as bien gagnée!

LE BRAHME.

Voici un lieu favorable, la mousse y est épaisse, et le feuillage des grands multipliants nous protège, couche-toi, ô jeune gazelle, sur ce lit parfumé.

Divin Siva, dieu de la fécondation mystérieuse, je t'implore une dernière fois.

KOCHELY.

Hâte-toi, le jour va paraître.

LE BRAHME.

O trésor de beauté, je vais puiser une nouvelle vie dans tes bras.

(Moment de silence.)

KOCHELY.

Ahio! ahio! Samy.

LE BRAHME.

Cesse tes plaintes, douce fleur de lotus.

KOCHELY.

Ahio! ahio!

(*Moment de silence.*)

LE BRAHME.

Tchi! tchi! appa! appa! appa! je me meurs de plaisir.

KOCHELY.

Ahio! ahio!

LE BRAHME.

Tchi! tchi! appa! appa! appa!

1ʳᵉ VOIX.

Pour le coup... ce sont encore des plaintes amoureuses qui retentissent dans ces bosquets solitaires, on dirait que le dieu Cama y a établi ses autels.

2ᵉ VOIX.

N'as-tu reconnu le couple qui se cache non loin d'ici?

1ʳᵉ VOIX.

Non, sur ma parole.

2ᵉ VOIX.

C'est le vieux brahme Arounatsariar qui est en train de s'imaginer qu'il prend le p... de Kochely.

Ve PARTIE

RANGUIN.

Tu es la fille la plus habile que j'aie jamais vue, Kochely, et tu fais honneur à ta mère la vieille Moniamalle qui t'a élevée... par le Linguam de Siva, tu viens de ruiner plus d'à moitié ce brahme.

KOCHELY.

Ce n'est pas tout encore, il va revenir, pour payer les mille roupies qu'il doit encore, et réclamer ses sandales, sa ceinture et son bâton à sept nœuds; mais il n'aura tout cela qu'en me donnant jusqu'à sa dernière cache.

RANGUIN.

Bravo, Kochely !

KOCHELY.

Je veux qu'il aille mendier de porte en porte le riz de sa nourriture comme les chiens et les pendarons.

RANGUIN.

Digne fille de son père... toute petite, je te voyais grandir avec une douce joie, je prévoyais qu'avec toi, je ne manquerais jamais de rien; en une seule nuit, tu viens de gagner dix fois plus que ta mère pendant toute sa vie.

KOCHELY.

Et la nuit n'est pas terminée, Ranguin.

RANGUIN.

Quoi! tu comptes sur une nouvelle proie?

KOCHELY.

Quel est ce bruit qu'on entend dans le lointain?

RANGUIN.

Ce sont les commoutys qui ont continué à se griser chez la vieille Tamary.

LES COMMOUTYS, *chantant.*

O fille à la démarche superbe,
Au geste gracieux, à l'œil doux et pénétrant.
Tu nous as ouvert le logis de l'amour.
Tu nous as fait goûter la volupté.
Tu nous as tous reçus dans tes bras,
Et tu nous as vaincus,
O fille aux longs cheveux,
Dans l'assaut de l'amour.

Salut à Ranguin! salut, belle Kochely, que faites-vous donc encore à cette heure sous les cocotiers?

RANGUIN.

Nous regardions la lune.

LES COMMOUTYS.

Sukaloects.

RANGUIN.

Vous devez en voir, vous seigneurs commoutys, au moins deux ou trois douzaines.

LES COMMOUTYS.

Le drôle a de l'esprit... Oui, nous en voyons plusieurs et elles dansent, bonsoir Ranguin, va te coucher.

(Ils s'éloignent en chantant.)

O fille à la démarche superbe,
Tu nous a vaincus
Dans l'assaut de l'amour.

RANGUIN.

Les étoiles pâlissent, les oiseaux se réveillent sous la feuillée, viens te reposer sur ta natte.

KOCHELY.

Silence! Mais cette ombre qui glisse dans les bosquets... retire-toi.

(Elle remonte sa cruche à la main.)

LE BECHCAR, *paraissant*.

Où vas-tu, belle Kochely?

KOCHELY.

Quoi! c'est vous seigneur bechcar, vous m'avez fait peur.

LE BECHCAR.

Ne crains rien, je ne suis point venu dans l'intention de te chagriner, qui pourrait faire de la peine à une belle fille comme toi?

KOCHELY.

Seigneur bechcar, vous voulez rire de moi,

LE BECHCAR.

Non, belle fille à la démarche de colombe, je suis venu trouver le bonheur en pressant ta poitrine éblouissante, en confondant mes lèvres avec les tiennes, et tout mon être avec tes charmes les plus secrets.

KOCHELY.

Osez-vous parler ainsi à une jeune fille qui n'a pas encore connu d'homme?

LE BECHCAR.

C'est pour cela que mon sang s'allume et que ma raison s'égare, que veux-tu pour être à moi?

KOCHELY.

Seigneur bechcar, si je n'écoutais que mon cœur, je serais à vous à l'instant, mais Ranguin...

LE BECHCAR.

Oui, je comprends, Ranguin veut vendre sa fille, c'est son droit, tu peux lui dire qu'en ta faveur, je lui pardonne les coups qu'il m'a donnés ; mais dépêche-toi de fixer le prix, j'ai hâte de m'unir à toi.

KOCHELY.

Le brahme Arounatsariar a offert quatre mille roupies, et Ranguin a refusé.

LE BECHCAR.

Quatre mille roupies le p... d'une pariah ; c'est une plaisanterie.

KOCHELY.

Les commoutys ont offert cinq mille et Ranguin a refusé.

LE BECHCAR.

Par le ciel ! qui peut donc faire ainsi monter la marchandise ?

KOCHELY.

Je l'ignore comme vous, seigneur Bechcar, et je crains que tous ces gens-là soient fous.

LE BECHCAR.

Non, ils ne sont pas fous, merveille des merveilles, la lune, en te baignant de ses derniers rayons, te fait ressembler à la déesse Lakmy, quand elle glisse au sommet des grands arbres, comme un rayon d'argent.

KOCHELY.

Vous aussi, vous me trouvez belle?

LE BECHCAR.

Belle! à faire perdre la tête à Siva lui-même, cède-moi sans plus tarder? ô belle fille, ou je ne réponds plus de moi.

KOCHELY.

Hélas! je le voudrais, car mon cœur parle pour vous.

LE BECHCAR.

C'en est fait, dussé-je en mourir ou être chassé de la caste, il faut que je te possède le premier, que le premier je décoche une flèche dans le doux nid du divin amour, tiens... voici une promesse par écrit, de cinq mille roupies.

KOCHELY.

Je ne sais si Ranguin?

LE BECHCAR.

Oh! elle est valable, va, je t'en prie, ne discutes pas, tiens, voilà mon nom sur l'olle, et le sceau de ma charge.

KOCHELY.

Si tu me remettais en outre ce sceau en garantie ?

LE BECHCAR.

Impossible, c'est le signe de ma charge.

KOCHELY.

Eh bien, si tu n'as pas l'intention de me tromper, tu viendras le retirer en payant la somme promise.

LE BECHCAR.

Tu me fais mourir avec tes lenteurs.

KOCHELY.

Pourquoi te défies-tu de moi, je ne montrerai ce sceau à personne.

LE BECHCAR.

Tu me demanderais mon sang, que je serais obligé, je crois, de te le donner... voici ce sceau, avant midi, je viendrai le retirer.

KOCHELY.

Entre tous ceux qui m'ont poursuivie, tu es le seul qui ait fait battre mon cœur.

11.

LE BECHCAR.

Ah ! viens, que je te fasse goûter les plaisirs de l'amour.

KOCHELY.

Fais-le sans discourir, j'ai soif de tes caresses.

LE BECHCAR.

Que ce lit de mousse reçoive ton premier sacrifice, tiens, reçois ce baiser.

KOCHELY.

En plaçant ta figure contre la mienne, presse d'abord mes seins nus, et mords mes lèvres, ô mon bien-aimé !

LE BECHCAR.

Je vais te faire partager mes transports.

KOCHELY.

O mon lion, presse-moi bien, poitrine contre poitrine ; donne-moi toute ta vie.

LE BECHCAR.

Regarde, ma bien-aimée, je te verse à longs traits la liqueur de la volupté.

KOCHELY.

La coupe de plaisir déborde, je t'aime ; nul comme toi n'aurait su satisfaire mon ardeur.

LE BECHCAR.

Oh! ma belle amoureuse, je veux te lasser par mes assauts.

KOCHELY.

O mon lion superbe, tu me presses avec tant d'ardeur, que tous mes membres craquent sous ton étreinte.

LE BECHCAR.

Tiens, cette caresse encore.

KOCHELY.

Ah! c'en est trop... appa! appa! appa! je me meurs.

LE BECHCAR.

Oh! belle fille, laisse tes yeux se fermer de langueur, ne les rouvre pas, si tu ne veux pas me donner de nouvelles forces.

KOCHELY.

Mon bien-aimé! mon bien-aimé! je n'y vois plus Ahio! ahio!... quelle jouissance ineffable, appa appa! appa! appa! je me meurs.

LE BECHCAR.

T'ai-je assez prouvé mon amour?

KOCHELY.

Et toi, es-tu satisfait maintenant? C'est trop

d'étreintes et d'assauts... Quoi, tu poses encore tes lèvres sur les miennes ?

LE BECHCAR,

Je n'écoute rien (dans l'impossibilité de traduire, nous donnons la parole au latin), *delicias volo bibere mammas, labras et vulvam iterum osculare... semen meum copiose affluit ad te... iterum tuum semine implebo.*

KOCHELY.

Ah ! laisse-moi, l'excès de l'exercice amoureux m'a endolori les seins et tous les organes du plaisir.

LE BECHCAR,

Il faut donc m'arracher de toi ?

KOCHELY.

Mais le jour vient..., entends-tu les boulbouls qui chantent sous le feuillage des tamariniers ? Pars, on pourrait nous surprendre.

LE BECHCAR,

Pas avant que tu ne m'aies assigné un autre rendez-vous.

KOCHELY.

Cette nuit ne se renouvellera plus, oublies-tu donc que je ne suis qu'une pariah ?

LE BECHCAR.

Que m'importe !

KOCHELY.

La passion t'égare, dès demain, pour vivre, je serai obligée d'arrêter dans les carrefours les passants et les voyageurs.

LE BECHCAR.

Que m'importe ! te dis-je, je braverais tout pour te revoir.

KOCHELY.

Eh ! bien, chaque fois que tu le voudras, tu me trouveras dans la jungle du Nelloor, c'est là que je placerai l'appentis de feuillage, signe de ma profession.

LE BECHCAR.

J'irai souvent la nuit, retrouver près de toi ces ardeurs que je ne connaissais plus.

KOCHELY.

Dis-moi si tu as été satisfait, tu me laisseras ainsi de la joie au cœur.

LE BECHCAR.

Dis-moi, si je t'ai fait connaître l'amour, j'emporterai ainsi une provision de bonheur.

KOCHELY.

Tu m'as donné tous les plaisirs que Cama prodigue dans l'union des sens.

LE BECHCAR.

Tu as excité en moi, des transports qui m'ont rappelé mes jeunes années.

KOCHELY.

Adieu, Bechear.

LE BECHCAR.

Salam, Kochely... je te quitte à regrets, que n'es-tu de ma caste, je te passerais sur-le-champ, au cou, le tali du mariage.

KOCHELY.

Rien ne peut aller contre le sort... les premiers rayons du soleil dorent la cime des arbres... va-t'en.

LE BECHCAR.

Je te quitte, la mort dans l'âme.

(Il s'en va.)

KOCHELY.

La belle nuit!

RANGUIN.

Du premier coup, tu nous as mis à l'abri du besoin pour le reste de nos jours, viens avec moi, remercier les dieux, oindre la Linguam d'huile parfumée.

(Ils s'en vont.)

1re VOIX.

Enfin, le bosquet est calme et désert.

2e VOIX.

Les filles de pariahs valent maintenant plus cher que le poisson.

1re VOIX.

Le P... de Kochely a été vendu quatre fois cette nuit.

Telle est cette pièce qui donne des mœurs de l'Inde, une idée plus complète que ne le feraient toutes les descriptions.

Les castes les plus élevées y sont représentées, avec tous leurs vices, et leur décrépitude, les basses castes avec le mépris absolu de la pudeur et des sentiments les plus sacrés.

En lisant cette traduction, dont tous les traits sont adoucis dans la mesure du possible, on ne peut comprendre à quelle liberté d'expression atteignent les dramaturges indous, qu'en se rappelant les hardiesses d'Aristophane.

Si j'avais traduit mot pour mot, cette pièce n'aurait pu supporter la lecture.

Une chose qui devra frapper le lecteur, c'est le mélange de cynisme et de poésie qui se rencontre à chaque pas dans le dialogue, c'est la caractéristique de l'imagination orientale, une fille de joie pour se vendre, un passant pour acheter ses faveurs, emploieront un langage dans lequel chacun des deux jouera de son mieux la passion et l'amour sans éprouver d'autre sensation que celle du plaisir physique. A les entendre discourir, on croirait deux amants qui ont longtemps soupiré l'un pour l'autre, et qui viennent enfin de voir lever les obstacles qui s'opposaient à leur union.

Il n'en est rien.

Toutes ces expressions : je t'aime... ô mon bien-aimé... viens calmer le feu qui me dévore, et cent autres, ne sont que pure affaire d'étiquette. On passerait même dans la caste abjecte des pariahs, pour un homme de la plus mauvaise éducation si, voulant posséder une femme, on débutait par lui demander un rendez-vous.

Il faut d'abord louer ses attraits, dépeindre en traits enflammés les ravages produits dans votre cœur par tant de beauté.

La femme vous répond du même style, et tout en causant, vous vous acheminez vers la paillotte, ou petite chaumière en paille, qu'habitent les filles faciles.

Ces préliminaires, toujours accompagnés d'une certaine poésie, rendent ces relations beaucoup moins répugnantes que celles nouées en Europe, dans les mêmes circonstances.

Dans toute l'Inde, du reste, l'hospitalité se compose de la nourriture, du coucher et de la femme. Cette dernière est considérée comme un besoin aussi légitime et aussi naturel que les autres. Aussi, partout le long des routes fréquentées ou non, dans les sentiers déserts qui serpentent à travers la jungle, rencontre-t-on de distance en distance, de petites cabanes de feuillage, couvertes en feuilles de cocotier, habitées par des jeunes femmes qui ne sont autres que des prêtresses de l'amour libre.

Je dois dire que rien ne vous force à les considérer sous cet aspect, elles ne sont pour vous que ce que vous désirez qu'elles soient, et dans les lieux isolés, rendent de grands services aux voyageurs. Vous arrivez le soir, fatigué par une longue route, et pendant que vos domestiques cherchent où dresser la tente, détellent les buffles et font les préparatifs du repas, elles vous convient à vous reposer dans leur chaumière, vous font prendre un bain, vous massent avec une délicatesse remarquable. Ceci fait, elles vous préparent de leur main un succulent carry, du café comme on n'en prend nulle part, et vous invitent ensuite à vous reposer dans un hamac qu'elles installent dans le coin le plus frais de leur habitation, et se couchent à quelques pas de vous sur une natte ; libre à vous, alors, de vous souvenir qu'elles sont jeunes, belles pour la plupart, et qu'elles sont prêtes à accomplir le dernier devoir de l'hospitalité.

Mais pas un mot, pas un geste ne vous y engagera, vous êtes libre de vous retirer comme vous êtes venu, en reconnaissant, suivant votre générosité, les soins dont vous avez été l'objet.

La brune fille de la jungle ne vous demandera rien, et elle sera toujours contente de ce que vous lui offrirez.

Je vais achever, le plus rapidement possible, ce qui me reste à dire sur les diverses castes infimes du Sud de l'Indoustan. Le lecteur, ainsi que je l'ai déjà dit, me suivra beaucoup plus facilement dans mon voyage, sans que je sois obligé de m'arrêter à chaque instant, dans tous les détails de telles ou telles mœurs, de telles ou telles coutumes.

Je vais donner ces derniers renseignements sous forme de nomenclature.

La caste des Palers.

Cette caste n'existe que dans la province de Madura et dans les districts qui avoisinent le cap Comorin.

Les Palers se considèrent comme fort au-dessus des Pariahs, parce qu'ils ne mangent pas de la viande de vache, mais les Pariahs les regardent comme fort au-dessous d'eux, en ce qu'ils appartiennent à la main gauche de leur caste, tandis qu'eux appartiennent à la main droite.

Ces deux tribus ne se peuvent accorder entre

elles, et partout où elles sont en nombre à peu près égal, elles vivent en querelles et en batailles constantes.

La caste des Pariahs.

Cette caste ne se trouve que dans les forêts de de la côte malabare, et elle est regardée par tous les Indous, comme étant fort au-dessous des bêtes les plus immondes.

On ne permet nulle part à ses membres de construire des huttes pour s'abriter, quatre bambous plantés dans la terre, et supportant quelques feuilles de cocotiers, est la seule habitation qu'on leur tolère.

La plupart, cependant, se construisent des espèces d'abris au sommet des arbres les plus touffus, où ils se nichent comme les singes, ils passent là une partie du jour et de la nuit à dormir, ils n'en descendent que pour se procurer leur nourriture, qui ne se compose que de quelques racines et des fruits sauvages qu'ils rencontrent. Ils ignorent l'usage du feu, ou plutôt ont perdu l'habitude de s'en servir.

Se montrer dans un sentier battu est pour eux une très grande affaire, pleine de dangers, car tous les Indous ont le droit de les tuer s'ils les rencontrent sur leur chemin. Ces misérables Pariahs mènent une vie tout à fait sauvage, plus comparable à celle des bêtes fauves qu'à celle d'êtres appartenant à la race humaine.

Je n'en dirai pas plus long sur ces pauvres diables que nous aurons, du reste, l'occasion de visiter bientôt.

La caste des Kholas.

Cette caste est celle des barbiers, il y a quelques membres de cette caste dans chaque village, nul ne peut couper les cheveux ou raser la barbe qu'eux. Ce droit se transmet de père en fils, et les barbiers d'un village ne peuvent aller exercer dans un autre.

Le barbier est obligé de faire la barbe et les cheveux, de rogner les ongles des pieds et des mains, et de nettoyer les oreilles de tous les habitants d'un village, aussi est-il toujours en courses et fort affairé.

Les gens de cette caste sont universellement méprisés et tenus à distance, on ne leur permet pas de pénétrer dans l'intérieur des demeures, et ils doivent accomplir leur office sous la vérandah extérieure des habitations.

Je n'ai jamais pu m'expliquer cet ostracisme que par l'horreur naturelle que tous les Indous éprouvent pour les malpropretés du corps humain.

Les barbiers sont aussi les chirurgiens du pays. Quelle que soit la nature de l'opération qu'ils ont à faire, ils ne se servent que de leur rasoir pour toute amputation, et de leur pinceau à nettoyer les ongles pour ouvrir les abcès, ils font les amputations de la façon la plus sommaire du monde.

Ignorant l'art de lier les veines et les artères, ils compriment fortement avec une corde le membre qu'ils veulent couper, au-dessus de l'endroit choisi pour l'amputation, tranchent la chair en deux coups de rasoir, et scient l'os avec une scie ordinaire; pendant ce temps-là, une plaque de fer est rougie à blanc dans un foyer allumé auprès, ils la saisissent à l'aide d'un long manche, et l'appliquent sur la blessure; ils produisent ainsi une cicatrisation immédiate et, chose singulière, la guérison suit assez rapidement ces terribles opérations.

Comme pansement, ils appliquent des compresses de plantes qu'ils ont pris soin de mâcher au préalable, et cet onguent, mêlé de salive, est, d'après eux, d'un effet souverain.

Je ne suis point très fort partisan de la médecine des Indous en général, mais je dois dire que ces pansements produisent généralement des effets merveilleux.

J'ai eu occasion de voir un jour dans une aldée, couper la jambe d'un malheureux qui avait eu le genou écrasé par la chute d'un arbre, il fut procédé comme je viens de l'indiquer, et, moins de quinze jours après, la blessure était guérie, et l'eschare tombée.

Les barbiers sont aussi dans tout le Sud de l'Inde, les musiciens en titre du village, eux seuls ont le droit de jouer dans les rues des trompettes, de la vounée et de la kanora. On va les chercher dans toutes les fêtes de famille ou dans les fêtes de village; mais ils ne jouent que dans la rue.

Ils n'ont pas le droit de jouer dans les cérémonies religieuses, seuls les nattouvas ou musiciens des pagodes qui accompagnent les bayadères, peuvent se faire entendre dans les cérémonies du culte.

La caste des Oupiliens.

Les membres de cette caste sont blanchisseurs, ils jouissent des mêmes prérogatives que les barbiers, c'est-à-dire qu'ils ont seuls le droit exclusif de blanchir tous les habitants du village auquel ils appartiennent; comme eux, également, ils sont absolument méprisés.

Ces deux castes sont payées par une sorte de dîme prélevée chaque année, sur tous les habitants, à l'époque des recettes.

La caste des Kolous.

Cette caste est composée de tous les potiers et briquetiers, elle jouit de fort peu de considération.

La caste des Moutchiens.

Comprend les tanneurs. Cette caste est plus instruite et plus polie que les précédentes, mais elle n'est pas mieux regardée, à cause de ses occupations réputées abjectes et impures; la manipulation des peaux d'animaux leur imprime une souillure qui les fait repousser de toutes les habitations des Soudras.

La caste des Mouchis.

Cette caste renferme tous les peintres sur toile, sur étoffe, sur ivoire, peintures nouvelles et peintures d'art. Elle est mieux considérée que les autres, sans cependant jouir encore d'une bien grande estime.

Chose étrange, en général, tous les arts mécaniques ou libéraux, la musique, la peinture, la sculpture, l'art du forgeron, de l'orfèvre sont absolument mis sur la même ligne, et une défaveur égale atteint tous ceux qui les professent et qui appartiennent aux dernières castes des Soudras.

Le peu d'encouragement que les deux arts de la peinture et de la musique ont obtenu de tout temps, est sans doute cause de la nullité des progrès qu'ils ont accomplis.

En fait de peinture, on ne voit guère que des

barbouillages, les Indous ne considèrent que les dessins au trait fortement accentué et enluminés de couleurs vives; nos tableaux et nos gravures sont sans effet sur leur imagination.

Quant à la musique, quoiqu'ils se plaisent beaucoup à l'entendre, et qu'ils l'emploient dans toutes leurs cérémonies publiques et particulières, religieuses et civiles, je puis affirmer que cet art est chez eux entièrement à l'état d'enfance; ils ne recherchent pas des sons harmonieux, mais beaucoup de bruit, et, par-dessus tout, des sons aigres et perçants. Et sur ce point, ils sont bien servis par leurs musiciens; c'est à celui d'entre eux qui soufflera le plus fort dans sa trompette, et fera le plus de vacarme possible avec le tam-tam, ou des espèces de cymbales de cuivre, qu'ils frappent les unes contre les autres.

Puis, quand les musiciens sont au plus fort du vacarme, les assistants ne se contentent pas de cela, ils frappent à coups redoublés sur tous les objets qui se trouvent à leur portée; c'est une cacophonie à rendre sourd un Européen.

De toute notre musique, ils n'estiment que les tambours et les trompettes.

Un seul instrument ne partage pas, dans l'Inde, le discrédit des autres, c'est une sorte de petite harpe, avec laquelle il n'est pas rare de voir les brahmes s'accompagner en chantant.

La musique vocale est au même niveau, bien

que les Indous aient une gamme composée, ainsi que la nôtre, de sept notes avec la répétition de la première.

Sa   Ri   Ga   Ma   Pa   Da   Ni   Sa

Ils né se sont pas appliqués à la diversifier et à en tirer par combinaison ces sons harmonieux qui flattent nos oreilles.

Quoi qu'il en soit, ces arts qui, en Europe, donnent considération et fortune, sont abandonnés dans l'Inde, aux gens des castes infimes et méprisées.

La caste des Kouravers.

Cette caste comprend deux classes de gens, d'un côté les marchands de sel qui s'en vont par bande, avec des ânes, chercher le sel sur la côte, et le transporter ensuite dans l'intérieur; et de l'autre les fabricants de corbeilles et de nattes d'osier et de bambous ainsi que des autres ustensiles de l'art du vannier, employés dans les ménages indous.

Ces deux classes de gens sont des nomades paresseux, ils sont obligés de voyager sans cesse d'un lieu à un autre, les uns pour porter le sel, souvent à de très grandes distances, les autres pour chercher de l'ouvrage; elles ne sont pas beaucoup plus considérées que la caste des Pariahs.

Ces Kouravers nomades sont aussi les sorciers du pays. Ce sont leurs femmes qui disent la bonne aventure à ceux qui les consultent et les paient pour cela.

La personne qui veut connaître son horoscope s'assied en face de la devineresse qui bat du tam-tam en prononçant des incantations baroques, ceci fait, elle lit dans la main l'avenir des imbéciles qui la consultent.

Ce sont aussi ces femmes kouravers qui gravent, avec des aiguilles et le jus de certaines plantes, les figures de fleurs, de plantes, d'animaux que la plupart des femmes indiennes portent sur les bras.

La caste des Kallas-Bantrous.

C'est le nom de la caste des voleurs dans le Maïssour.

Ces Kallas-Bantrous apprennent par principe l'art de voler adroitement, et sont élevés dès leur enfance dans la pratique de toutes les ruses de cette profession. A cet effet, les parents les instruisent à mentir obstinément, et les exercent dès leur bas âge à souffrir tous les tourments et toutes les tortures plutôt que de déclarer ce qu'il est de leur intérêt de tenir caché.

Loin de rougir de leur profession, ils s'en font

gloire, et se vantent publiquement des tours qu'ils ont joués, et des vols adroits qu'ils ont commis.

Dans l'ancien droit des rajahs, ceux qui étaient pris sur le fait avaient le poignet ou le nez coupé; eh bien! ces gens-là considéraient ces mutilations comme un titre de noblesse.

Ils sont si adroits, qu'ils pénètrent dans les maisons en rampant et les dévalisent tout entières sans bruit, ne vous laissant que le lit sur lequel vous êtes couché.

Mais ils ne volent pas à main armée. On n'a jamais de meurtre à leur reprocher; quand on les surprend dans une de leurs expéditions, ils se contentent de prendre la fuite.

Les rajahs, en temps de guerre, ont souvent employé les gens de cette caste à divers usages.

Le dernier rajah indépendant du Maïssour avait à son service un bataillon de gens de cette caste, qu'il employait, non pour combattre avec ses troupes, mais pour ravager le camp ennemi pendant la nuit, enlever adroitement les chevaux, escamoter les bagages des officiers, enclouer les canons, et faire le métier d'espions.

Ils étaient récompensés en proportion de la dextérité qu'ils montraient et des succès qu'ils avaient obtenus.

La paix faite, on les envoyait dans les États voisins, pour voler au profit de leur maître, et épier les démarches des chefs qui y gouvernaient.

Les Paliagars, ou petits princes régnant sur de petites provinces, ont toujours de ces Kallas-Bantrous à leur service.

Dans les contrées où ces gens-là sont tolérés par le gouvernement, les habitants n'ont qu'un moyen de se mettre à couvert de leurs déprédations, c'est d'entrer en compromis avec le chef de la bande, et de lui payer une taxe annuelle d'un quart de roupie, et une volaille par maison. Il est alors responsable de tous les vols qui sont commis dans les villages ainsi assurés, et fait rendre gorge aux siens.

La caste des Kanodjys.

Autre caste de voleurs, non moins redoutés que les précédents.

La caste des Lambadys.

Caste de maraudeurs à main armée ; ils ne se font nul scrupule de tuer ceux qui leur résistent.

La caste des Soukalers.

Caste de voleurs également, mais les gens de cette caste s'adressent surtout aux récoltes, sur lesquelles ils prétendent avoir un droit immémorial.

La caste des Bendjarys.

Les membres de cette caste sont des voleurs de bestiaux.

Dans la dernière guerre que les Anglais firent contre le rajah du Maïssour pour s'emparer, bien entendu, de ses États, ils avaient engagé, par milliers, ces castes de voleurs à leur service, et ces bandits firent plus de mal au pays que toutes les armées réunies; ils le pillèrent et le ruinèrent littéralement. Les femmes de ces castes ne connaissent aucun frein, et vivent dans une perpétuelle débauche. Quand elles ont bu, elles parcourent la campagne en troupe, arrêtent les voyageurs et les obligent à satisfaire leur passion.

Ces Lambadys professent un culte inconnu des autres Indous : le jour de leur plus grande fête religieuse, ils offrent à leur dieu un sacrifice atroce, ils immolent une victime humaine.

Pour cela, ils enlèvent furtivement, la nuit, la première personne qui leur tombe sous la main, la conduisent dans le plus épais de la jungle, et l'enterrent vive jusqu'au cou; ils forment alors avec de la pâte de farine de riz une grande lampe à quatre becs qu'ils remplissent d'huile de goudron et ils la placent sur la tête du malheureux tout allumée.

Hommes et femmes se prennent alors par la

main, et dansent en rond, en hurlant et poussant de grands cris, autour de la victime.

Cependant l'huile s'échauffe, pénètre les parois de la lampe, qui se ramollit et finit par tomber en bouillie sur la tête du malheureux; l'huile de goudron prend feu, et la victime finit par trouver la mort, la tête dans les flammes. Je puis parler de ce fait avec connaissance de cause, ayant eu l'occasion, dans les forêts de la côte Malabare, de sauver un pauvre diable de colporteur musulman des mains de ces misérables. Ces gens-là sont aussi lâches qu'audacieux, et ils ne s'adressent jamais qu'aux pauvres Indous qui ne peuvent se défendre.

Il suffit de la présence d'un Européen dans un district pour les mettre tous en fuite.

La caste des Otters.

La profession des gens de cette caste est de creuser les puits, les étangs, les canaux et de réparer les digues; ils sont nomades et voyagent constamment d'une contrée à une autre pour se procurer de l'ouvrage.

Ils sont assez honnêtes, et de mœurs assez douces, mais peu estimés en raison de la grossièreté de leur langage et de leurs manières peu policées.

La caste des Gollavahrous.

Les gens de cette caste sont bergers, soit au service des particuliers, soit au service des villages, pour les animaux qui sont menés en commun dans la vaine pâture.

La caste des Pakavattys.

Cette caste tire son origine de celle des Gollavahrous. Elle est devenue nomade à la suite d'une insulte reçue par un des leurs dans un village, et pour laquelle toute réparation leur fut refusée; ils abandonnèrent alors en masse la garde des troupeaux, et s'enfuirent dans la jungle mener la vie errante. Malgré leur existence nomade, ils sont renommés pour leur honnêteté. Tout délit est sévèrement puni chez eux, ils possèdent des buffles et des vaches dont ils vont vendre le lait dans les aldées ; ils récoltent aussi dans la forèt les plantes médicinales, et les plantes de teinture.

Ils se livrent aussi à la chasse et à la pèche.

Pendant la saison sèche, quand ils ne trouvent plus à exercer leur industrie, ils envoient leurs enfants demander du riz dans les villages, tiennent note de tout ce qui leur est donné et le remboursent pendant la saison où les plantes abondent et où les pâturages leur permettent d'avoir beaucoup de lait.

Chaque famille possède une tente en osier, dans laquelle elle s'abrite tous les soirs : tout s'y entasse, père, mère, enfants, poules, chèvres, cochons, et au matin tout cela se remet en marche de compagnie. Trois ou quatre familles composent une tribu, qui reconnaît l'autorité d'un chef. Chaque tribu a ses lois et ses usages particuliers.

Les chefs sont élus et destitués à la pluralité des voix, pendant un certain nombre de mois, mais leur autorité ne peut durer plus d'une année, de peur qu'en se créant des partisans, ils ne finissent par abuser de leur pouvoir. Ils sont chargés pendant le temps de leur magistrature de faire exécuter les règlements, de terminer les différends et de faire punir les délits et les crimes ; mais, quelque énormes que puissent être ces derniers, ils n'entraînent jamais ni la mort, ni la mutilation. Les coupables, suivant les cas, sont exposés à des flagellations sanglantes et à des réparations pécuniaires.

Toutes ces tribus nomades sont devenues odieuses aux autres Indous, à cause de leur genre de vie. Elles font peu de cas en général des prescriptions religieuses, pour lesquelles leurs compatriotes des bonnes castes ont un attachement fanatique. Leurs membres mangent et boivent, chaque fois qu'ils en trouvent l'occasion, avec la plus grande intempérance et, la chair de vache exceptée, se nourrissent sans discernement de toute autre espèce de viandes, même des plus répugnantes, ils mangent indifféremment du porc, du renard, du rat, du serpent, des corbeaux, et surtout hommes et femmes s'enivrent sans pudeur avec le callou, ou jus fermenté du cocotier, et l'arack, sorte d'eau-de-vie faite avec du riz.

Toutes ces castes aussi, à part celle des Paka-vattys, pour gagner quelques caches, quand les hommes ont envie de boire, envoient leurs femmes, se prostituer sur les routes.

La caste des Dombarous.

Je dois encore parler de cette caste, qui comprend tous les jongleurs, les charlatans, les bateleurs, les escamoteurs, les faiseurs de tours de force, les danseurs de corde, tous gens qui sillonnent sans cesse l'Inde entière, pour trouver des admirateurs et des dupes.

Il y a peu de peuples qui soient aussi crédules que les Indous, aussi ceux qui exercent ces professions sont regardés comme des magiciens, des sorciers, et des êtres initiés dans toutes les sciences occultes et les maléfices, aussi sont-ils craints et vus partout avec méfiance, et cependant nul n'ose leur témoigner la moindre répulsion, par peur de quelque vengeance secrète.

Une partie de ces charlatans s'occupe à vendre

au public des drogues, des orviétans, des pana-
cées universelles, ou la nuit, dans les rues, sur les
places publiques, haranguent la foule, et vantent
leurs remèdes ; en fait d'adresse, de prolixité et
d'effronterie, ils dépassent de beaucoup nos vul-
gaires charlatans.

Quant aux escamoteurs, jongleurs et faiseurs de
tours, ils dépassent en habileté, en dextérité, tout
ce que l'on peut rêver. Les femmes de ces Dombarous disent aussi la bonne aventure, mais ici ce
n'est qu'un prétexte. Ces femmes, que la vie des
bois et l'absence de privations du côté de la nourriture ont faites fortes, admirablement plantées et
belles d'une beauté un peu sauvage, profitent de
ce prétexte pour pénétrer dans les maisons et
vendre leurs faveurs, ce qui leur rapporte plus
que de tirer l'horoscope des niais.

Elles arrivent souvent par troupe, près des villes
qui possèdent une population européenne, se glis-
sent dans les habitations à l'heure de la sieste, et
il est rare qu'elles ne trouvent pas à exercer le
pouvoir de leurs charmes.

Il faut dire aussi qu'elles sont d'admirables statues de cuivre rouge, qui semblent avoir résumé en
elles toutes les beautés de la forme la plus pure,
et toutes les ardeurs des tropiques.

Elles arrivent lentement en plein soleil de midi,
lorsque la chaleur fait miroiter la terre, s'appro-
chent d'une porte entr'ouverte, et d'une voix do-

lente s'adressant au métis qui garde l'entrée de la maison :

— *Illé ama*... disent-elles (il n'y a pas de dame)?

— *Illé*... répond par exemple le métis (il n'y en a pas).

Alors, sans le moindre embarras, elles franchissent le seuil, gravissent les degrés qui conduisent au premier étage, enveloppées dans un beau pagne de soie jusqu'au cou, et s'arrêtent au pied du lit où repose le maître de la maison.

J'ai si souvent assisté à pareille scène, qu'il m'est facile de la reproduire pour le lecteur.

Ces femmes Dambarous sont très opulentes de formes et savent se draper comme pas une.

Une de ces charmeresses s'est donc introduite près du lit du maître, et aussitôt le dialogue suivant s'engage.

— Saëb, tu dors?

— Non, je me repose simplement, qui pourrait dormir avec cette chaleur ?

— Tu n'aimes donc point les belles filles, que je n'en vois aucune près de ton lit, avec un éventail en plumes de paon pour chasser les moustiques ?

Et tout en disant cela un bras et une épaule merveilleux de forme se dégagent du pagne, laissant apercevoir un sein aux fermes contours dont le bout se relève menaçant... et la tentatrice commence à jouer de l'éventail en se rapprochant de vous.

Il n'y a rien à dire, n'est-ce pas, et il faudrait être d'une singulière nature pour repousser l'air frais et parfumé que l'éventail de la belle Dombarou vous envoie.

Mais la sirène est près du lit de repos sur lequel vous êtes étendu, vêtu d'une mauresque, sorte de vêtement de soie légère composé d'un léger veston et d'un pantalon bouffant... elle s'y appuie d'abord, puis s'y assied sans façon, et comme le pagne la gêne, elle dégage l'autre bras, et l'étoffe chatoyante descend le long de la poitrine et des reins, découvrant d'incomparables beautés, et finit par s'enrouler autour des hanches ; si la belle fille eût été droite le vêtement eût roulé à terre, et lui eût fait un piédestal.

Et cependant la figure souriante et mutine, les seins au vent, toute la poitrine découverte jusqu'aux hanches, les cheveux déroulés en boucles ondoyantes, elle continue à vous donner de l'éventail, en fascinant vos yeux de ses regards pénétrants.

Alors dans ce demi-jour de la chambre, où vous faites la sieste, il y a comme un échange d'effluves magnétiques et passionnées, le cœur bat plus vite, le sang afflue aux tempes, au cerveau avec violence, mystérieux attraits des deux sexes l'un sur l'autre, effet irrésistible de la beauté sur les sens et sur l'imagination ; les lèvres s'entr'ouvrent pour recevoir un baiser, la belle fille jette son éventail au milieu de la chambre, le pagne roule sur les tapis, et nue, échevelée, ayant excité la passion jusqu'au paroxysme, elle s'élance sur sa proie, à demi vaincue... et c'est ainsi que, neuf fois sur dix, se terminent les visites des femmes Dombarous dans les maisons européennes... et encore dis-je neuf fois sur dix uniquement pour laisser aux gens vertueux jusqu'à l'ascétisme, la faculté de se placer dans l'exception.

Malgré ce qu'ils gagnent et ce que leurs femmes rapportent, les Dombarous sont presque toujours dans la misère, cela vient de ce qu'ils dépensent au jour le jour tout ce qu'ils ont, en bonne chère et en débauches.

Jeunes, les femmes Dombarous sont assez sobres, elles sont fières et coquettes, et ces qualités ne s'accordent guère avec l'ivrognerie ; elles aiment à peigner leurs longs cheveux bouclés, à les tresser avec des fleurs, et à se plonger deux ou trois fois par jour dans l'onde pure des ruisseaux ; jamais on ne les verra se baigner dans les étangs comme le commun des Indous, elles ne livrent leurs beaux corps qu'aux eaux courantes.

Par exemple, quand elles commencent à vieillir, lorsque le besoin de plaire disparaît avec la possibilité de le faire, elles s'adonnent au culte du callou et de l'arack avec une sorte de passion furieuse, elles boivent avec ardeur, avec folie, comme elles ont aimé dans leur jeunesse ; il semblerait qu'il soit dans la nature de ces femmes de ne trouver de saveur que dans l'exagération de toutes les jouissances.

Dans l'Inde, comme partout, la femme que le hasard vous livre en quelques instants, rarement sonne la même heure que vous! l'homme arrive aisément à la satisfaction des sens, avec toutes les femmes; pourvu qu'elles ne lui inspirent pas de répugnance; la femme, au contraire, en dehors même de l'amour, a besoin d'être habituée à l'homme qui la caresse pour donner sa note dans le duo amoureux.

Eh bien, ce qui est vrai de la plupart des femmes, ne l'est plus quand il s'agit de la femme Dombarou. Cette dernière, en effet, dès l'enfance, s'est à ce point excité les sens, que les plaisirs de l'amour deviennent pour ainsi dire un besoin de chaque jour pour elle, et qu'elle n'est pas dans les bras d'un homme depuis dix secondes qu'elle y a déjà perdu la tête... dangereuses sirènes pour les santés débiles, ces femmes-là sont plus funestes aux jeunes Européens dans l'Inde que toutes les ardeurs d'un climat meurtrier... l'homme se lasse peu, quand il voit dans ses bras une femme toujours inassouvie.

Ceux des Dombarous qui exercent la profession de jongleurs apprivoisent des serpents, et notamment le terrible cobra-capel, le plus venimeux et le plus irritable de tous. Ils les dressent à danser, à se mouvoir en cadence au son d'un petit flageolet.

Cependant, malgré leur habileté, il leur arrive souvent de se faire mordre, et il leur en coûterait infailliblement la vie, si tous les matins, ils ne les forçaient en les irritant, à mordre sur un morceau d'étoffe où se dépose tout le venin de leurs incisives.

Ils se donnent comme charmeurs de serpents, et de fait ils sont fort habiles dans cet art.

Ils se présentent chez vous, s'offrant à s'emparer, moyennant un salaire convenu, des serpents qui peuvent se trouver cachés dans votre demeure, et il est rare qu'ils n'en fassent pas sortir de quelques coins.

Les esprits forts prétendent qu'ils cachent habilement chez vous quelques serpents habitués à venir au son de leur sifflet; je dois avouer que malgré l'attention que j'y ai mis souvent, je ne me suis jamais aperçu de la supercherie.

Quelques voyageurs sceptiques ont affirmé que les charmeurs de l'Inde mettaient toujours pour condition que les serpents qu'ils feraient sortir de leur retraite ne seraient pas tués et qu'ils deviendraient leur propriété, et ils se basent sur cela pour affirmer le subterfuge.

A ces dires de touristes, je puis opposer une affirmation qui vaut bien la leur : pendant les longues années de mon séjour dans l'Inde, j'ai assisté, sans exagération, plus de cent fois, à de semblables scènes, et jamais la condition que je viens d'indiquer n'a été posée par les charmeurs, tout au contraire, les serpents étaient toujours tués par les assistants, au fur et à mesure qu'ils se montraient.

Un fait qui m'est personnel.

J'ai habité pendant plusieurs mois, à Pondichéry, une vaste maison qui se trouvait située tout à fait à l'extrémité de la ville européenne et à deux pas de la ville indigène, le jardin, qui était très vaste, fourmillait de serpents.

Le soir, à la clarté de la lune, du bout de la terrasse de ma demeure, je les voyais glisser lentement dans les allées, à la recherche des rats que les odeurs de la cuisine située au fond du jardin, ne manquaient pas d'attirer. Ces animaux ne me gênaient guère, et leur présence ne m'a jamais empêché, chaque fois que l'envie m'en a pris, de descendre en pleine nuit, me promener dans mon jardin en fumant un cigare.

Le serpent, en dépit des récits fantaisistes, n'attaque pas l'homme, il fuit au moindre bruit, ce qui fait que vous pouvez vivre dans l'Inde entouré de serpents, sans vous en douter, sans en voir un ou deux que par hasard, et la nuit seulement, car c'est le moment où ils sortent de leurs réduits.

Il peut donc être dangereux de circuler la nuit dans les appartements du rez-de-chaussée, nu-pieds, sur des nattes qui amortissent le bruit de vos pas ; avec des sandales produisant forcément un son, si léger, si faible qu'il soit, on n'a rien à craindre.

Un jour, cependant, un petit pariah, fils du cuisinier, ayant failli être mordu par un cobra, je décidai l'extermination de tous les serpents du jardin.

Mon dobachy s'en fut me chercher un charmeur, et je fis prix avec lui à raison d'un demi-fanon, environ 20 centimes par tête de serpent; il se mit à l'attaque immédiatement et passa trois jours pleins dans mon jardin. On tua bien une centaine de ces animaux pendant ce laps de temps, et je puis affirmer que tous finissaient par sortir de leurs trous ou des troncs d'arbres pourris, où ils se cachaient, au bruit des sons monotones du flageolet du charmeur.

La caste des Couroubarous.

Cette caste a cela de particulier que, quoique pastorale et agricole, elle ne se fixe nulle part, plus du temps nécessaire pour recueillir une récolte; ils vaguent sans cesse d'un lieu à un autre, en chassant devant eux leurs troupeaux.

Arrivés à l'endroit qu'ils ont choisi pour leur séjour passager, ils entourent l'enceinte qu'ils veulent cultiver d'une espèce de haie, chaque membre de cette caste choisit un petit espace de terrain et le laboure avec un morceau de bois pointu durci au feu, puis y sème des menues graines, tels que millet et sorgho, des pastèques, des citrouilles, des concombres, et de certaines racines hâtives de la famille des radis, qui poussent et deviennent comestibles en huit jours.

Ils savent espacer leurs semailles d'après le temps qu'il faut à chaque produit pour arriver à maturité, de façon à pouvoir vivre pendant sept à huit mois sur le même espace de terrain.

Ces gens-là n'ont aucune communication avec les habitants des contrées où ils s'arrêtent, et dont ils ne comprennent pas la langue, la plupart du temps.

Les autres Indiens, qui les croient sorciers, et artisans de maléfices, les tiennent, du reste, éloignés de leurs habitations, les poursuivent à coups de pierre et de bâton s'ils font mine de s'en rapprocher.

Malheur à toute tribu de Couroubarous qui vient planter provisoirement sa tente dans un lieu, peu éloigné d'un village où, par hasard, vient à éclater une épidémie; les Indous attribuent immédiatement le fait à leur pernicieuse influence, et chacun aussitôt de s'armer; le village se réunit en troupe et court sus à tous les Couroubarous, qui sont mis à mort jusqu'aux derniers, on n'épargne même pas les petits enfants.

Dans la saison pluvieuse, qui est un véritable hiver pour les habitants de ces contrées, les Couroubarous se mettent à l'abri sous de misérables huttes, d'autres vont se tapir dans les cavernes, dans les fentes des rochers ou même dans les troncs pourris des vieux arbres.

Pendant la belle saison, tous campent en rase campagne, et la nuit, toutes les tribus de la même caste se rassemblent sur un même point, allument autour d'elles de grands feux, pour se garantir du froid et de l'approche des bêtes féroces, puis s'entassent les uns près des autres : hommes, femmes et enfants dorment ainsi pêle-mêle.

Tous ces malheureux vont presque entièrement nus, les femmes n'ayant d'autres vêtements que quelques feuilles d'arbres cousues ensemble, et attachées autour de la ceinture.

Ne connaissant que les besoins de première nécessité, ils trouvent dans les forêts de quoi les satisfaire : les reptiles et les animaux qu'ils prennent au piège, le miel qu'ils trouvent en abondance sur les rochers escarpés, où ils grimpent avec agilité, leur fournissent un menu qui varie un peu leur nourriture habituelle. Il est un cas, cependant, où les habitants des villages s'adressent à eux, c'est quand ils ont besoin de charpente pour la construction de leurs maisons.

Moyennant quelques objets de peu de valeur, tels que bracelets de cuivre et de verre, une petite quantité de grains, un peu de tabac à fumer, les Couroubarous leur procurent tous les matériaux de ce genre qu'ils peuvent désirer.

Ils habituent leurs enfants, dès leur bas âge, à la vie dure qui semble être leur lot fatal.

Le lendemain de leurs couches, les femmes sont obligées de parcourir les bois avec leurs maris, afin de chercher de la nourriture pour ce jour-là; avant de partir, elles allaitent leur enfant nouveau-né, creusent un trou dans la terre, le garnissent d'une couche de feuille de teck, si couverte d'aspérités qu'en s'en frottant légèrement la peau, elles enlèvent l'épiderme jusqu'au sang. C'est là qu'est déposée la pauvre petite créature; une pierre plate qui laisse un courant d'air par les deux bouts, et mise sur le trou pour le recouvrir, et l'enfant est obligé de rester dans cette espèce de tombeau, jusqu'au retour de la mère qui n'a lieu que le soir.

Dès le cinquième ou le sixième jour après la naissance, elles commencent à accoutumer leur nourrisson à prendre des aliments solides, et afin de l'endurcir de bonne heure à la rigueur des saisons, elles le lavent tous les matins avec l'eau froide de la rosée qu'elles recueillent sur les larges feuilles des bananiers.

Jusqu'à ce que le pauvre être soit en état de marcher, il reste ainsi abandonné depuis le matin jusqu'au soir, tout nu, exposé à la pluie, au vent, au soleil, à toutes les injures de l'air, et enseveli dans l'espèce de tombe qui lui sert de berceau.

Les croyances de ces Couroubarous, sont peu

connues, leur culte religieux doit être aussi grossier que leurs mœurs et leurs habitudes.

La caste des Iroulers.

Cette caste possède exactement les mêmes habitudes que la caste des Couroubarous, suit absolument le même genre de vie, possède les mêmes usages, les mêmes préjugés; on peut donc dire que les deux castes ne diffèrent que de nom, en raison des provinces différentes qu'elles ont l'habitude de parcourir plus particulièrement.

La caste des Soligourous.

Même remarque que pour la caste précédente, ce n'est en résumé qu'une subdivision de la caste des Couroubarous, mais elle est peut-être moins nomade, et ne quitte guère les forêts de la côte Malabare.

Il ne me reste plus qu'à parler de deux castes qui habitent les mêmes contrées, pour en avoir fini avec les castes et les subdivisions des castes de la pointe sud de la presqu'île de l'Indoustan.

La première porte le nom de :

Caste des Malaï-Coudiairious.

Elle a pour principale occupation d'exploiter le callou ou jus fermenté du cocotier.

Pour cela, ils grimpent sur les arbres, eux et leurs femmes, avec une extrême agilité, font une incision au-dessous du bouquet de feuilles qui couronne la cime des palmiers, introduisent un petit tube de bambou dans cette incision et reçoivent le jus dans une panelle attachée à l'arbre qu'ils visitent deux fois par jour.

Les gens de cette caste, hommes et femmes, sont nus, ils n'ont pour se couvrir qu'un petit morceau d'étoffe large comme la main, qui flotte au vent, et ne voile même pas la partie du corps qu'il est censé cacher.

Leur pauvreté est certainement la seule cause de cette simplicité dans le vêtement; cependant, aujourd'hui, l'usage est passé en coutume invétérée consacrée par la caste, et on les couvrirait d'or, qu'on ne parviendrait pas à forcer les Malai-Coudiairious à s'habiller.

J'ai entendu à ce sujet narrer par les anciens des villages une singulière aventure.

Le dernier rajah du Maïssour, ayant fait une excursion dans les montagnes, rencontra ces peuplades sauvages, et parut très choqué de les voir dans cet état de nudité. Quelque libres que soient les musulmans dans leur vie privée, il n'y a peut-être pas de peuple qui les égale par la décence et la modestie qu'ils observent en public; ils se scandalisent du moindre geste immodeste, surtout de la part des femmes.

Le sultan, ayant donc fait venir auprès de lui les chefs des Malai-Coudiairious, leur demanda quelle était la cause pour laquelle eux et leurs femmes ne se mettaient pas plus décemment.

Ces derniers s'excusèrent en alléguant leur pauvreté et l'usage de leur caste.

Tipan-Saëb répliqua qu'il exigeait qu'ils portassent des vêtements comme les autres habitants du voisinage et que s'ils n'avaient pas le moyen de s'en procurer, il leur fournirait lui-même gratis tous les ans les toiles nécessaires pour cela.

Ces pauvres diables, ainsi pressés par le souverain, lui firent d'humbles supplications, pour qu'il les dispensât de l'embarras des vêtements, et finalement, ils lui déclarèrent que si en opposition aux règles de leur caste, il voulait les contraindre à en partir, ils quitteraient tous le pays plutôt que de se soumettre à une pareille vexation, et iraient habiter quelque autre forêt éloignée, où on leur permettrait de suivre tranquillement leurs coutumes dans la manière de vivre et de se vêtir.

Le sultan fut obligé de céder.

La seconde caste à peu près sauvage, que l'on trouve dans les pays du Courga, porte le nom de :

Caste des Yerourarous.

Cette caste a cela de particulier qu'elle habite l'intérieur des forêts, pendant tout le temps que les grains, riz, millet, sorgho, cambous mettent à pousser, car ils n'ont plus besoin de soins; mais au moment de la récolte et des semailles, ils quittent les réduits qu'ils habitent et viennent se louer aux habitants des villages, moyennant un salaire qui leur est payé en nature; ils accomplissent alors les plus rudes travaux des champs.

Mais ils sont très susceptibles sur la façon dont ils sont traités, et les autres Indous sont obligés de les ménager beaucoup, parce qu'ils trouveraient difficilement à les remplacer, et s'il leur arrivait d'en maltraiter un seul pour quelque cause que ce soit, tous les individus qui composent la peuplade prendraient fait et cause pour l'insulté et abandonneraient en masse, non seulement les travaux commencés, mais encore le pays lui-même, ils iraient se cacher dans d'autres forêts, et il faudrait des pourparlers sans nombre, des dédommagements et des excuses à n'en plus finir, pour qu'ils consentent à reprendre leurs travaux.

Mais cette caste des Yerourarous, qui consent à travailler pendant quelques mois de l'année seulement, est l'exception, toutes les autres castes indigènes, qui sont retournées pour un motif ou pour un autre à l'état sauvage, préfèrent se passer de bétel, de tabac et des menues aisances de la vie qu'il leur faudrait acquérir par le travail et la fréquentation des autres Indous.

Cachés dans les épaisses forêts qu'ils habitent ou dans les antres des rochers parmi lesquels la plupart établissent leur demeure, ils ne redoutent rien tant que l'approche ou la vue de l'homme civilisé, et bien loin d'envier le bonheur que ce dernier se vante d'avoir trouvé dans la vie sociale, ils évitent toute fréquentation avec lui, dans la crainte qu'il ne pense à leur ravir l'indépendance et la liberté.

La plupart, cependant, comme un signe qui les rattache à la grande famille indoue, dont ils se sont retirés, conservent les principaux préjugés de leurs compatriotes ; ils observent entre eux les distinctions de castes, ne se marient que dans leur lignée, et ne mangent jamais de la chair de bœuf ; ils ont aussi les mêmes idées de souillures et de purification communes à tous les Indous, et en observent les principaux règlements.

Je me suis souvent demandé comment ces pauvres diables pouvaient vivre pendant les mois de juillet, d'août et de septembre, qui sont les grands mois de chaleur et de sécheresse dans le sud de l'Inde : herbes, racines, tout se dessèche, faute d'humidité... mais l'Indou est fataliste avant tout, peu lui importe la souffrance, les privations, la mort même : il supporte tout avec la plus grande résignation...

C'est écrit ! et rien ne pourra changer sa destinée sur la terre.

C'est avec ce préjugé que l'Inde et toute l'Asie se sont endormies dans l'immobilité et que les musulmans, ces Asiatiques campés en Europe, sont restés pour la plupart ce qu'ils étaient au quinzième siècle.

Partout où la caste vient supprimer l'ambition, l'individualité, en forçant chaque membre du même groupe à ne travailler que pour la communauté, et dans une situation qu'on lui impose, et dont il ne peut sortir sous aucun prétexte, la civilisation s'arrête immédiatement ; les arts qui ne peuvent rester stationnaires, rétrogradent par défaut d'émulation et d'activité intellectuelles, ils tombent dans le métier, et l'industrie elle-même se borne aux choses nécessaires à la vie.

Les ouvriers mêmes que les gens des castes supérieures ont entretenus avec plus de soin pour le travail de la soie, de l'or, des diamants, et de tous les objets qui concouraient à leur luxe, se sont bornés à reproduire les modèles antiques servilement, sans y rien mettre de leur idée, et cette imitation a fini par devenir la loi, que nul ne pouvait enfreindre.

Le régime de la caste est un état social qui atteint tous les peuples à l'état de la vieillesse, quand le cerveau ne peut plus produire, il s'endort dans la copie du passé.

Tel est ce tableau des castes du sud de l'Inde, que je tenais à donner à mes lecteurs, depuis les classes élevées jusqu'à celles qui disputent aux fauves le séjour des forêts. Je ne crois pas qu'il ait été présenté jamais rien d'aussi complet sur l'état social des Indous, et les nombreuses divisions et subdivisions dans lesquelles ces peuples se sont fractionnés à l'infini.

Quand on sera bien pénétré de ces coutumes, bizarres, étranges, inexplicables, que l'on rencontre à chaque pas, et qui semblent le privilège caractérisque de telle ou telle caste, on se demandera avec bonne foi si, dans un pays de mœurs si variées, si singulières, si opposées aux nôtres, il est bien nécessaire d'appeler l'imagination à son secours, pour écrire, quand on a longtemps habité le pays, des voyages intéressants et instructifs.

Prenons un exemple :

Est-il quelqu'un qui puisse nier qu'il y ait dans l'Inde des castes où les lois de l'hospitalité obligent les femmes, du consentement des pères et des maris, à s'offrir aux voyageurs ?...

Est-il quelqu'un qui nie qu'à Ceylan et dans l'Inde, c'est un honneur pour une fille de donner sa virginité à un étranger que le hasard des voyages a guidé sous le toit paternel ?...

Si, à ces deux questions, on s'avisait de répondre non, je renverrais l'incrédule aux récits de tous les voyageurs sérieux, et à la belle collection de l'*Univers pittoresque* de Didot, volumes Inde et Ceylan, et ils en verraient bien d'autres.

Donc, les deux faits que je cite plus haut, étant prouvés, absolument prouvés par les écrits les plus sérieux, les plus dignes de foi... est-ce que c'est moi qui ai inventé le soleil des tropiques, les grandes nuits parfumées de l'équateur, où la brise se charge de tous les parfums des fleurs et des essences que nous payons au poids de l'or en Europe?... est-ce que c'est moi qui ai inventé ces merveilleuses végétations, animées par des milliers d'oiseaux au plumage varié?... et alors, quand le voyageur arrive le soir aux abords d'un petit village noyé dans la verdure, que la chaleur du jour s'apaise, qu'on lui offre l'hospitalité dans une case en bambous, toute couverte de feuillage, de plantes grimpantes et de lianes en fleurs, si, déférant à la coutume, une belle fille de quatorze à quinze ans, s'en vient compléter la réception qui vous est faite, par l'offre des premières fleurs de son printemps... croyez-vous? oui, croyez-vous donc qu'il soit besoin de poétiser tout cela, et de charger sa palette de couleurs pour le décrire?

Si, sortant de ces situations où la poésie abonde d'elle-même, on se trouve en face d'actes de fanatisme religieux ou de caste, comme la mutilation des mains de la mère qui marie sa fille, le viol des filles mortes vierges, etc.,.... on se demandera encore s'il est bien nécessaire d'aller chercher dans le roman, des éléments d'intérêt, pour ses lecteurs, quand on a de pareils faits à leur rapporter,

en les entourant du cadre naturel où ils se produisent.

Et ces actes de fanatisme : fakirs se faisant
écraser sous les statues des dieux, ou se mutilant
eux-mêmes devant la foule; femmes se faisant
brûler sur le bûcher de leurs maris; sectateurs de
Kali, offrant des victimes humaines sur les autels
de leur déesse, et cent autres faits qu'il serait trop
long d'énumérer... Est-il quelqu'un qui puisse
penser qu'il soit nécessaire de trouver quelque
chose de plus fort pour intéresser le lecteur?

Et les grandes chasses dans les jungles, à dos
d'éléphant, à la poursuite du tigre royal, ou à l'affût du rhinocéros dans les *saunderbunds* du Gange,
et sans parler de la panthère noire, du jaguar,
et de cette foule d'animaux féroces dont l'Inde est
le domaine, quelles merveilleuses distractions
cynégétiques, moins dangereuses, ne peut-on pas
se donner, dans le pays où tous les gibiers les
plus divers abondent, du lièvre au sanglier et au
cerf, et de la caille au faisan, du coq de bruyère
au dindon sauvage! Toutes les variétés connues
dans le poil et la plume y abondent, que dis-je?
y pullulent à un tel point, qu'il suffit, pour en rencontrer la plus grande partie, de parcourir un
rayon de quelques kilomètres. On ne sera pas
étonné de ce fait, quand on saura que la loi religieuse défend aux Indous le meurtre des animaux,
et cette loi est tellement bien observée, que toutes

les villes et tous les villages un peu importants de l'Inde ont leurs hospices d'animaux.

Ce respect absolu de la vie chez les êtres inférieurs, a tellement contribué, on le conçoit sans peine, au développement du gibier de toute espèce, qu'il en est arrivé à être un véritable fléau pour les récoltes.

Dans certaines contrées, les pauvres cultivateurs sont réduits à se promener autour de leurs champs, en frappant les unes contre les autres des rondelles de cuivre, afin d'en éloigner les animaux.

A tous les points de vue, donc, l'Inde est le plus étrange, le plus merveilleux pays qui existe, et le voyageur qui visitera cette contrée en détail, qui mettra des années à la parcourir, à l'étudier et à la comprendre, n'aura nul besoin, au retour, de faire appel à la fantaisie, pour exciter l'intérêt.

Non ! cette vieille terre, berceau de notre race, avec ses mystères, *ses trois cent millions de demi-dieux* (c'est le chiffre des brahmes) obéissant à la trinité Brahma, Vichnou, Siva, qui, elle-même, s'absorbe dans l'être unique, Swayambhouva, l'être existant par lui-même, le dieu germe ; avec ses vieux temples taillés dans le granit à Ellora, Elephanta, Karly, ses antiques pagodes, ses palais en ruines, où tous les styles sont représentés, ses milliers de statues de dieux et de déesses qui, depuis des siècles, sont immobiles au coin de toutes les routes, de tous les carrefours, comme

pour témoigner de la vieille foi brahmanique, dont
les traditions se retrouvent au seuil de toutes les
théogonies antiques, avec ses vieilles légendes cos-
miques, ses mythes naturalistes, sans lesquels
aucunes des fables des panthéons anciens ne se
peuvent expliquer... Non, l'Inde des temps pré-
historiques, l'Inde des védas et de Manou, l'Inde
des brahmes, et des grandes invasions arabes,
mogoles et européennes, ni au point de vue du
mystérieux, du passé, ni au point de vue de la lé-
gende, de la poésie, de l'histoire et de l'épopée,
n'a besoin d'être poétisée.

C'est la terre de tous les rêves, de toutes les
légendes, de toutes les poésies.

DE KARIKAL

DANS LE MAÏSSOUR

TROISIÈME PARTIE

LE

KARIKAL DANS LE MAISSOUR

Le Moharem. Les fêtes, combats de tigres, de buffles et d'éléphants. — Les Suttys. — Une nuit dans les forêts de la côte Malabare. — Les éléphants sauvages.

Je ne m'attarderai pas à décrire mon voyage de Pondichéry à Karikal. Nous parcourûmes cette distance tout entière en suivant la route, et sans même nous donner la peine de nous arrêter à la célèbre pagode de Chelambrum, dont j'ai déjà souvent parlé au lecteur dans mes précédents voyages. Cette excursion, dans laquelle je ne m'éloignai pas des grandes voies tracées par les brahmes, garnies pour la plupart de grands *ficus*, ou multipliants, dont les rameaux touffus se rejoignaient en arceaux sur nos têtes, n'offrit rien, du reste, de bien remarquable. Je forçais la marche pour atteindre au plus vite à Karikal, où m'attendait mon meilleur ami, M. X..., magistrat. J'avais l'espérance de l'entraîner avec moi, dans mon voyage à travers le Maïssour, le Coimbatour, le Malagalum et Ceylan, l'île enchanteresse, où nous avions déjà commencé un voyage, qui avait été interrompu par des nécessités de service.

Le même mouvement judiciaire qui venait de me nommer président du tribunal de Chandernagor, l'avait appelé à Pondichéry. Nos vacances annuelles commençaient, et je comptais bien profiter du plaisir que lui occasionnait son avancement mérité pour le décider à m'accompagner. Il était assez difficile de l'arracher de sa maison, mais une fois parti, c'était en route le plus charmant des camarades, dévoué et brave comme sa carabine.

En moins de vingt heures, nous arrivâmes à Karikal, et ma charrette à bœufs s'arrêtait devant la demeure de mon ami.

Il était depuis plusieurs jours prévenu de mon arrivée.

Aux premières ouvertures que je lui fis, il me répondit en me serrant les mains :

— Cela tombe à merveille, j'allais vous demander de vous accompagner.

— Quelle heureuse inspiration, lui répondis-je.

— Il y a longtemps que nous n'avons pas vécu de la même vie, sous le même toit, comme deux vieux amis, c'est une occasion.

— Vous êtes charmant.

— J'avais bien pensé à vous inviter à passer trois ou quatre mois avec moi à Karikal, dans ce doux rien faire qui est le suprême repos de l'âme et de la pensée, mais je vous sais un si passionné voyageur que j'ai gardé mon projet à l'état de pensée, et que je me suis décidé immédiatement à vous suivre... je ne vous demande qu'une seule chose.

— Accordée d'avance.

— C'est de prolonger un peu les stations dans les lieux qui nous plairont.

— Je suis entièrement à votre disposition, mon cher ami, d'autant plus que nous allons parcourir les contrées les plus charmantes de l'Inde.

— A tous les points de vue?

— Je vous vois venir... soyez sans crainte, ce n'est pas sans raison que les indigènes appellent la pointe orientale de l'Inde le *Pays des Palmiers*; en effet, nulle part, les différentes variétés de cet arbre aussi gracieux qu'utile ne poussent avec plus d'abondance, et nulle part, il n'abrite une race plus belle, plus aimable, plus largement hospitalière.

Un jour suffit à mon ami pour faire ses préparatifs de départ.

Je l'engageai à n'emmener comme domestique que son dobachy Tinou, vieil ami d'Amoudou et un vindicara pour sa voiture à bœufs.

— Et mon cuisinier ? me dit-il.

— Nalla-Tamby, le mien, suffira pour nous deux; vous savez bien qu'avec deux cuisiniers, ce serait nous condamner d'avance à ne faire que des repas problématiques, à des heures plus problématiques encore.

— Vous avez raison, je me contenterai de ces deux serviteurs.

Dans l'Inde, quand on voyage à deux, le service doit être double sur tous les points pour être bien fait, excepté pour la cuisine.

Si, en effet, vous possédez deux cuisiniers, les repas ne sont jamais prêts, les deux gaillards commencent tous les matins par se disputer sur les achats à faire, et aucun d'eux ne voulant reconnaître la supériorité de l'autre, il est impossible qu'ils se mettent d'accord sur le choix des comestibles; les maîtres sont en général obligés d'intervenir pour trancher le débat : les vivres une fois achetés, la dispute recommence sur la manière de les préparer.

— Moi, j'ai l'habitude de préparer de telle façon le poulet pour mon maître.

— Et moi, le mien ne saurait le manger s'il n'était accommodé de telle sorte.

Et cela continue ainsi des heures, pour le poisson, pour les légumes, etc.

Au bout de quelques jours, il n'y a plus que deux

moyens d'en finir, renvoyer un des deux cuisiniers, ce qu'aucun des deux maîtres ne veut faire, ou, ce qui a toujours lieu, leur donner à chacun l'orgueil de l'approvisionnement et les laisser faire deux déjeuners, que l'on réunit sur la même table ; on n'a plus alors à compter qu'avec un seul inconvénient, celui de déjeuner et de dîner trop tôt, car ils mettent chacun une rare émulation à avoir préparé leur repas l'un avant l'autre.

De Karikal à Maïssour, ou Mysore comme l'appellent les Anglais, nous suivîmes presque constamment le cours du Cavery, fleuve assez important, qui donne une rare fertilité aux rizières de la province.

Nous traversâmes les montagnes de Salem tout d'une traite, sans nous y arrêter, remettant au retour le plaisir de visiter ces montagnes couvertes de la plus luxuriante végétation. Cependant, nous restâmes près de deux jours campés à la descente du Nialguerries, sur les versants qui forment la frontière sud du Maïssour, près du petit lac de Veloor, où, pour la première fois, nous eûmes l'occasion de voir des jardins flottants. Nous avions souvent entendu parler de ces jardins, sans jamais avoir pu en rencontrer sur notre route.

Ce petit lac est situé au milieu de la chaîne des montagnes qui vont se souder à la chaîne des Gattes de la côte Malabare. Ses rives sont bordées d'une verdure épaisse provenant de diverses va-

riétés de joncs et de roseaux, et autres plantes aquatiques qui s'avancent fort avant dans l'eau, et de
même, elles croissent en abondance sur les bancs,
îlots et bas-fonds qui entrecoupent l'immense
nappe d'eau.

La disposition qu'ont les glaïeuls de pousser et
d'étendre leurs racines horizontalement, de manière
à former le long du rivage une sorte de réseau ou
tissu à mailles solides et fortement entrelacées
comme celles d'un filet, est bien connue des jardiniers du pays, qui ont su utiliser merveilleuse-
ment cette disposition naturelle.

Au commencement du printemps, quand les
eaux sont encore basses, les jardiniers coupent et enlèvent horizontalement les racines de ces bancs de
roseaux, avec la terre qu'elles enlacent, à environ
deux pieds au-dessous du niveau de l'eau, et ils en
forment une bande ou litière d'une grande longueur.

Par ce moyen, ils obtiennent une plate-bande
mobile, flexible et flottante, dont les parties ter-
reuses et végétales sont fortement unies sur environ deux pieds d'épaisseur, six à sept de largeur et
cent de longueur.

Quand cette plate-forme a commencé à prendre
une certaine solidité, on tire du fond du lac de la
vase, que l'on jette comme une couverture de terre
par-dessus les herbes. Quand il y a assez de terre
végétale, les jardiniers y sèment des concombres,

des courges, des melons, des pastèques, des melons d'eau, des gambauds et tout cela vient sans culture, sans arrosage, sans soins, sous la double et constante action du soleil et de l'eau.

D'ordinaire, le jardinier amarre son jardin flottant à son bateau et le maintient près de sa demeure à l'aide de longs piquets enfoncés dans la vase du lac; qu'il vienne à transporter ses pénates plus haut ou plus bas sur le fleuve, il emmène son jardin avec lui.

Ces jardins flottants sont ordinairement entourés d'un rempart également flottant, composé d'une ceinture de joncs, glaïeuls, fougères et autres plantes aquatiques qui sont en général impénétrables, et qui n'offrent d'accès pour les bateaux des propriétaires que par certains côtés. Ces passes sont si bien disposées, si bien dissimulées à tous les yeux, que sans une attention minutieuse, il serait impossible à un étranger d'en soupçonner l'existence. Il arrive souvent que des maraudeurs viennent, pendant la nuit, couper les liens qui amarrent les jardins aux embarcations des propriétaires, ils les remorquent alors à de grandes distances, les mêlent avec les autres et il est alors absolument impossible de les reconnaître.

Pour prévenir ces accidents, les jardiniers de Veloor ont des éléphants veilleurs de nuit. Ils se mettent à quinze ou vingt pour avoir un de ces animaux qui veille avec un soin vigilant sur l'ensemble de leurs propriétés. On peut passer près de lui la nuit, accroupi sur les bords du lac ou du fleuve, car il y a aussi des jardins flottants sur le haut du Cavery, il ne s'inquiétera nullement de votre présence; descendez même le cours d'eau en embarcation, il vous observera sans paraître faire attention à vous; mais que vous vous approchiez par mégarde des jardins confiés à sa vigilance, aussitôt il se lève en grondant, et si vous touchez seulement à un jonc des buissons qui le bordent, il se jette à l'eau, vous poursuit en vous aspergeant d'eau, et vous ne pouvez faire cesser sa fureur qu'en vous éloignant.

N'ayez crainte qu'il s'endorme, il connaît l'importance de sa mission, et du coucher au lever du soleil, il ne fermera pas l'œil, il ne perdra pas de vue un seul instant les longues bandes de verdure qui se détachent, pendant la nuit, en plus sombre sur les eaux.

Par exemple, aux premiers rayons du soleil, sa veille est finie, et les maîtres reconnaissants le laissent libre de ses actions jusqu'au soir, il s'en va alors à droite et à gauche, broutant dans la jungle, se baignant dans le fleuve, se reposant à l'ombre de quelque baobab géant, jusqu'à l'heure où il doit recommencer sa faction.

Dans les forêts des Gattes, sur la côte de Malabar, et aux environs du lac de Veloor, vivent des troupes d'éléphants sauvages. Ces animaux paraissent avoir une véritable prédilection pour les lieux agrestes et paisibles, où les cours d'eau abondent.

Sur les bords du lac, à peu de distance des lieux où nous visitions les jardins flottants, se trouvait un des abreuvoirs fréquentés par ces monstrueux quadrupèdes.

C'était une excavation large et profonde; chaque nuit, ces animaux venaient s'y rouler, partout le sol était affaissé sous leurs pieds, et il était facile de reconnaître leur nombre prodigieux, à la quantité de trous profonds dont cette partie de la berge du lac est comme criblée.

Les Indous jardiniers nous racontèrent qu'ils venaient par bandes à la nage, pour dévaster les jardins et manger les melons, les courges et autres fruits dont ils sont très friands. L'éléphant gardien se jetait chaque fois bravement au milieu d'eux, pour arrêter leurs rapines, mais il se faisait rosser d'importance sans pouvoir, sur le nombre, empêcher la déprédation.

Comment trouvez-vous cet éléphant, qui se fait battre par les siens, pour conserver les propriétés de ses maîtres?

Depuis quelque temps, nous racontèrent les jardiniers de Veloor, les déprédations des éléphants avaient complètement cessé; il avait suffi, pour éloigner ces animaux, de jeter au milieu d'eux quelques pièces d'artifices enflammées; cet ennemi inconnu contre lequel ils ne pouvaient rien, avait à ce point effrayé ces colosses, qu'ils n'étaient plus revenus.

Le second jour de notre arrivée à Veloor, nous fîmes une excursion sur le lac, de la façon la plus pittoresque du monde. M. X... et moi, nous prîmes place sur un banc rustique au centre d'un des jardins, et deux jardiniers indous nous remorquèrent sur le lac avec leur embarcation.

Je ne sais rien d'attrayant comme cette manière de naviguer : notre îlot de verdure glissait lentement sur les eaux, au bruit du chant nasillard et monotone de nos rameurs indous, qui s'échauffaient à chaque coup d'aviron, comme les porteurs de palanquins.

Les chants de ces pauvres gens sont toujours d'une simplicité et d'une naïveté sans égale, ils se composent ordinairement de phrases plus ou moins banales, appelant une réponse toute faite.

Ainsi nos jardiniers chantaient tout en ramant, le chant marquait la cadence :

Cany pomelé Veloor callou conda,
Jeune vierge de Veloor apporte du jus fermenté.

A cette interpellation du premier jardinier, le second lui répondit en ponctuant chaque parole d'un coup d'aviron :

Cany pomelé conda.
Jeune vierge apporte.

Et le premier de reprendre :

Cany pomelé Veloor arrak conda.
Jeune vierge de Veloor apporte l'eau de feu qu'on extrait
du riz.

Immédiatement, le second répondait sans la
moindre variante :

Cany pomelé conda.

Cela dura ainsi jusqu'à ce que nos deux rameurs eurent épuisé le nom de tous les liquides
connus d'eux, toutes les boissons fermentées y
passèrent, l'eau seule fut oubliée. Les jardiniers
sont de tous les Indous, ceux qui observent le
moins les prohibitions religieuses sur les liquides
fermentés. Cela tient d'abord à leur travail assez
dur, toujours en plein soleil, puis ensuite à ce
qu'ils se transmettent, de père en fils, de nombreux
secrets pour la fabrication de ces boissons, à
l'aide des graines, plantes et arbres qu'ils cul-
tivent.

En quittant ces braves gens, nous leur glis-
sâmes à chacun une roupie dans la main, et ils
nous accablèrent de bénédictions; nous venions
de leur donner plus qu'ils ne gagnent en quinze
jours d'un travail acharné.

Notre intention était de repartir le soir même
pour Maïssour; mais, résultat facile à prévoir, de
la rencontre d'Amoudou et de l'illustre Tinou.

Nos deux gaillards, qui ne s'étaient pas vus depuis près de deux années, étaient allés célébrer le bonheur de se revoir, dans une cabane de marchand de callou, et quand nous revînmes de notre excursion sur le lac, Amoudou était en train d'expliquer à Tinou que la lune, ronde comme une panelle à conserver l'arack, était le réservoir universel de la divine liqueur, ce à quoi Tinou répondait qu'il allait la briser d'un coup de pierre pour faire tomber en pluie sur la terre tout l'arack qu'elle contenait.

Et nos deux citoyens, mis en gaieté par une foule d'idées semblables qui leur poussaient dans le cerveau, se roulaient par terre de bonheur, avec cet éclat de rire éteint et stupide de l'homme ivre.

Il fallut remettre forcément notre départ au lendemain. Nous donnâmes nos ordres aux bouviers, et après un excellent repas préparé par Nalla-Tamby, nous nous réfugiâmes dans nos charrettes à bœufs où, protégés par la bâche, nous ne tardâmes pas à nous endormir d'un profond sommeil. Je ne sais combien de temps s'était écoulé, lorsque je m'éveillai, quelqu'un me tirait par la manche.

— Qui est là? fis-je à voix basse.

La discrétion avec laquelle on m'avait éveillé me commandait la prudence.

— Saëb, me répondit sur le même ton une voix

que je reconnus pour celle de Nalla-Tamby, mon métis, c'est moi.

— Que se passe-t-il donc de grave, que tu aies pris sur toi de m'éveiller?

— Écoutez, saëb.

— Je n'entends que les chacals qui glapissent dans les hautes herbes.

— Est-ce que saëb ne trouve pas que les mauvaises bêtes crient d'une façon étrange?

— Tu as raison, il pourrait bien se faire qu'un jaguar soit en ce moment en train de rôder autour de notre campement.

— Vous avez deviné juste, saëb, j'ai entendu, il y a environ une heure, la voix du jaguar rouler comme un tonnerre dans la vallée, il m'a semblé, à la voix, que l'animal se rapprochait de nous, mais le silence s'est fait, et je n'ai plus rien entendu jusqu'au moment où les chacals se sont mis à hurler, comme ils ont coutume de faire à l'approche des grands fauves, qu'ils accompagnent d'ordinaire à distance pour jouir de leurs reliefs.

— C'est bien, réveille M. X...

— Il faut agir vite, saëb.

— Que dis-tu?

— Je pense, saëb, que massa Amoudou et T'inou se sont couchés à quelques pas d'ici, dans l'herbe de la jungle; il est impossible de leur faire entendre raison, et le jaguar pourrait bien être sur eux avant peu.

A ces paroles, je sentis comme un frisson me parcourir de la tête aux pieds, et je compris la valeur du temps; pour que mon métis ait osé me réveiller et me parler ainsi, il fallait qu'Amoudou, qu'il aimait beaucoup, courût un bien grand danger.

— C'est bien, fis-je d'un ton bref, n'éveille pas M. X... suis-moi.

Je lui remis une carabine de rechange et m'élançai dans la direction de la jungle, les broussailles commençaient à dix mètres à peine du lieu où nous étions installés.

— Par ici, saëb, me dit Nalla-Tamby.

Je suivis l'indication de mon métis, qui me conduisait sans doute au lieu où reposaient, sans nul souci du danger, nos deux ivrognes.

Je n'avais pas fait cinq pas dans la direction que venait de m'indiquer le métis, que je m'arrêtai et épaulai mon arme avec la vitesse de la pensée; presque, au même moment, le son clair et chantant de ma carabine en acier fondu fit retentir la nuit; instantanément les cris des chacals cessèrent, et la voix de M. X... se fit entendre, demandant ce qui se passait, d'un ton aussi calme que s'il n'eût pas quitté sa chambre et son lit de Karikal.

— Je viens de tirer un fauve au juger, lui répondis-je, au centre de deux points lumineux qui m'indiquaient les yeux de la bête.

— L'avez-vous touché?

— Je l'ignore, mais nous allons être renseignés.

Nalla-Tamby arrivait avec un falot.

A cinq pas des deux ivrognes, qui reposaient saturés de boissons, sur le sol, et à qui la détonation de la carabine ne paraissait pas avoir arraché le moindre mouvement, un magnifique jaguar était étendu sans mouvement.

Heureux effet du hasard, au milieu d'une nuit qui ne permettait pas de distinguer à dix pas devant soi, ma balle explosible l'avait frappé à l'œil gauche et lui avait littéralement mis la tête en morceaux, la mort avait été instantanée.

Une demi-minute de plus, et le monstre était sur nos deux ivrognes.

Nalla-Tamby et Powou les transportèrent l'un après l'autre sous nos charrettes, où ils se trouvèrent absolument en sûreté.

Le jaguar, pas plus que le tigre royal, chose singulière, que j'ai pu vérifier vingt fois dans mes voyages, n'attaque ni les buffles qui traînent les charrettes, ni les voyageurs qui s'y trouvent, quand bien même le véhicule est au repos ; cette espèce d'engin qu'il ne connaît pas lui inspire assez de crainte ou de défiance pour le tenir éloigné.

Le restant de la nuit s'acheva sans encombre, et nous pûmes, au petit jour, reprendre notre marche interrompue.

Bien avant l'aube, Amoudou et Tinou avaient été se plonger dans les eaux du lac pour faire disparaître les traces de leur débauche de la veille, et nous les trouvâmes frais et dispos, à la tête des bufflones qu'on avait attelés pendant notre sommeil, et prêts à donner le signal du départ; ils avaient été avertis sans doute de ce qui s'était passé par les deux vindicaras, car ils baissaient la tête et paraissaient s'attendre à être tancés d'importance. Il n'en fut rien cependant; à sermonner un ivrogne, quand cet ivrogne est Nubien ou Indou, on perd son temps, pis qu'à sermonner un nègre. L'Européen se guérit rarement du vice de la boisson, l'Oriental ou l'Africain, jamais.

Trois jours après, nous faisions notre entrée à Maïssour. Aly-Tipou-Saëb régnait encore, c'était un de ces derniers rajahs médiatisés que les Anglais ont laissé mourir sur le trône sous la protection d'un résident anglais, et avec un semblant de prérogatives royales.

La ville avait un aspect lugubre, car c'était la veille du Moharem, fêtes que les sectateurs d'Aly célèbrent religieusement; elle a lieu en mémoire des deux illustres personnages Hassan et Huessein, et dure dix jours, pendant lesquels les musulmans, à moins qu'ils ne portent le vert comme descendants du prophète, prennent des turbans et des ceintures de couleurs unies.

Comme tous les musulmans de l'Inde, le nabab du Maïssour et ses sujets étaient de la secte d'Aly.

Pour célébrer le Moharem, chaque prince de la famille royale, chaque musulman riche possède un lieu orné d'un grand nombre de lampes garnies de talk, que l'on appelle l'Incan-Baurch. On y place les cénotaphes des deux saints personnages que l'on fabrique avec des matériaux proportionnés à la richesse de celui qui les emploie. On y consacre souvent des sommes considérables.

Nous reçûmes d'Aly-Tipou l'invitation de rester dans la ville pendant tout le temps de la fête, et il nous envoya un de ses officiers pour mettre un de ses palais à notre disposition.

L'officier devait rester sous nos ordres pendant tout le temps de notre séjour. Cette fête religieuse, comme toutes les fêtes de l'Inde, devait se terminer par des réjouissances, des jeux et des combats d'éléphants et de tigres ; cela nous promettait donc nombre de distractions agréables.

Le premier jour du Moharem, nous promenant au milieu de la foule, pour jouir du singulier coup d'œil qu'offraient tous ces gens venus des différents côtés de la province, je rencontrai le cortège des pleureuses, qui promenaient un mannequin représentant le cheval d'Huessein, percé de flèches de toutes parts.

Les préjugés religieux des musulmans de l'Inde se sont à ce point affaiblis au contact des Indous, qui sont bien les peuples les plus tolérants qui existent, en ce sens qu'ils respectent toutes les religions, qu'à notre simple demande, le cortège s'arrêta, pour que nous puissions examiner à loisir le cheval. Les porteurs poussèrent même la complaisance jusqu'à l'approcher de nos palanquins.

L'Incan-Baurch du nabab, que nous visitâmes plusieurs fois pendant les cérémonies, est le plus bel édifice que j'aie vu en ce genre. Il était gardé par deux éléphants blancs tout caparaçonnés d'or.

Le roi avait fait construire ce monument pour célébrer chaque année le Moharem, et plus tard lui servir de tombeau.

Il consiste en trois salles parallèles, fort longues. Dans chacune d'elles se trouvait un éléphant agenouillé du côté du soleil levant, et faisant le salam à tous les visiteurs; pour cela, l'intelligent animal touchait la terre de sa trompe, et, la relevant, la portait à sa poitrine et au front en guise de salut.

Toutes les deux ou trois heures, un autre éléphant venait relayer son camarade. Le tombeau des saints musulmans, ou plutôt son simulacre se trouvait dans une rotonde en marbre qui était située à l'extrémité de la salle du milieu.

Quatre éléphants, tenant des piques dans leurs trompes, étaient placés aux quatre côtés du tombeau, pour le garder et éloigner à l'aide de leurs piques ceux qui auraient voulu s'approcher trop près du cénotaphe.

Devant le tombeau, se trouvait un parterre

d'herbes symboliques, tout entouré de bordures en marbre noir, sur lesquelles étaient incrustés, en marbre blanc, des versets du Coran.

Enfin, tout en avant, au pied du catafalque de Hassan et de Huessein, se trouvait le tombeau que le nabab avait fait construire pour lui, et qui, jour et nuit, toute l'année, était gardé par un éléphant blanc.

Cet animal avait aux oreilles des pendants en diamants qu'on estimait plus de cent mille francs pièce.

Le nabab possédait six éléphants pareillement ornés pour se relayer autour de son tombeau.

Chose singulière, ces éléphants se laissaient parfaitement toucher, caresser, mais si vous aviez l'imprudence de porter la main à leur oreille, un ronflement sonore, accompagné d'un geste de trompe non équivoque, vous avertissait immédiatement d'avoir à vous retirer. Nulle autre personne que leur cornac ne pouvait toucher à leurs pendants d'oreilles.

Le tombeau était couvert d'un dais de drap d'or, soutenu par quatre colonnes garnies de nacre; il est tourné du côté de la Mecque, afin que quand le nabab y viendra dormir son éternel sommeil, ses pieds soient placés dans la direction de la cité sainte.

L'Incan-Baurch est construit sur une terrasse élevée, entourée de tous côtés par de vastes jardins gardés, comme le monument lui-même, par des escouades d'éléphants.

La nuit venue, le monument funéraire resplendissait de fanaux innombrables, placés sous la coupole et sur toutes les murailles.

L'éclat de ces fanaux était encore augmenté par des girandoles de verres de toutes couleurs, qui réfléchissaient les lumières des bougies et qui étaient suspendues de tous les côtés, à l'intérieur comme à l'extérieur.

Le parquet du monument et tous les jardins qui l'entouraient, étaient couverts de candélabres qui ne laissaient que l'espace suffisant pour marcher, toutes les branches de ces candélabres étaient également en verres de couleur.

La troisième salle dont je viens de parler, en outre des tombeaux de Hassan et Huessein et du nabab, était d'un bout à l'autre remplie de cénotaphes placés sur des plates-formes de trois pieds de hauteur.

Pendant les dix jours que dura la fête religieuse, les parois du temple et jusqu'aux allées du jardin, furent couvertes de pénitents, les uns agenouillés, les autres couchés, les bras en croix, qui récitaient constamment, à haute voix, des versets du Coran.

Chaque matin, au lever du soleil, et chaque soir à son coucher, tous les éléphants en faction dans les jardins, dans le monument, se réunissaient devant l'Incan-Baurch, sans qu'un seul cornac eût besoin d'intervenir pour les guider, et là, s'agenouillant tous en masse, ils avaient leurs trompes dans la direction de l'astre radieux, qui se levait ou allait disparaître, et lui faisaient tous le *salam* d'une façon si solennelle et si grave, que le spectateur européen se sentait porté à croire comme l'Indou que l'éléphant, même à l'état sauvage, saluait le soleil.

Ceci est évidemment le résultat de l'éducation, mais il est à remarquer que l'éléphant élevé par un parsis ou un musulman aura beau changer de maître, toute sa vie, il fera soir et matin le salam au soleil, de même que l'éléphant élevé par un indou sectateur de Brahma, trois fois par jour, le matin, à midi et le soir, entrera dans les étangs ou les fleuves jusqu'à la poitrine, et, à l'aide de sa trompe, se versera de l'eau sur la tête, en guise d'ablution.

Devant les éléphants se tenaient une dizaine de moullahs qui appelaient alors les fidèles à la prière, et, l'invocation terminée, anathématisaient tous les infidèles sectateurs d'Abou-Bekr, d'Omar, et d'Othman.

Une simple réflexion en passant :

Les Turcs et le kalife de Constantinople sont sectateurs d'Omar, les musulmans de l'Inde sont comme les Persans, sectateurs d'Aly, donc en anathématisant, comme ils ne manquent jamais de le faire dans toutes leurs fêtes, les sectateurs d'Omar, les moullahs couvrent les musulmans turcs de leurs malédictions. On peut juger d'après cela de la valeur des affirmations anglaises, qui déclaraient, lors de la dernière guerre turco-russe, que la Grande-Bretagne était obligée de soutenir le sultan de Constantinople, sous peine de voir se révolter les musulmans de l'Inde.

J'affirme, au contraire, que quand on voudra, on fera marcher les musulmans de l'Inde contre les musulmans d'Asie mineure et d'Europe, les sectateurs d'Aly contre les sectateurs d'Omar.

Ces lignes étaient écrites lorsque l'Angleterre elle-même s'est donné le démenti le plus formel. Ne vient-elle pas en effet, lors des derniers événements d'Égypte, d'opposer ses bataillons musulmans du Bengale aux bataillons musulmans d'Arabi ?

Nous fûmes comme de juste invités par le rajah à assister aux fêtes qui devaient suivre les cérémonies du Moharem, et de même que les éléphants avaient fait le plus bel ornement de ces dernières réjouissances celles qui allaient avoir lieu devaient tirer d'eux leur principal attrait ; on commence par des combats de tigres. Un espace d'environ cinquante pieds carrés, situés dans une plaine entre la rivière de Cavery et le palais du nabab, (*Doulh Kataveh le séjour de la puissance*), avait été garni de palissades.

De peur que le tigre, dans sa fureur, ne puisse

s'élancer sur nous, un semblable accident ayant failli arriver à la cour du nabab, à des fêtes précé-dentes, l'endroit où nous étions placés avait été garni par une forte grille de bambous.

Le tigre était enfermé dans une petite cage de côté dont on le fit sortir au moyen de feux d'arti-fice. Il fit plusieurs fois le tour de l'arène en ru-gissant et vint nous regarder fixement. Un buffle ayant été poussé sur le champ de bataille, le tigre se retira dans un autre coin, et son adversaire l'épia sans vouloir engager le combat.

Lorsque par des feux d'artifice lancés à plu-sieurs reprises, on eût obligé le tigre à changer de place, le buffle s'avança vers lui à petits pas, jus-qu'à ce que, l'ayant vu couché à terre, il tomba en arrêt, devant lui, les cornes tendues et en mugis-sant fortement. Le tigre ne parut pas faire la moin-dre attention à son ennemi.

C'est en vain que l'on fit entrer cinq autres buf-fles successivement. Aucun d'eux ne voulut se décider à commencer l'attaque, et, chose étrange, le tigre les regardait avec le plus majestueux dédain, il semblait ne point les trouver dignes de lui.

A un moment donné eut lieu un incident singu-lier, un petit chien étant tombé dans l'arène, le tigre se dirigea à pas lents de son côté, mais sans aucun signe apparent de colère; le pauvre animal, saisi de terreur, se mit à faire le tour de l'arène,

15.

en poussant des cris de terreur, le tigre le poursuivit en augmentant de vitesse.

Tout à coup, se sentant sur le point d'être acculé, le petit chien se retourna et fit tête à son ennemi en lui montrant les dents. Nous crûmes qu'il allait être broyé d'un seul coup, il n'en fut rien.

Au moment où le tigre faisait mine de s'élancer sur lui, il sembla se raviser et se coucha par terre, en le regardant comme le chat fait d'une souris.

Le nabab ordonna qu'on introduisît un éléphant.

Soudain un profond silence se fit dans la foule. Le tigre allait bien être obligé de se battre, ou de se laisser tuer.

Une porte s'ouvrit tout à coup et l'éléphant s'élança dans l'arène, avec son cornac sur le dos.

A la vue de l'énorme bête, le tigre poussa un long rugissement, que nous ne pûmes attribuer qu'à un signe de terreur, car l'animal s'élança contre la palissade et essaya de la franchir sans pouvoir y parvenir.

A sa vue, l'éléphant était entré en fureur, et avait couru droit à lui.

Le tigre avait alors cherché son salut dans la fuite ; mais l'arène était trop étroite, et l'éléphant eût vite fait de lui barrer le chemin.

Éperdu, sur le point d'être écrasé sous les larges pieds de son adversaire, le tigre se retourna et lui sauta au front en essayant de s'y maintenir à l'aide de ses griffes et de ses dents, mais l'éléphant le saisit rapidement avec sa trompe et le lança contre terre avec une telle violence, que l'animal en eut les reins brisés et resta sur le sol à demi assommé.

Cet exploit accompli, le vainqueur ne daigna pas pousser plus loin son triomphe, il se dirigea alors vers le nabab qu'il aperçut dans sa loge grillée et lui fit le salam le plus respectueusement du monde, puis il s'en fut paisiblement vers la porte par où il était venu.

Comme elle tardait à s'ouvrir, il l'enfonça tout simplement et sortit sans plus s'inquiéter des vivats et des applaudissements de la foule.

Le soleil était déjà haut sur l'horizon et la suite des fêtes fut remise au lendemain.

Ce jour-là, nous nous rendions dans un des jardins du nabab; on avait servi pour nous, et pour une nombreuse compagnie un déjeuner somptueux dans un pavillon, qui avait vue sur la rivière dans le lieu même où on faisait baigner les éléphants.

Un combat entre deux de ces redoutables animaux devait être le spectacle de la matinée.

La plaine était couverte d'une foule de peuple, et on avait mis sur pied un corps de fantassins et de cavaliers armés de lances, autant pour la contenir que pour nous faire honneur.

L'interprète nous expliqua que ce n'était pas à proprement parler un combat, mais une sorte de lutte courtoise dont nous allions être témoins, et dans laquelle ces deux animaux n'allaient point chercher à se faire du mal, mais bien à prouver leur force et leur adresse. Les éléphants qu'on amena en face de nous, entre le pavillon et la plaine étaient bien les animaux les plus beaux de l'espèce que j'aie vus : d'une taille énorme, la peau noire et luisante, l'œil plein de feu, la démarche assurée, les défenses longues et bien plantées ; leur vue seule indiquait d'avance l'acharnement du combat.

Chacun d'eux possédait son cornac assis sur son dos, et attaché fortement par une ceinture.

Les deux éléphants s'avancèrent d'abord avec la plus grande vitesse à la rencontre l'un de l'autre. Quand ils ne furent plus qu'à quelques pas, ils s'arrêtèrent.

— Allons, Dourya, fit un des cornacs à sa monture, salue ton adversaire. Et Dourya fit complaisamment le salam.

— Rends le salut, Yavana, répondit le second cornac.

Et Yavana rendit pareillement le salut. Ceci fait, les cornacs se cramponnèrent sur le dos de leurs animaux, et le combat commença.

Les deux éléphants s'élancèrent l'un sur l'autre et du premier coup, le choc fut tel qu'ils se levèrent sur leurs pieds de derrière, leurs trompes relevées en l'air s'enlacèrent et ils se mirent à se pousser, l'un avançant, l'autre reculant à tour de rôle, selon que l'un ou l'autre avait fait un effort plus violent.

Je fus très surpris de voir comme les cornacs, malgré leur position, demeuraient ferme sur leurs montures.

Dans ces luttes, les cornacs, pour être à l'abri de la trompe de l'autre éléphant, se placent au milieu du dos de l'animal qu'ils montent, et se tiennent presque couchés, accrochés à une courroie.

Ils paraissent s'intéresser vivement au succès des animaux qu'ils conduisent, les encouragent, les excitent de la voix et du geste.

Le but que devait atteindre un des deux éléphants luttant devant nous, le plus fort ou le plus adroit, était de forcer son adversaire à reculer jusqu'au bord de la rivière, et à le jeter dans l'eau.

Après une heure environ de lutte et d'efforts, un des éléphants qui avait perdu graduellement du terrain, fut obligé de sauter dans la rivière pour ne pas y être jeté par son adversaire, ce qu'il fit délibérément.

On déclara alors le combat terminé. Mais les deux adversaires ne l'entendaient pas ainsi. Celui qui s'était jeté à l'eau se mit à traverser la rivière à la nage et l'autre le suivit malgré les efforts de son cornac.

Il était évident que la lutte allait recommencer sur l'autre rive.

Celui qui avait eu le dessous arriva avant son adversaire sur l'autre rive; l'élévation du sol et la difficulté de l'accostage le favorisèrent; il prit une position convenable et quand le second éléphant se présenta, il le repoussa et l'empêcha d'accoster.

Pendant plus d'une demie-heure, l'éléphant, placé sur la berge, tint son adversaire en respect, et il fut décidé à l'unanimité par les juges du camp que l'animal, battu la première fois par la force, avait su prendre sa revanche par l'adresse.

Les cornacs reçurent l'ordre de ramener leurs éléphants sur la rive du départ, et de guerre lasse, les deux animaux parurent obéir, mais, arrivés au milieu du fleuve très profond en cet endroit, ils se défièrent de nouveau; malgré les efforts de leurs conducteurs, ils cherchèrent à se pousser dans le courant, s'inondant mutuellement d'eau avec leur trompe, mais ni l'un ni l'autre ne put se signaler par un avantage marqué.

La victoire fut déclarée indécise et le prix du combat qui consistait en un faix de cannes à sucre, mets dont l'éléphant est très friand, fut partagé entre les deux adversaires.

Il y eut plusieurs autres luttes semblables entre les différents éléphants du troupeau du nabab, mais elles ne présentèrent pas des particularités aussi curieuses que celles que je viens de conter.

Sur le soir, quand tout le monde fut retiré, le nabab nous fit assister à une pêche curieuse dans le Cavery avec des loutres aussi privées que des chiens, je n'ai vu faire ce genre de pêche que dans cette contrée.

Ces animaux plongent dans l'eau et selon la façon dont ils ont été dressés, les uns poussent le poisson dans les filets, les autres le happent avec les dents et l'apportent sur le rivage.

Cette pêche, faite aux flambeaux la nuit, est bien un des spectacles les plus attrayants qu'on puisse voir, et, pour notre part, nous y prîmes un plaisir extrême.

Là encore, les intelligents éléphants du rajah jouèrent leur rôle, et ce furent eux qui, à l'aide de torches de résine qu'ils savaient admirablement retenir dans leur trompe sans se brûler, éclairèrent cette scène amusante.

Chaque fois que ma plume s'égare sur ces admirables bêtes, je voudrais pouvoir citer tous les faits de dévouement, de bonté et d'intelligence que je connais à leur acquis.

Pendant notre séjour dans le Maïssour, nous fûmes témoins d'un des faits les plus extraordinaires que j'aie jamais vu dans mes voyages, et qui prouve de quel dévouement est capable l'éléphant envers les personnes qu'il affectionne.

Quelques détails préliminaires sont nécessaires.

L'usage indou qui prescrit aux femmes de se brûler sur le bûcher de leur mari, a acquis en Europe une célébrité exagérée.

Quelques épisodes accidentels ont tellement passé pour règle générale, qu'on se figure assez volontiers l'Indoustan comme ayant été autrefois tout jonché de bûchers de veuves.

Les sutties, c'est ainsi que l'on nomme ces sacrifices, n'ont jamais été aussi nombreux qu'on pourrait se l'imaginer même du temps de la domination brahmanique, et aujourd'hui, ils ne peuvent plus avoir lieu qu'en cachette, et dans un lieu éloigné de toute surveillance.

En 1840, lord William Bentinck, gouverneur général des Indes, un honnête homme, celui-là qui repose un peu par la pensée des gredins qui se sont appelés Clive et Warren Hastings, au grand scandale des pundits de Bénarès, et de quelques babous de Calcutta qui cherchent à faire du rigorisme dans la conservation des vieilles coutumes indigènes, prit un arrêté déclarant que le gouvernement des Indes ne souffrirait plus ces atrocités contre nature. Avant cette époque déjà, une restriction imposée par les autorités anglaises, en avait fort limité le nombre.

Chaque fois qu'une veuve voulait suivre son mari sur le bûcher, il fallait qu'elle vînt spontanément faire sa déclaration devant les magistrats du pays. Après de vives instances pour la détourner de son projet, on commettait un délégué européen avec mission de surveiller le sacrifice, afin que si la peur de la mort arrachait une rétractation, les brahmes ne pussent lui faire violence.

Ces rétractations furent cependant très rares, bien plus les premiers effets de l'ordonnance furent d'augmenter le nombre de sutties, les femmes fanatisées par leur famille, semblaient tenir à honneur d'aller braver le magistrat anglais dans son prétoire en lui demandant de suivre son mari sur le bûcher funéraire.

Pour parer également aux inconvénients de la rétractation, les brahmes préparaient la *suttie* pour le bûcher.

Tantôt ils l'enivraient de liqueurs spiritueuses et d'opium, tantôt ils la fascinaient par le détail des récompenses attachées à ce grand holocauste.

Et d'ailleurs, la malheureuse savait bien d'avance que si le cœur venait à lui faillir, elle était désormais vouée à une vie de honte et de misère.

Rejetée de sa caste, non seulement elle devenait infâme, mais dans le préjugé populaire, elle appelait sur son pays la peste et la guerre, la famine et tous les maux les plus affreux.

On conçoit qu'avec de telles superstitions, d'une part et de l'autre, avec un amour profond pour le mari qu'elle venait de perdre, des *sutties* aient pu marcher au bûcher l'œil calme, le front serein et la figure radieuse.

Mais ces femmes sont des exceptions; sur vingt créatures ainsi immolées, dix-neuf, au moins, ne cédaient qu'aux importunités des brahmes, et jusqu'au dernier moment, on les voyait lutter contre l'influence de ces bourreaux.

Deux faits entre plusieurs autres donneront la mesure du rôle que jouaient dans ces scènes les prêtres et les parents qui profitaient de la dépouille de la victime.

Près de la vieille cité en ruines de Bedjapour, une brahmine déclara en 1865 qu'elle voulait accomplir le sacrifice du setty.

Elle fut conduite en grande pompe, au son des instruments, près du bûcher sur lequel se trouvait déjà le cadavre de son mari.

Sa démarche était assurée, sa contenance calme. Quand les officiers anglais du district lui demandèrent si c'était volontairement qu'elle mourait :

— Oui, répondit-elle, c'est volontairement.

Il semblait même qu'elle mettait une certaine fierté à confondre ainsi des étrangers qui semblaient douter d'elle au moment même où les chants des brahmes exaltaient son héroïsme.

Au signal donné, la suttie s'approcha du feu qui commençait à flamboyer, elle embrassa ses parents, fit ses adieux à l'assistance, distribua à ses amies ses bijoux et ses ornements, puis, à demi nue, encouragée et presque poussée par les brahmes, elle se jeta dans le feu. La douleur fut vive, terrible, car, au même instant, elle se releva pour en sortir.

Vainement renversa-t-on sur elle la pile de bois

du bûcher, elle se dégagea, bondit hors des flammes et, crispée par la douleur, elle s'élança vers la rivière. Les brahmes l'y suivirent ; malgré la résistance des Anglais présents, ils la ramenèrent vers le foyer qui pétillait avec violence.

Là une espèce de lutte s'engaga entre la victime et les bourreaux, la foule vociférait contre les Européens qui se trouvaient en trop petit nombre pour défendre la malheureuse ; ces derniers accablés par le nombre, demandèrent que l'on fît trève au sacrifice jusqu'à ce qu'on en eût référé au magistrat du lieu.

Pour mettre fin au conflit, trois brahmes vigoureux enlevèrent la veuve et la précipitèrent au milieu du brasier ardent.

Elle s'échappa encore et courut de nouveau se jeter dans le fleuve. A ce second désappointement, la rage des brahmes ne connut plus de bornes ; quatre d'entre eux se jetèrent à sa poursuite et lui plongèrent avec violence la tête au fond de l'eau pour chercher à la noyer. Il fallut pour faire cesser cette horrible lutte, l'arrivée d'une escouade de soldats anglais, qu'on était allé prévenir.

Les principaux coupables furent saisis et traînés en prison malgré les menaces de la foule, mais la pauvre brahmine ne survécut pas à cet horrible drame.

Le lendemain, elle mourut des atroces brûlures qu'elle avait reçues, délaissée de sa famille, et maudite comme impure par toute la population scandalisée par l'épouvantable forfait qu'elle avait commis en fuyant le bûcher de son mari, et surtout en se laissant sauver par l'impure main d'étrangers.

Les Anglais l'avaient déposée sur un peu de paille dans une chaumière ; mais, malgré les cris de douleur qu'elle poussait, personne ne voulut aller à son secours ; il eût fallu en venir aux mains avec la foule irritée qui s'était attroupée dans ce lieu.

Un pariah, qui voulut lui porter de l'eau pour apaiser sa soif, fut à moitié écharpé et ne dut son salut qu'à sa situation d'être impur, qui ne permettait pas aux gens de caste de porter la main sur lui.

Une autre *suttie*, enfant de quatorze ans, périt plus cruellement encore à la même époque, aux mêmes lieux. Elle aussi, à force de sollicitations, avait consenti à mourir. Mais la douleur l'avait fait sortir du bûcher, et elle s'était réfugiée dans un étang voisin.

Là, ce fut son oncle qui vint l'endoctriner, et lui dit en lui montrant un drap :

— Viens, je te mettrai là-dedans et je t'emporterai dans ta case.

— Non ! non ! criait l'infortunée, vous voulez me rejeter dans le feu.

— Viens-tu ? répétait le parent, je te jure que tu peux te fier à moi.

— Mon oncle, mon bon oncle, au nom du ciel, ayez pitié de moi, je suis trop jeune pour mourir. Je quitterai la famille, je vivrai comme une maudite, je mendierai, je ferai ce qu'on voudra. Pitié, oh ! pitié.

L'oncle la rassura encore par de douces paroles, il prononça même le serment le plus sacré pour un Indou, il lui jura, par les eaux du Gange, qu'il la ramènerait à la maison.

Alors, elle sortit de l'étang et se coucha sur le drap destiné à voiler sa nudité.

A peine y était-elle étendue, que le fanatique Indou noua fortement le drap par les quatre coins, comme un sac, et reporta sa nièce dans les flammes.

Elle cria, se débattit, chercha à se sauver de nouveau ; mais un coup de sabre qui lui fut porté par un soldat musulman qui, ne pouvant la sauver, voulut ainsi terminer ses souffrances, mit fin à cette horrible scène.

Maintenant que le lecteur comprend bien ce qu'était le sacrifice du sutty dans l'Inde, et l'importance que les brahmes et toute la population attachent à l'achèvement de cette épouvantable cérémonie dès qu'elle est commencée, je vais citer un fait qui est à ma connaissance personnelle, et dans lequel un éléphant a joué le principal rôle.

Dans les solitudes montagneuses qui sont situées à la pointe orientale de l'Inde, entre Coïmbotour et Cochim, se trouve une petite aldée d'écorceurs de cannelle du nom de Certicoupam.

Le magistrat supérieur est à Trichoupoly, à plus de cinquante lieues de là; il ne lui est donc pas facile d'exercer une surveillance active à cette distance, et surtout quand il s'agit de quelque fait qui touche aux coutumes et aux croyances religieuses des Indous, fait que la police indigène ne porte même pas à sa connaissance.

Dans ce village de Certicoupam, se passa, en 1864, le fait suivant, dont je puis certifier tous les détails, car je me trouvais en ce moment dans la province, aux environs de Cochim, et la chose fit un tel bruit, que les autorités anglaises voulurent s'assurer par une enquête de l'exactitude des faits dont le bruit était arrivé jusqu'à elles.

Une jeune brahmine, du nom de Mariama, avait été donnée en mariage à l'âge de treize ans, à un vieux prêtre de la pagode, qui s'éteignit au bout de quelques semaines, sans même avoir pu consommer son union.

Les autres brahmes décidèrent qu'un homme de l'importance du défunt ne pouvait pas s'en aller seul au bûcher et qu'il fallait que sa femme l'accompagnât au séjour des ancêtres.

Ils commencèrent par circonvenir la jeune veuve, qui avait déclaré tout d'abord qu'elle n'y consentirait à aucun prix. Ils lui remontrèrent alors quel honneur éternel allait rejaillir sur toute sa famille, sur la pagode du village dont son mari était desservant, firent luire à ses yeux les récompenses extraordinaires qui l'attendaient dans l'autre vie, cherchant à la fasciner par l'appât des plaisirs qu'elle n'allait pas manquer de goûter dans le séjour de Brahma.

Mais l'enfant tenait à la vie, et toutes les tentatives des brahmes échouèrent le premier jour.

Voyant leur insuccès, les prêtres qui avaient juré qu'ils auraient leur victime, prirent le parti de mêler des drogues excitantes à la nourriture et à la boisson de la jeune femme.

Il est bon de dire qu'en cette occurrence comme toujours, du reste, la famille se prêtait entièrement aux odieuses supercheries qui devaient amener le sacrifice de la jeune Mariama.

En dehors de la considération qu'un pareil acte attire toujours aux parents, il est une autre raison qui fait que ces derniers sont presque toujours les complices des prêtres pour ces abominables holocaustes.

Les veuves, dans l'Inde, ne peuvent pas se remarier, toute leur vie, elles sont contraintes de porter le pagne blanc, sans aucune ornementation, et sont à la charge de leur famille, qui ne les supporte souvent qu'avec peine, car il est un dicton connu dans l'Inde, c'est *que les maisons où il y a des veuves ne sont point bénies par les dieux.*

Donc, la jeune Mariama ayant été exaltée à

dessein par des boissons appropriées, parmi les paroles incohérentes qu'elle prononça dans son ivresse, on saisit la première qui eut l'air de s'appliquer à la circonstance, et les prêtres annoncèrent à la foule que la jeune femme, éclairée par une lumière céleste, venait enfin de consentir à accomplir le sutty.

Quand la pauvre enfant revint à elle, on lui apprit que dans une extase qu'elle venait d'avoir, elle s'était d'elle-même vouée au bûcher.

C'est en vain qu'elle protesta, on lui répondit que le ciel avait fait connaître sa volonté, et qu'elle n'avait qu'à se résigner de bonne grâce, qu'on la porterait plutôt au bûcher.

Elle déclara alors en appeler au magistrat anglais, sachant bien que le sacrifice des veuves n'était plus ni permis, ni même toléré.

On lui répondit par dérision qu'on avait la permission du juge de Trichoupoly.

Quand elle vit qu'il fallait se résigner à mourir, elle tomba dans un état de prostration extrême, et se mit à verser d'abondantes larmes.

Sur le soir, elle parut se calmer, et la nuit venue, tenta de s'évader; mais elle était gardée et fut ramenée à son logis.

Le sacrifice devait avoir lieu le lendemain, et toute la nuit devait s'écouler en cérémonies religieuses dans la demeure funéraire.

D'ordinaire, la femme du mort préside les funérailles, c'est elle qui chante, près du catafalque orné de fleurs, les stances célèbres destinées à chasser le mauvais esprit qui cherche à s'emparer du corps du défunt; mais la jeune veuve avait déclaré qu'on la traînerait à la cérémonie, au bûcher, partout où l'on voudrait user de force, mais qu'on n'obtiendrait pas d'elle un seul acte, une seule parole pour les cérémonies funéraires.

Un parent du brahme défunt devait y suppléer.

Quel ne fut pas l'étonnement des prêtres et de la foule, quand tout à coup, au moment voulu par le rituel funéraire, on vit s'avancer la jeune Mariama, une feuille de palmier à la main; elle commença d'une voix ferme la célèbre invocation des morts que nos lecteurs ne liront pas certainement sans plaisir. Nous en avons déjà donné quelques extraits dans nos précédents voyages, mais nous la traduisons en entier ici, dans les parties qui sont communes à toutes les castes, et en la dégageant d'une foule d'invocations que chacun y ajoute selon sa secte.

C'est le plus beau morceau de poésie funéraire de l'Inde.

« Hors d'ici, chien maudit, pisatchas impur, qui te repais des cadavres des morts, que viens-tu faire près de cette maison? Cesse d'empester ces lieux par ton haleine fétide! Hors d'ici, chien maudit!

« Va-t'en dans ta fosse ronger les os couverts

de poussière et de mousse, dispute ta maigre pitance aux chacals puants, et aux vautours aux pieds jaunes. Sur ce lit de cendres et d'herbes sacrées, repose un homme juste! Hors d'ici, chien maudit!

« Fuyez tous, esprits infernaux, vous que la fumée des sacrifices a conduits jusqu'ici, Naraganoa ne laisse pas de fils pour le conduire au bûcher et soustraire son cadavre à vos étreintes impures! Hors d'ici, chiens maudits!

« Il n'y a point d'ablutions pour vous en cette demeure, les heures tombent une à une sans apporter d'adoucissement à votre malheureuse situation; n'essayez pas de vous glisser dans la dépouille de l'homme vertueux! Hors d'ici, chiens maudits!

« O saints brahmes, fermez les yeux, fermez la bouche, fermez le nez, fermez les oreilles, fermez toutes les ouvertures du corps du juste, afin que l'homme de péché ne puisse s'y introduire. O saints brahmes, fermez-lui la bouche avec les parfums... Hors d'ici, chiens maudits!

« Soufflez, vents du Nord, qui passez sur les plaines sacrées qu'arrose le Gange, et portez jusqu'aux cieux les parfums du sacrifice; soufflez, vents du Nord, qui passez sur les plaines qu'arrose le fleuve sacré... Hors d'ici, chiens maudits!

« Accours, oiseau chéri de Canimda, — un des noms de Vichnou, — viens recueillir dans tes serres puissantes l'âme purifiée de Naraganoa, et conduis-la au séjour immortel des délices... Hors d'ici, chien maudit !

« Esprits bienfaisants des cieux, de l'air, de la terre, des forêts, des chemins, des eaux, des plaines désertes, du foyer domestique, venez tous accompagner l'homme juste, éloignez de la route les sombres génies du mal. Venez tous, esprits bienfaisants des cieux... Hors d'ici, chien maudit !

« Faites que ce beurre liquide pétille dans la flamme, doucement caressée par la brise des nuits, l'odeur du bûcher d'un homme de bien est agréable aux dieux. Que le beurre liquide pétille dans la flamme... Hors d'ici, chien maudit ! »

En prononçant ces mots, Mariama, selon la coutume, versa le beurre liquide sur le cadavre de son mari, et elle ajouta :

« Que cette divine liqueur te purifie pour le ciel de toutes les souillures de la terre ;

« Que cette transmigration soit pour toi la dernière, et que Vichnou, le maître de l'univers, te reçoive dans son sein.

« Jusqu'ici, tu as conservé la figure hideuse d'un cadavre, dès ce moment, tu vas revêtir la forme divine des ancêtres, et tu habiteras avec eux le Pitrabeca, pour y jouir d'une immortelle félicité. »

Après avoir ainsi accompli son devoir funéraire, avec une sûreté d'elle-même sans pareille, et émerveillé tous les assistants et surtout les brahmes, la jeune femme déclara qu'éclairée par la volonté céleste, elle ne mettait plus d'opposition à son sacrifice, et qu'elle monterait le lendemain sur le bûcher de son mari.

Tout le monde cria au miracle, et la foule s'écoula joyeuse pour aller faire ses ablutions et se préparer à la fête du lendemain.

Que s'était-il passé ?

La jeune femme s'était-elle résignée à son sort ?

Nullement. Seulement elle avait conçu un plan qui devait amener sa délivrance, et pour pouvoir l'exécuter, il fallait qu'elle pût endormir la soup-çonneuse vigilance des brahmes.

Mariama avait été élevée tout enfant avec un éléphant qui appartenait à son père et qui lui avait donné souvent les plus grandes preuves d'affection et de dévouement. Depuis qu'elle était mariée, elle n'avait pas eu occasion de le voir souvent, mais chaque fois qu'elle avait rencontré l'animal, ce dernier était accouru vers elle avec des cris joyeux, et l'avait accablée de ses caresses.

Elle avait donc conçu le projet de demander aux brahmes, pour augmenter la solennité de la fête funéraire, d'être conduite au bûcher par l'éléphant de sa famille, orné et caparaçonné pour la cir-constance, et si les prêtres ne se doutaient de rien, cela devait lui être facile d'obtenir que ce vœu suprême fût exaucé.

Sa vie ne tenait plus qu'à la circonstance suivante, si elle obtenait d'être conduite par l'éléphant...

Aurait-elle, le moment venu, plus d'empire sur l'animal que le cornac, habitué à le conduire, ou ce dernier qui, il n'en fallait pas douter, serait tout à la dévotion des brahmes, parviendrait-il à maintenir l'animal dans l'obéissance?

La jeune veuve s'était décidée à jouer son existence sur cette chance.

Une fois son parti pris, elle ne mit plus aucune hésitation dans l'accomplissement des devoirs funéraires qui lui incombaient, les brahmes eux-mêmes furent étonnés du changement soudain qui s'était fait chez leur victime, et ils attribuèrent cela à leurs exhortations et aux boissons excitantes qu'ils lui avaient données.

Quand Mariama, le matin, après avoir revêtu ses plus beaux habits, demanda à être conduite par Sravana, l'éléphant de son père, jusqu'au lieu où on avait dressé le bûcher, on le lui accorda avec enthousiasme, car cela allait donner une plus grande solennité encore à la cérémonie funéraire.

On se mit en marche.

L'éléphant était couvert d'un drap rouge frangé d'or; sur son dos, on avait installé un haoudah tout orné de fleurs, dans lequel se trouvait la victime.

L'animal tenait la tête, derrière lui venait le palanquin mortuaire sur lequel se trouvait le corps du défunt; des pleureurs et des pleureuses à gage faisaient retentir l'air de leurs lamentations.

Des enfants jetaient des fleurs sur tout le parcours, et les bayadères dansaient en chantant les louanges des dieux.

Dès le matin, les coolies mortuaires avaient dressé le bûcher avec du bois précieux qu'ils avaient inondé de beurre fondu pour activer la combustion.

Aussitôt que le cortège fut arrivé, les musiciens des morts firent entendre leurs lugubres trompettes, et en tirèrent trois sons plaintifs, prolongés, déchirants.....

Les pleureurs redoublèrent leurs cris, le cadavre du brahme fut enlevé du palanquin et placé sur le bûcher, et les quatre brahmes officiants mirent le feu à ce dernier avec des torches ; grâce au beurre liquide la flamme envahit rapidement tout le bûcher.

C'était le moment.

Le chef des brahmes prononça les paroles consacrées :

> Na vâryagnivâta souryas
> Tan darsayisyauté
> Diviapour gâtwa.

En sanscrit :

« Elle ne craindra plus ni l'eau, ni le feu, ni le soleil, car elle va prendre un corps radieux. »

A ces paroles, la jeune veuve devait dépouiller ses beaux habits, partager entre ses amies, ses bijoux et ses parures, et en leur faisant ses adieux, se précipiter dans les flammes.

Comme la jeune femme ne quittait pas le haoudah, les brahmes firent signe au cornac qui, d'un seul mot, fit agenouiller l'éléphant, puis s'approchant de Mariama, ils l'engagèrent à descendre.

Cette dernière refusa nettement de leur obéir, et les prêtres, ne soupçonnant pas encore la vérité, lui demandèrent si elle préférait descendre seule.

— Non, leur répondit-elle résolument, ni avec vous, ni seule, je ne descendrai pas d'ici.

Quand les prêtres comprirent qu'ils étaient joués, ils se ruèrent avec furie sur le haoudah pour en arracher leur victime, mais cette dernière, se cramponnant avec l'énergie du désespoir, se mit à pousser des cris perçants en adjurant Sravana de la défendre.

Aux accents éplorés de cette parole aimée, Sravana se releva d'un bond et saisissant avec sa trompe un brahme qui était resté accroché au mandole, il l'en arracha violemment, et le lança contre terre avec une telle force qu'il fut assommé du coup.

C'est en vain que le cornac de l'animal voulut faire entendre sa voix; exalté par les cris de sa jeune amie, qui ne cessait de l'implorer, l'éléphant entra littéralement en fureur; d'un seul mouvement de tête, il se débarrassa de son cornac qui était resté à cheval sur son cou, et alors pour s'ou-

vrir un chemin dans la foule, il se mit à distribuer
à droite et à gauche de tels coups de trompe, qu'à
chaque fois, un Indou restait étendu par terre sans
mouvement et sans vie.

Ce fut, on le conçoit, un sauve qui peut général...
il y eut en cette circonstance une trentaine d'individus de tués, assommés ou écrasés sous les pieds
de l'animal.

Mariama était sauvée.

— Tuqué po ! Tuqué po ! pouvait-on l'entendre
crier à son gros compagnon.

— Pars d'ici ! Pars d'ici !

A peine fut-elle en pleine campagne avec son
éléphant, qu'elle le mit sur la route de Trichoupoly, en le poussant de toute la vitesse dont il était
capable, car elle craignait qu'on ne la poursuivît,
et qu'on ne la fît tomber dans quelque embûche.

L'éléphant fit en moins de dix-huit heures les
soixante lieues qui le séparaient de la capitale de
la province, et la jeune veuve vint tomber, à moitié morte de fatigue et de faim, aux pieds du magistrat du district.

Le juge la prit sous sa protection, et lui donna
asile dans sa famille.

Désormais, la jeune veuve était morte pour la
société indoue, elle était plus impure qu'un pariah ;
car l'amour de la vie l'avait emporté chez elle
sur les superstitions de castes, et les croyances
religieuses.

Mariama resta dans la famille du juge, et partit avec elle quand elle retourna en Angleterre.

C'est le seul exemple que je connaisse dans l'Inde entière, soit par moi, soit par ouï dire, d'une brahmine qui ait consenti à vivre chez les Européens et à s'expatrier.

L'enquête qui eut lieu à la suite de tous ces faits, en ayant révélé l'exactitude, les brahmes furent tous bel et bien avertis qu'à la première tentative qu'ils feraient pour se procurer une nouvelle *suttie*, et que si même ce sacrifice se renouvelait, sur le consentement même formel d'une veuve, tous les brahmes du village où le fait se serait accompli seraient regardés et traités comme coupables d'assassinat.

Je ne crois pas que la province de Coimbatour ait revu depuis un seul *sutty*.

Il est certain qu'il y a encore dans les districts reculés de l'Inde, à cent ou deux cents lieues de toute surveillance possible, des *sutties* ou sacrifices de veuves qui s'accomplissent de temps à autre. Mais tout cela est tenu caché soigneusement, et n'a lieu du reste que quand la veuve a demandé le sacrifice et va jusqu'au bout sans protestation.

Pendant un voyage que je fis à Hayderabah, j'ai eu l'occasion d'assister à une de ces lugubres cérémonies funéraires, ou, pour parler plus exactement, d'être dans le village, pendant que l'atroce cérémonie s'accomplissait à quelques pas.

Je vis passer la jeune veuve près du bengalow où je m'étais installé : c'est à peine si elle comptait dix-sept printemps, elle était belle de cette beauté chaude et fascinatrice des femmes indoues du Nord; des lys et des roses sur les joues, du bleu sombre dans l'œil et des cheveux noirs tordus en spirales qui lui balayaient les talons.

Ce ne fut qu'une apparition, mais je ne saurais dire combien cela me remua le cœur, tant de jeunesse et tant de grâce, aller finir misérablement en mêlant son sang, sa chair fraîche et jeune dans le bûcher, à la chair parcheminée de quelque brahme mort de vieillesse.

Je n'y pouvais rien ; seul avec deux domestiques indous, au milieu d'une population fanatisée, j'aurais été assommé sur place, si j'avais tenté la moindre intervention.

Je laissai donc passer le cortège et me retirai dans l'appartement, pour ne pas voir accomplir cette profanation.

Quand la jeune veuve avait passé près de mon bengalow, il m'avait semblé qu'elle avait jeté un regard de mon côté, regard de tristesse, peut-être de regret...

Pauvre enfant, avait-elle entendu dire que les hommes de ma nation avaient un culte pour la femme ? Espérait-elle, à cette heure suprême, que le Franguy pourrait tenter quelque chose pour elle ?

Ah! je le jure, si elle eût fait un geste, si elle eût lancé un mot d'appel, le revolver au poing, je me serais jeté entre elle et les brutes qui la conduisaient au supplice, j'eusse joué ma vie sans le moindre regret pour montrer à ces fous que, fanatiques par les côtés de dévouement et de grandeur, notre civilisation est supérieure à la leur... mais rien, pas un signe, rien que ce fugitif regard qui m'avait remué et elle passa.

Je ne pouvais cependant tenter de me faire tuer pour une vision qui, sans nul doute, eût repoussé l'impur secours d'un étranger... car il faut bien le dire, maintenant que la femme indoue est assurée de la protection anglaise, que la police indigène a été rendue responsable, et que les *sutties* ne peuvent avoir lieu qu'en cachette, presque toutes les femmes qui marchent au sacrifice s'y sont vouées spontanément, et meurent avec courage.

Les brahmes mêmes, pour se mettre à l'abri des recherches de la justice qui les poursuit aujourd'hui quand ils commettent de pareils attentats, sont dans l'habitude de ne plus s'en mêler ouvertement et de laisser à la famille le soin de préparer le bûcher, et d'y conduire la *suttie*.

Pendant toutes les fêtes du Moharem, les distractions, offertes par les jongleurs indous, furent avec un rare éclectisme mêlées aux cérémonies purement musulmanes. Le dixième et dernier jour de la fête se passa tout entier en réjouissances foraines, et on va voir que les nôtres ne peuvent en donner aucune idée.

Aly-Tipou, notre gracieux hôte, nous avait fait dresser sur l'esplanade où allaient avoir lieu les exercices une sorte de pandal de feuillage, orné de fleurs destinées à nous mettre à l'abri des ardeurs du soleil.

A peine eûmes-nous pris place sous ce dais de verdure, mon ami et moi, que nous aperçûmes au centre de la place un mât qui soutenait à son sommet une longue perche transversale fixée par le milieu.

A l'un des bouts de la perche se trouvait attelé un éléphant par deux espèces de brancards fixés perpendiculairement au bout de la perche, tandis qu'à l'autre extrémité pendait une corde au bout de laquelle nous remarquons avec surprise qu'un corps humain était suspendu. Au moment même où nous avions paru sur la place, les exercices avaient commencé sur un signal du directeur des fêtes.

Ce corps suspendu ne tombait pas perpendiculairement comme celui d'un criminel accroché à une potence, il paraissait nager dans l'air et il agitait librement ses mains et ses jambes.

Plusieurs milliers de personnes le regardaient tourner en battant des mains car l'éléphant, lancé au trot comme dans un manège, le faisait voltiger avec une vertigineuse vitesse.

Comme nous examinions la scène avec nos jumelles de voyage, car votre pandal en était à une certaine distance, nous reconnûmes que selon la coutume des fakirs, le misérable n'était retenu dans sa position que par deux crocs en fer, qui traversaient ses chairs. Toutefois, rien dans sa physionomie ni dans ses manières n'indiquait la souffrance. Cet homme ayant été descendu et décroché, fut remplacé par un autre fakir, car c'était bien un de ces fanatiques que nous venions de voir.

On n'employa pas la force pour le conduire au lieu du supplice, et loin de donner des signes de terreur, il s'avança gaiement vers le lieu où était dressée la potence, et il se mit à prononcer une incantation en un langage inaccessible à tous ; et pendant ce temps-là un brahme lui malaxait fortement la peau à l'endroit où les crochets de fer devaient être enfoncés. Quand le moment fut venu, un troisième personnage introduisit avec adresse les crocs entre la peau et le tissu cellulaire, juste au-dessous de l'omoplate gauche.

Cela fait le fakir se redressa gaiement et dès qu'il fut debout on l'aspergea avec de l'eau lustrale consacrée à Siva ; on le conduisit alors sur la plate-forme où se trouvaient la perche et le mât. A son approche, il fut salué par de vives acclamations et le son des tam-tams et des trompettes se mêla aux cris de la foule.

Le fakir, en montant sur la plate-forme, déchira

les guirlandes et les couronnes de fleurs dont on l'avait orné, et les assistants s'en disputèrent les débris comme de précieuse reliques.

Son vêtement, si c'en était un, se bornait à une sorte de toile de quinze à vingt centimètres carrés voilant simplement sa nudité.

Loin d'être gênés par notre présence, les Indous, brahmes et fakirs, nous invitèrent à nous approcher. Nous montâmes sur la plate-forme, et nous nous plaçâmes de façon à bien voir si on avait recours à quelque supercherie.

Pour nous on renouvela l'expérience. Les crocs étaient d'acier bien poli, forts comme des hameçons à requins, mais non barbelés, et gros comme le petit doigt d'un homme.

Les pointes étant très aiguës, l'introduction eut lieu sans déchirures, et si adroitement que le sang ne coula pas.

Le fakir ne parut point sentir la douleur et continua à causer avec ceux qui l'entouraient. Aux crocs tenaient de fortes cordelettes de coton, qui servirent à les attacher à l'une des extrémité de la perche, où se trouvait la corde munie d'une boucle de fer.

L'éléphant reçut alors l'ordre de marcher, ce qu'il fit immédiatement, accélérant ou diminuant son mouvement selon l'ordre de son cornac.

Le fakir pour montrer qu'il était parfaitement maître de lui, prit dans une gibecière, attachée autour de son corps, des poignées de fleurs qu'il jeta à la foule en la saluant de gestes animés et de rires joyeux.

Les assistants se jetèrent avec ardeur sur ces reliques, se les disputant à coups de poing et, pour ne pas faire de jaloux, l'éléphant reçut l'ordre de tourner lentement, de façon que le fakir pût répandre des fleurs d'une manière égale sur toutes les parties de la circonférence; de plus le centre de la perche était fixé à un double pivot qui permettait de lui donner un mouvement de bascule ou un mouvement de rotation.

A un moment donné, l'éléphant fut enlevé de l'attelage et saisissant la perche avec sa trompe, il se mit à faire monter ou descendre le fakir, qui dans cette position, qui cependant accentuait le poids de son corps, parut encore plus enchanté qu'avant.

Il resta plus de cinq minutes ainsi, après quoi on le descendit et les cordes ayant été déliées et les crocs enlevés, on le promena par la ville au son des tam-tams.

Pendant toute la journée, ce ne fut qu'un va-et-vient de fakirs qu'on accrochait et qu'on décrochait ensuite pour les conduire ainsi en procession triomphale.

Il y a dans l'Inde un grand nombre de ces fanatiques, qui s'imposent ainsi des supplices plus ou moins cruels pour émerveiller la foule.

Quelques-unes de ces tortures sont singulières :

Les uns vivent pendant trente ou quarante ans dans une cage de fer, qui ne leur permet pas de développer leurs membres.

D'autres se chargent le corps de chaînes pesantes et ne les quittent ni jour ni nuit.

Celui-ci doit constamment tenir les poings fermés pour que les ongles, en croissant, entrent dans les chairs et finissent par percer la main d'outre en outre.

Ceux-là se tiennent pendus à un arbre jusqu'à ce que leurs bras privés de vie et de mouvement, se dessèchent et perdent leur articulation.

Les uns font le vœu de se tenir constamment debout, les autres de se coucher sur un lit à pointes de fer; il en est qui regardent fixement le soleil, jusqu'à ce qu'ils soient aveugles.

On a vu de ces misérables se faire enterrer la tête en bas, de manière à ce que les pieds seuls restassent hors du sol, tandis que d'autres, la tête seule déterrée, n'avaient que le jeu des paupières et que la barbe pour se défendre des oiseaux de proie.

Plusieurs se sont amputés eux-mêmes le bras et la jambe, ou bien ils se sont coupé la langue avec les dents.

Un de ces fanatiques mesura la distance de Benarès à Jaggernat, en s'étendant à terre et se relevant constamment pendant toute la route, de façon à ce qu'il n'y eût pas un pouce de terrain entre les deux villes qui n'eût été touché par son corps.

La démence allait encore plus loin autrefois, et on m'a raconté qu'on voyait encore au siècle dernier, à Cosy, une hache suspendue, sous laquelle les pénitents enthousiastes allaient se faire trancher la tête, en l'honneur de la divinité.

Il faut dire que, de nos jours, la ferveur des fakirs n'est plus aussi exagérée, leurs expiations sont moins rigoureuses et moins rudes ; ce n'est guère qu'à des époques solennelles, et en face d'un grand concours de monde, qu'ils se dévouent à des risques sérieux, et font parfois encore le sacrifice de leur vie, car le fanatisme a aussi sa vanité.

L'une des expiations les plus ordinaires est celle qui a lieu lors de la fête du feu, pendant laquelle les pénitents marchent sur des charbons ardents.

Il en est une autre, appelée expiation du Djanya, qui est des plus singulières ; elle se fait au moyen d'un échafaud d'une hauteur de deux et trois étages, du sommet duquel les dévots se précipitent sur des matelas, en paille ou en coton, garnis de poignards, de piques, de couteaux et autres instruments tranchants.

Les brahmes qui préparent ces litières les font très épaisses, car ce qu'il importe, ce n'est point tant qu'il y ait mort d'homme, mais qu'il y ait beaucoup de sang répandu.

Aux fêtes de Kaly, l'une des plus solennelles qui se célèbrent à Calcutta et aux environs, on ne pouvait autrefois passer dans les rues sans recevoir de tous côtés des éclaboussures sanglantes.

Quand la Poudja ou fête de la déesse du sang était finie, les Indous se rendaient à la pagode en grande pompe, au bruit de l'orchestre le plus assourdissant qu'on puisse imaginer.

En route les pénitents jouent avec le fer et le feu. Ici ils se percent la langue avec de groses aiguilles, là ils se traversent la main avec des stylets de fer, ailleurs ils se font de profondes entailles dans le corps selon les nombres fatidiques, trois, sept, neuf, treize, vingt et un, et ainsi de suite, selon la ferveur, le fanatisme ou le courage de l'illuminé qui emploie ces tristes moyens pour témoigner de sa foi religieuse.

Il en est qui se font de larges ouvertures aux hanches, dans lesquelles ils passent des cordes ou des morceaux de roseau.

Et ce qu'il y a de plus triste, c'est que tous ces gens-là ne travaillent pas pour leur propre compte.

Dans la croyance indoue, de même que l'on peut faire dire des prières par les prêtres en les payant, prières dont tout le mérite vous est attribué au ciel, de même on peut se procurer l'honneur et le bénéfice des austérités les plus méritoires en payant des fakirs qui se tailladent le corps pour vous et c'est à vous que reviendra plus tard, au séjour des bienheureux, tout le mérite de ces supplices religieux.

Aussi, il n'est pas rare, même encore aujourd'hui, de voir les riches babous rivaliser entre eux à qui payera le plus cher les fakirs les plus courageux, ceux qui se tailladent le mieux le corps.

Il est vrai d'ajouter que la plupart de ces pauvres diables qui se torturent pour autrui n'exercent plus qu'une notion et l'apprennent comme un métier.

Les brahmes, qui tirent de grands profits de ces jongleries, enseignent à ces pauvres diables à se faire des blessures affreuses en apparence, par leur étendue et le sang qu'elles répandent, mais qui sont en réalité sans danger pour leur vie et se guérissent en quelques jours, grâce aux baumes, pommades et autres ingrédients que les prêtres leur appliquent, et il faut reconnaître qu'ils sont fort experts dans cet art.

Pendant toutes ces fêtes, les éléphants sacrés jouent un rôle important; ainsi j'ai vu de mes propres yeux, pour la grande fête de Jaggernat, l'éléphant de la pagode se promener sur un chemin pavé d'êtres humains pour se rendre à la procession du char qui portait la statue de la déesse Lackmy et celle de Vichnou.

Plus de deux cents fakirs se sont fait écraser, ce jour-là sous les pas de l'éléphant sacré.

Il fallait voir la foule dévote des assistants se précipiter pour tremper son mouchoir ou tout autre objet dans le sang de ces imbéciles fanatisés.

Plus de six cent mille individus, accourus de tous les côtés de la province, assistaient à cette fête, bien autrement solennelle que le Moharem des Musulmans, et l'on comprend que les cris d'enthousiasme de cette foule énorme ne contribuaient pas peu à augmenter la folie religieuse des fakirs.

Une chose que j'ai parfaitement pu remarquer à l'acquis du colosse qui écrasait tous ces êtres humains sur son passage, c'est qu'il ne semblait le faire qu'à son corps défendant, levant très haut la jambe et cherchant à écarter du pied les pauvres diables qui se pressaient sous ses pas.

Vains efforts ! les fakirs, exaltés par la boisson, la chaleur, l'odeur de l'encens dont l'air était rempli, arrivaient en foule pour se faire écraser.

Il n'était pas rare à ces fêtes de voir quelque brave Indou accouru du fond de son village pour voir une grande cérémonie religeuse, se précipiter tout à coup, pris d'une folie subite, sous les pas de l'éléphant sacré, ou sous le char colossal qui portait la statue du dieu, et se faire écraser aux yeux de sa famille ébahie, qui se trouvait de cette façon ornée d'un martyr.

Les fêtes terminés, nous prîmes congé du nabab, et le remerciâmes chaleureusement de sa cordiale réception. Tipou-Saëb nous demanda quel était

notre itinéraire, et nous offrit des guides pour visi·
ter le curieux pays qui s'étend du Maïssour au
pays Canara. « Comme chasse et beauté de sites,
vous n'aurez jamais rien vu de plus beau, nous
dit-il. »

Je lui fis connaître que notre plan primitif, après
avoir visité Mysore, était de descendre à Ceylan
par la côte, mais qu'un retard d'un mois ou deux
dans notre arrivée à Ceylan ne dérangerait pas
nos projets au point de nous faire repousser son
conseil, surtout en présence de l'offre bienveillante
qu'il venait de nous faire, de nous procurer des
guides.

— Je vais vous donner mon meilleur chasseur
d'éléphants, avec une escouade de rabatteurs.

— Mais nous ne désirons pas faire la chasse de
cet animal, répondis-je au nabab.

— Vous ferez ce qu'il vous plaira, mais ces
hommes sont ceux qui connaissent le mieux les
forêts de la côte Malabare, et avec eux vous pouvez,
sans aucune crainte, visiter tout le pays.

En signe de congé, le nabab se leva, nous donna
la main à l'européenne, à mon ami et à moi, et
nous nous retirâmes.

C'était un bien brave homme, que ce pauvre
souverain, tenu en laisse par les Anglais. Presque
tous les soirs, il nous envoyait notre dîner de sa
propre table ; il eût bien voulu nous inviter avec
lui, mais il ne pouvait avoir de convive à sa table

qu'avec l'autorisation du résident anglais, et cela humiliait tellement le pauvre prince, qu'il ne lui avait jamais demandé cette permission ; il préférait s'enfermer dans son palais, et vivre au milieu de ses femmes et de quelques favoris à qui il pouvait se confier.

A l'issu de notre repas, on vint nous annoncer qu'un musulman, se disant envoyé par le nabab, demandait à nous parler.

Amoudou l'introduisit près de nous.

— Salam, saëb, nous dit-il ; je suis Cheik Mohamed, fils de Cheik Toffel, chasseur d'éléphants, je suis envoyé a près de vous par le rajah, pour vous guider à à vers les montagnes du Maïssour.

— Bien, lui répondis-je, as-tu tes hommes avec toi ?

— Je les ai, saëb.

— Combien ?

— Quatre, c'est assez.

— Soit, c'est ton affaire, et quel est le salaire habituel pour toi et tes rabatteurs ?

— Le nabab nous a défendu de rien accepter, nous sommes à sa solde.

— Bien, mais à titre de boxis (cadeau), nous ajouterons deux roupies par jour, pour toi et tes hommes.

— Salam ! les saëbs peuvent compter sur notre dévouement. Quand partons-nous ?

— Demain, au point du jour.

— Nous serons prêts. Saëb veut-il me permettre une demande?

— Je t'écoute.

— Les saëbs ont des domestiques indous, un musulman ne peut être sous les ordres des indigènes, je désire n'obéir qu'aux saëbs.

— Soit, mais le chef de mes serviteurs est musulman comme toi, et lui seul te transmettra nos ordres.

— Salam, saëb, puis-je me retirer?

Je fis un simple signe de tête, accompagné d'un geste d'acquiescement, et Cheik Mohamed sortit.

Le lendemain, nous quittions Maïssour dans notre ordre accoutumé. Les charrettes à bœufs et les vindicaras en tête, les deux dobachys, Amoudou et Tinou, auxquels s'était joint Cheik Mohamed ; venaient ensuite M. X... et moi : nous marchions au centre, et, à l'arrière, Nalla-Tamby conduisait les quatre rabatteurs de notre guide.

Le même soir, nous atteignions les premiers plans des montagnes de Goury; tout signe de civilisation avait peu à peu disparu : plus de rizières, plus de cultures, rien que d'immenses vallées incultes et d'épaisses forêts, asile des éléphants sauvages, de la panthère noire et du jaguar. C'était la première fois que nous allions faire une excursion sérieuse dans les montagnes et les vierges forêts de la côte Malabare, et nous nous sentions envahis par une curieuse émotion. J'avais déjà traversé deux fois la chaîne des Gattes, en allant de Goa à Bedjapoor, et de Bombay à Ellora, mais j'avais effectué le passage de ces chaînes dans leurs parties les moins larges et les moins périlleuses ; deux jours au plus avaient suffi pour cette traversée, qui n'avait pas été sans surprises et sans alertes, et nous allions y passer quinze jours, un mois peut-être. C'était le cas de veiller à sa carabine, car il était impossible que dans ces lieux où les fauves vivent en paix au milieu d'inaccessibles repaires, nous ne rencontrions pas l'occasion forcée de nous mesurer avec eux. Quels étranges concerts surtout devaient bercer nos nuits, quand la voix de l'éléphant sauvage, se mariant au rugissement du tigre, roule dans le profond des vallées, répercutée par l'écho, comme les grondements du tonnerre.

Et chaque jour, quelles rencontres imprévues !

Plusieurs volumes seraient insuffisants pour narrer convenablement toutes les péripéties de cette excursion dans des lieux qu'aucun pied d'Européen n'avait certainement foulés avant nous, et qui dura près de cinq semaines.

La grande affaire était pour nous le campement du soir.

Les anciens rajahs de race indoue ont fait construire de distance en distance, dans ces montagnes, des tours carrées en briques pour servir d'asile aux voyageurs, mais il fallait les atteindre et surtout les trouver, et malgré leur connaissance des lieux, nos guides ne parvenaient pas toujours à nous y rendre avant que la nuit, si épaisse au milieu de ces forêts, ne nous enlevât toute possibilité de nous diriger.

Cela ne nous arriva que deux ou trois fois au plus, mais quelles nuits étranges nous passâmes serrés entre nos charrettes, l'oreille tendue et la main sur nos carabines, pendant que Cheik Mohamed et ses rabatteurs avaient trouvé un asile sur un des banians gigantesques de la forêt.

Chaque jour nous apporte des aventures nouvelles et des émotions diverses.

Un soir, nous allions atteindre le campement, harassés de fatigue; la course avait été longue, nous avions parcouru de grandes étendues de forêts et de marécages sans avoir rencontré d'autres hôtes de ces contrée, qu'une panthère noire tuée par M. X... et quelques chats-tigres.

La nuit venait, et les ombres qui couronnaient le sommet des banians et des grands palmiers nous annonçaient qu'il allait devenir dangeureux de s'attarder trop longtemps sous bois.

Déjà, nous apercevions dans le lointain la tour des rajahs choisie pour le campement de cette nuit... quand, tout à coup, Cheik Mohamed nous arrêta d'un geste.

— Écoutez, nous dit-il.

Nous prêtâmes l'oreille, mais à travers les mille bruits indéfinissables de la forêt je ne perçus que quelques cris lointains de chacals qui commençaient à sortir des fourrés pour quêter leur nourriture.

Le chacal est si commun dans les forêts et les jungles de l'Inde, que notre guide ne nous avait certainement pas arrêtés pour si peu.

Ses sens, plus exercés que les nôtres, devaient percevoir sans doute quelque bruit étrange qui ne parvenait pas jusqu'à nous.

Après quelques minutes d'une attention soutenue pendant lesquelles son visage sembla indiquer qu'il éprouvait une certaine anxiété, Mohamed se décida à parler.

— Il y a beaucoup d'éléphants en avant de nous, dit-il, tout un bauge peut-être.

Le bauge est une troupe d'éléphants sauvages sous la conduite d'un chef.

— A quoi peux-tu reconnaître, lui répondis-je, la présence de ces animaux?

— J'entends leurs cris, saëb, marchons doucement pour ne pas éveiller leur attention.

— Mohamed a raison, intervient Amoudou, ce sont les éléphants.

Vindicaras et rabatteurs qui s'étaient rapprochés de nous, accueillirent tous ces paroles par un geste d'adhésion.

Nous continuions, M. X... et moi, à ne rien entendre, mais une recommandation de cette nature a trop d'importance dans la jungle pour qu'on ne s'y conforme pas immédiatement.

Nous hâtâmes le pas en retenant notre souffle... Mohamed avait raison, au bout de quelques instants les cris qu'il venait de nous signaler nous parvinrent assez distinctement pour que nous puissions sans hésiter, nous aussi, les attribuer à des éléphants.

Notre guide était devenu soucieux.

— Ce n'est pas un campement de ces animaux, comme je l'avais cru d'abord, que nous allons rencontrer, fit-il à voix basse; regardez...

Nous étions parvenus à l'entrée d'une clairière assez vaste pour les lieux où nous nous trouvions; des tas d'ossements et de défenses d'éléphants gisaient de tous côtés, les uns à demi couverts par l'herbe et la mousse, les autres revêtus de lambeaux de chair desséchée.

Une odeur nauséabonde qui provenait de deux énormes corps en putréfaction, affectait désagréablement notre odorat depuis quelques instants, sans que nous ayons pu tout d'abord en deviner la cause.

— Quel est ce lieu ? demandâmes-nous au guide.

— C'est un cimetière d'éléphants, nous répondit-il d'un air mystérieux en donnant à sa voix une intonation singulière... Écoutez, les cris redoublent, et les éléphants conduisent peut-être quelqu'un des leurs au charnier.

Ce n'était plus des cris que nous entendions, mais des hurlements plaintifs et prolongés qui faisaient retentir à intervalles inégaux les arceaux de la forêt.

Au lieu de pénétrer dans la clairière, nous nous cachâmes dans un fourré, et voilà l'étrange spectacle qui se déroula sous nos yeux.

Une dizaine d'éléphants parurent tout à coup à l'autre extrémité de la clairière; au milieu d'eux marchait péniblement un colosse affaibli par l'âge et la maladie; pour l'engager à se presser, ses camarades le frappaient à coups redoublés de leur trompe. Le malheureux se rendit ainsi accompagné au cimetière de ses congénères; il employait ses dernières forces à venir se coucher sur le lit de mousse séculaire qui avait déjà vu blanchir les os de ses ancêtres.

Quand ce pauvre animal, qu'on était obligé de soutenir de tous côtés, parut être arrivé dans un lieu favorable, ses gardiens, l'abandonnant, lui imprimèrent une légère poussée, et le géant des forêts, qui depuis deux siècles peut-être se promenait à l'ombre des banians et des tamariniers, tomba en poussant un dernier hurlement plus éclatant, plus douloureux que les autres, puis il commença à râler, la mort approchait, et de tous côtés les aras, les merles métalliques et les petits singes noirs qui s'étaient déjà installés sur la branche où ils devaient passer la nuit, fuyaient en poussant des cris pleins de frayeur, pendant que les chacals faisaient entendre leurs glapissements joyeux dans les buissons...

Ils ne devaient pas attendre que le pauvre animal fût mort pour commercer à le dévorer.

Au moment où les éléphants se retiraient, une imprudence d'un des rabatteurs nous fit découvrir par les monstres dans le coin de la clairière ou nous étions abrités; ils fondirent sur nous sans hésiter.

— Que faut-il faire? fis-je rapidement au guide.

— Envoyez-leur un coup de carabine, me répondit-il, cela pourra les effrayer; si cela ne produit pas d'effet, il n'y a qu'à se réfugier dans les arbres.

Et donnant l'exemple, il s'élança dans un banian suivi de tous les indigènes, excepté Amoudou et Tinou qui, fidèles à leurs maîtres, n'avaient pas fait un seul mouvement.

Nous épaulâmes nos armes, M. X... et moi, et une double explosion ébranla l'espace.

Le troupeau d'éléphants s'arrêta subitement, et, se retournant de même, disparut avec la vitesse de l'éclair dans les profondeurs de la forêt.

Quand Mohamed nous rejoignit, il chercha à nous prouver qu'il ne s'était sauvé dans l'arbre que dans notre intérêt.

— Rien, nous dit-il avec un sang-froid merveilleux, n'aurait pu retenir les terribles animaux, s'ils avaient reconnu le grand chasseur d'éléphants, c'est pour cela que je me suis caché.

Il n'y avait rien à répondre, je me permis cependant de lui rire au nez pour lui prouver que nous n'étions pas dupes de sa hâblerie.

— Nous sommes fixés sur la bravoure de notre guide, me dit mon ami en souriant.

— Peut-être... mon cher compagnon, lui répondis-je, vous connaissez le tempérament des Indous, ils ne bravent guère le danger sans motifs.

— Bon, nous le verrons à l'œuvre alors.

— La profession qu'il a du reste embrassée témoigne au moins d'une certaine audace dans le caractère.

Nous gagnâmes la tour carrée des rajahs qui devait nous servir d'asile pour la nuit sans nouvel encombre, en nous entretenant de l'aventure dont nous venions d'être les témoins, et notre guide nous affirma, que toutes les stations d'éléphants avaient ainsi leur cimetière, où ils conduisaient leurs mourants à coups de trompe pour débarrasser leur bauge des émanations des cadavres en putréfaction.

Quand un des leurs vient à mourir de mort subite, ils le traînent jusqu'au lieu ordinaire de leur sépulture.

Mohamed était ce soir-là en veine de récit, et nous en profitâmes pour nous faire conter les choses les plus merveilleuses sur les mœurs des éléphants; ce soir-là, pour la première fois, il nous proposa une chasse à l'éléphant sauvage comme la plus merveilleuse et la plus attachante des distractions.

— Ceci demande réflexion, lui répondîmes-nous.

Mais depuis il ne se passa pas de jour sans qu'il ne revînt à la charge.

Impatienté, je lui dis : Écoute, Mohamed, pour rien au monde je ne voudrais avoir à me reprocher la mort d'un animal aussi utile et aussi intelligent... cette chasse est un véritable assassinat, on le tue à l'affût sans oser se mesurer avec lui, ni mon ami ni moi ne voulons entendre parler de pareilles destructions.

— Mais, saëb, qui vous parle de tuer un éléphant? Je me bornerai à le prendre dans une fosse, et pendant ce temps-là, à l'abri dans les hautes branches d'un multipliant, vous pourrez vous donner le curieux spectacle de voir comment ses camarades s'y prendront pour le délivrer.

— Tu nous réponds qu'il ne sera fait aucun mal à l'éléphant que tu surprendras?

— Aucun, par le Coran! et j'ajoute que pour nous cette chasse sera à peu près sans danger.

— Eh bien, Mohamed, nous en reparlerons.

— Il faudrait vous décider de suite, saëb, car il y a des préparatifs à faire.

Du regard je consultai mon ami, sa réponse fut affirmative.

— Fais ce que tu voudras, répondis-je à Mohamed, mais laisse-nous en paix pour ce soir.

— Bien, saëb, nous serons en chasse demain.

Il sortit en appelant ses rabatteurs.

— La chose semble trop lui tenir au cœur, il doit y avoir quelque chose là dessous, me dit M. X... en souriant.

— Comment, vous ne devinez pas ?

— Nullement, je l'avoue.

— Il compte sur une belle gratification s'il nous fait passer une journée agréable.

Ce spectacle, que Mohamed avait promis de nous donner sans effusion de sang, car pour rien au monde nous n'eussions voulu tuer un éléphant, ni être cause de sa mort, ne laissait pas que de piquer notre curiosité.

Rien n'est facile comme de creuser une fosse, c'est pour les Indous un jeu d'enfant que de la recouvrir de branchages et d'herbes, de façon à la dissimuler aux yeux de l'animal qu'on veut surprendre ; mais, cela fait, comment attirer l'éléphant hors de son bauge, l'éloigner de ses compagnons, et le faire tomber dans le piège ?... Voilà ce qui faisait pour nous le principal attrait de l'excursion projetée.

Le lendemain, ainsi que l'avait annoncé Mohamed, tout était prêt pour le départ.

A quelques milles de nous courait une immense vallée garnie de forêts impénétrables où l'éléphant devait trouver abondamment et les gras pâturages, et les asiles pleins d'arbres qu'il affectionne.

Mohamed, qui nous dirigeait vers les grands massifs qui bordaient la vallée, nous affirma qu'il connaissait, à une assez faible distance de la lisière de la forêt, un bauge d'éléphants auquel il n'avait pas rendu visite depuis plus d'une année, mais qui, d'après ses suppositions, ne devait pas être abandonné. Nul lieu n'était en effet plus favorable à un long campement de ces animaux. Cette partie de la forêt était abondamment pourvue de fruits, de jeunes pousses d'arbres que l'animal affectionne plus particulièrement, et de plus, elle était arrosée par une petite rivière claire et profonde dont nous remontions le cours, et où il devait trouver à s'abreuver et à prendre ces bains prolongés d'eau douce dont il est très friand et qui semblent faire partie de l'hygiène de l'intelligent colosse.

Sur le soir, nous campâmes à la lisière même de la forêt, en nous abstenant de tout bruit qui eût pu éveiller l'attention.

Nous ne fîmes même pas de feu pour préparer notre nourriture, et nous dûmes nous contenter de galettes de maïs et de millet que Nalla-Tamby avait confectionnées le matin.

Pour nous, il nous restait la ressource de nos conserves ; nous ouvrîmes une boîte de sardines et une de veau rôti, et nous dînâmes royalement sur l'herbe, avec un rare appétit, le meilleur des condiments.

Nous ne pouvions pas non plus allumer du feu pour éloigner les fauves pendant la nuit : c'eût été avertir les éléphants de notre présence, et la réussite de cette chasse était toute entière dans l'ignorance absolue de ces animaux à l'égard de notre projet, qui ne pouvait réussir que par surprise.

Que nous soyons seulement flairés, et nous nous exposions à être chargés par eux, ou à les voir quitter la contrée pendant plusieurs jours.

J'ai souvent fait cette remarque singulière, l'éléphant ne redoute aucun animal, il n'a pas davantage peur de l'homme, et cependant la présence des animaux les plus dangereux, comme le rhinocéros, leur plus mortel ennemi, n'agit pas sur lui comme celle de l'homme.

Quand les émanations du rhinocéros arrivent jusqu'à lui, il gronde de colère; il a hâte de voir son ennemi en face, de commencer le combat, dont il sort du reste presque toujours vainqueur; quand, au contraire, il a deviné la présence de l'homme, non seulement il ne cherche pas à rencontrer ce dernier, mais encore il s'enfonce dans le plus épais de la forêt pour l'éviter.

Éprouve-t-il pour l'homme une de ces terreurs mystérieuses qu'on ne peut expliquer? on le croirait, si ce n'était pas un fait démontré que l'éléphant sauvage charge l'homme avec fureur dès qu'il l'aperçoit devant lui.

Et cependant, il y a quelque chose là qui demande à être élucidé; l'émanation humaine chasse l'éléphant de son bauge, du lieu où il a l'habitude de paître, de se reposer, de son village enfin, et cependant la présence de l'homme, quand il peut la constater de l'œil, le met en fureur.

Je signale le fait; il est d'accord avec tout ce que m'ont conté les indigènes de l'Inde et de Ceylan, avec tout ce que j'ai pu observer moi-même... mais je ne me charge pas de l'expliquer.

Donc, nous devions prendre les plus grandes précautions pour que l'animal que nous allions troubler dans ses domaines ne pût ni nous deviner, ni nous apercevoir.

Une nuit sans feu pour éloigner les fauves est une nuit dangereuse passée dans les forêts des Gattes du pays Malabare.

Mohamed choisit prudemment pour nous installer un espace assez dépourvu de broussailles, pour nous permettre de voir autour de nous, et assez éloigné du cours d'eau que nous avions suivi pendant le jour, afin de ne point disputer ainsi leur abreuvoir aux tigres et aux panthères.

Notre hamac fut installé par nos dobachys, sur le conseil du guide, une à hauteur vertigineuse, et nous dûmes, pour parvenir à nous glisser dans les mailles du filet protecteur, faire de véritables prouesses de gymnastique. Nous y parvînmes cependant; mais ce hamac, accroché à au moins cinq mètres du sol, pour nous mettre à l'abri des fauves, présentait un autre danger; le moindre faux mouvement, en dormant, pouvait nous précipiter en bas, et sans nul doute, en pareil cas, nous nous serions brisé les reins ou tout au moins gravement blessés.

Une fois couchés, nous n'osâmes plus bouger, et cette fatigante perspective d'une chute nous eût certainement fait passer une nuit sans sommeil, si nous n'eussions trouvé le moyen de remédier à cet inconvénient.

Dans nos approvisionnements de voyageurs nous avions des pelotons de ficelle de différentes grosseurs, je recommandai à Amoudou de nous en jeter chacun un, à mon ami et à moi, et nous nous mîmes à réunir tranquillement commé par un lacet les deux côtés du hamac.

Nous pouvions, en cet état, nous serrer à volonté dans notre enveloppe de mailles, et toute espèce de chute était devenue entièrement impossible.

Tout ceci avait été fait rapidement avant la nuit, ces précautions eussent été impossibles à prendre après le coucher du soleil.

Amoudou, Tinous le meti, les deux vindicaras, Mohamed et ses hommes s'étaient installés comme ils l'avaient pu sur les arbres voisins, car il eût été du plus imprudent pour eux de passer la nuit à terre.

Tant que dure la nuit dans ces immenses forêts, les fauves sont en chasse pour quêter leur nourriture, ils courent le nez au vent, prêts à saisir la moindre émanation qui viendra leur révéler la présence d'une proie.

Par contre, tout fuit devant eux, tout se cache à leur approche; l'acharnement qu'ils mettent à la poursuite, leurs victimes le mettent à s'y soustraire; aussi, peut-on dire avec raison, qu'à part les jours de grandes aubaines, quand jaguar ou tigre tombe sur quelque buffle écarté du troupeau, le fauve est presque toujours affamé.

Mais il est très rare que les buffles se laissent surprendre : ils s'en vont, ces grands ruminants aux noirs museaux, par troupe de plusieurs milliers; le jour ils pâturent jusqu'au ventre dans l'herbe de la jungle, mais sans se séparer; au premier cri d'alarme tous relèvent leur large front aux longues cornes tordues et acérées, les petits et les mères au centre, toute la troupe s'ébranle comme un roulement de tonnerre; malheur au tigre ou à la panthère qui est venu la troubler au passage, vingt, quarante, cent mâles se précipitent sur l'importun, l'enlèvent sur leurs cornes, le lancent dans les airs, le reçoivent, le rejettent, le déchirent et finissent par le fouler aux pieds, hurlant de douleur, ensanglanté et impuissant.

Quand la nuit arrive, le troupeau serre ses rangs, toutes les bêtes s'accroupissent dans l'herbe; en avant sont les plus fortes, les plus expérimentées, et si d'aventure le fauve croit pouvoir profiter de l'ombre et du silence pour égorger une de ces magnifiques proies, il trouve en un clin d'œil tout le monde debout et prêt à la défense.

Quels combats alors se livrent dans les jungles... Les buffles, aveuglés par la colère, frappent à tort et à travers, et souvent se donnent des coups de cornes entre eux, mais généralement le fauve est tué avant qu'il ait pu s'emparer d'un seul des petits.

Oh! les rudes nuits que les nuits de la forêt vierge! quels étranges concerts on y entend lorsqu'à l'abri de tout danger immédiat, on peut, soit sur un des arbres géants de ces forêts, soit dans une embarcation que l'on laisse dériver au fil de l'eau sur quelque fleuve aux sources mystérieuses, percevoir les mille bruits de la jungle! quelle émotion singulière vous étreint soudainement la poitrine, quand tout à coup un rugissement sonore parti de la vallée ou du rivage, vient vous tirer de la rêverie à laquelle votre esprit s'était livré... A ce premier rugissement succède un autre, puis un autre encore : le mâle appelle sa femelle qui lui répond, puis c'est une voix menaçante qui s'élève, comme pour dire au tigre qui a commencé : Prends garde de chasser sur mes terres, et l'on entend l'éléphant sauvage pousser à intervalles inégaux ses notes graves et prolongées.

Mais bientôt tout se tait : c'est un troupeau d'éléphants qui vient à l'abreuvoir; il a changé de bauge le matin, et toute la journée il a marché sous les ardeurs du soleil, à la recherche d'une source d'eau vive et claire, car l'éléphant préfère ne pas boire que de s'abreuver à l'eau des étangs.

La nuit est venue, la troupe ne s'est pas arrêtée, il lui faut de l'eau avant de choisir le campement, de l'eau pour les petits qui geignent près de leur mère, après avoir bu jusqu'à la dernière goutte de leur lait... mais les émanations fraîches sont arrivées, l'eau n'est pas loin, les mâles qui sont en éclaireurs la sentent; le murmure du ruisseau ou du fleuve arrive à leurs oreilles; ils se hâtent de pousser leur joyeux appel, que toute la troupe répète avec empressement; tous accourent, mais en même temps, les buffles, les fauves, les tigres, les panthères s'enfuient dans les hautes herbes et cèdent la place au véritable roi des forêts, à l'éléphant, dont tous reconnaissent la supériorité.

Et pendant que les grands proboscidiens s'abreuvent à longs traits, eux et leurs petits, des milliers de cris étranges et mélancoliques se font entendre de tous côtés; ce sont les chacals qui, cachés dans les hautes herbes, saluent de leurs plaintes pleines de terreur la présence des géants des forêts.

Que d'affreux souvenirs nous laissent ces nuits étranges où la mort nous environne de toutes parts à la moindre imprudence, et comme on les préfère avec leurs émotions, leurs dangers, à ces froides nuits de l'Occident, où la lune n'éclaire plus que des montagnes de bois et des cheminées d'usine, des trains de chemins de fer qui passent en sifflant, près des gardes-barrières qui les saluent d'un oripeau rouge.

Que de souvenirs attachants, singuliers, à ces heures actuelles du repos, reviennent parfois me troubler et me pousser à reprendre mon existence de voyageur! Mais l'âge des longs jours de fatigue et des nuits sans sommeil s'est envolé... *N'empêche*... C'était bien beau.

Je m'en allais avec quelques indigènes, le revolver à la ceinture, la carabine à l'épaule, à travers les jungles de l'Inde, de la Birmanie, de Bornéo, de l'Afrique australe, insouciant des bruits du monde et des luttes des civilisés, plus terribles que les luttes des fauves, mangeant à tour de rôle le carry, le bouillie de millet, le manioc, les galettes à la pâte d'igname, le maïs grillé ou le mouton au couscoussou, heureux de vivre pour moi, et d'user mes jours aux grands spectacles de la nature... Ce temps s'est écoulé... n'y pensons plus que pour graver ici les émotions si diverses de ma jeunesse...

Mohamed ne s'était pas trompé dans ses prévisions, car plusieurs fois pendant cette nuit, les cris des éléphants parvinrent jusqu'à nous.

Dès que le jour parut, notre guide se mit à la besogne avec ses rabatteurs. A environ un mille du lieu où nous avions campé se trouvait une vieille fosse de chasse qui lui avait servi l'année précédente, et son intention était de l'utiliser pour ses projets.

Il descendit dans la fosse avec ses indigènes et se mit à la déblayer. Ce fut l'affaire de quelques heures de travail pour la rendre de nouveau propre à la chasse que nous étions venus faire.

Cette fosse était située dans un lieu qui n'était plus fréquenté comme passage par les éléphants, Mohamed nous l'apprit et cela ne fit que redoubler la curiosité avec laquelle nous assistions à ses préparatifs.

— A quoi reconnais-tu, demandai-je au guide, que les éléphants ne fréquentent plus cette partie de la forêt?

— A cela que tous les arbustes y sont intacts, signe qu'ils ne se sont plus frayé de passage par là depuis de longs mois; les jeunes arbres y sont tellement pressés du reste que cela seul est une preuve qu'ils n'y sont pas encore revenus pour y chercher leur nourriture.

— A quoi pourra alors te servir ta fosse, s'ils ont perdu l'habitude de fréquenter ces parages?

— Je saurai bien les attirer ici.

18.

Je n'insistai pas, car je vis parfaitement qu'il entrait dans l'intention de Mohamed de jouir de ma surprise.

Le soir venu, le guide, après avoir recommandé aux vindicaras et à Nalla-Tamby de rester au campement et de bien se garder de laisser les buffles pénétrer sous bois, nous emmena mon ami et moi ainsi que nos deux dobachys, dont nous n'avions pas voulu nous séparer, au milieu de la forêt, à quelques mètres seulement de la fosse qui avait été de nouveau installée en piège.

Près de là se trouvaient une dizaine d'énormes banians ; nous choisîmes le plus gros, le plus évasé, et nous nous installâmes tous dans le cœur de cet arbre géant, à l'endroit où toutes les branches maîtresses se séparaient du tronc.

Une seule chose fera comprendre à quel point nous nous y trouvions à l'aise : on eût parfaitement pu, entre les branches, installer une table de dix couverts.

Pour augmenter notre sûreté, M. X... et moi, nous passâmes une corde à notre ceinture de chasse, et nous l'assujettîmes, sans gêner la liberté de nos mouvements, à une branche supérieure.

Nous n'avions ainsi, quoi qu'il pût arriver, aucune crainte de tomber.

A tout hasard nos dobachys avaient apporté deux caisses de provisions diverses et quelques bouteilles de rhum.

La fosse déblayée avait été d'abord garnie de longs bambous dont les extrémités étaient dissimulées dans les terres, puis de feuilles de palmiers, et sur ces feuilles, Mohamed et ses hommes avaient placé de larges mottes de terre garnies d'herbe. C'était à s'y méprendre, même pour ceux qui avaient vu confectionner ce chasse-piège.

Après nous avoir installés convenablement, notre guide et ses hommes, à la chute du jour, s'enfoncèrent sous bois, sans nous donner aucun éclaircissement sur la suite de notre aventure.

Au bout de quelques heures d'attente, pendant lesquelles mon compagnon et moi nous cherchions à percevoir et à comprendre les moindres bruits qui nous arrivaient de la forêt, nous entendîmes tout à coup dans le lointain une série de cris aigus, comme les éclats d'une trompe maniée par un joueur inhabile; puis tout rentra dans le silence.

Cinq minutes après environ, les mêmes cris se firent entendre de nouveau, et il nous sembla que, dans le lointain, un éléphant sauvage avait de sa voix sonore répondu à cet appel singulier.

Même temps d'arrêt, et répétition de la même scène; mais, cette fois, nous ne nous trompions pas, et nous distinguâmes parfaitement le cri des éléphants.

Les notes criardes qui continuaient à les précéder restaient néanmoins incompréhensibles pour nous.

Et ces cris, et les rugissements qui leur répondaient, s'avançaient sensiblement de notre côté.

Mais bientôt le silence se fit complètement.

Nous prêtions l'oreille avec avidité à toutes les péripéties de cette scène étrange, près de dix minutes s'écoulèrent sans qu'aucun son traversât l'espace.

Tout à coup, nous entendîmes comme une sorte de bruissement dans les arbustes qui nous environnaient, et le son criard de la trompe, qui nous avait tant intrigués, retentit de nouveau, au dessous de l'arbre qui nous servait d'abri.

Cette fois, nous comprîmes tout... Pour ma part j'avais vu souvent dans l'Inde des jeunes éléphants élevés dans les habitations, et leurs cris de détresse, quand ils craignaient d'être battus pour quelques méfaits, était trop connus de moi pour que je pusse m'y tromper.

J'en fis la réflexion à mon ami, qui fut entièrement de mon opinion.

— On dirait un jeune éléphant surpris en faute, fit-il.

Mais nous ne pouvions supposer qu'un jeune éléphant pût seul, la nuit, se diriger de notre côté.

Ce fut un trait de lumière pour moi et je pensai immédiatement que c'était là le moyen dont usait Mohamed pour attirer quelque éléphant du troupeau à sa suite, et le faire tomber dans l'embuscade qu'il lui avait tendue.

Je ne me trompais pas, car ayant poussé le vocable habituel :

— Qui est là ?

— C'est nous, répondit immédiatement la voix du guide, mais silence !

Je me le tins pour dit.

Dans le lointain, la grande voix d'un éléphant avait de nouveau répondu.

Mohamed poussa trois fois encore son cri d'appel de jeune éléphant en détresse, puis il nous dit rapidement :

— Ne vous effrayez pas, saëb, nous monterons dans l'arbre.

Quelques secondes en effet s'étaient à peine écoulées que le guide et ses quatre hommes étaient installés près de nous.

Aussitôt les cris des jeunes éléphants recommencèrent de plus belle, poussés à tour de rôle par Mohamed et ses indigènes, avec une telle perfection que je compris qu'un animal de la même race pût s'y méprendre à distance; c'était merveilleux d'imitation.

Nous sûmes le lendemain que les cinq indigènes, pour imiter ces sons, se servaient d'une espèce de trompe en roseau qui leur permettait de changer complètement la nature du son de la voix humaine.

A partir de ce moment, appels imitant ceux du petit en détresse, réponse du mâle ou de la femelle envoyée à sa recherche, se succédèrent sans interruption.

— C'est merveilleux, fis-je à Mohamed.

— Ce n'est rien encore, répondit ce dernier, c'est quand l'éléphant qui cherche le petit qu'il croit égaré va être à deux pas de nous, qu'il va falloir redoubler d'adresse.

— Comment cela ?

— Le saëb ne comprend pas ?

— Je crois entrevoir que les cris d'imitation devront être plus perfectionnés encore, car il est plus facile de tromper à distance qu'à quelques pas, et il faut obsolument que tu amènes l'éléphant dans la fosse sans qu'il se doute du stratagème.

— Ce n'est pas tout.

— Explique-toi.

— Attendez que je donne la réplique, c'est à mon tour.

En prononçant ces mots, Mohamed lança ses deux coups de trompe et reprit la conversation.

— Je suis à vous, me dit-il aussitôt.

— Je t'écoute.

— Quand l'éléphant sera assez près de nous pour que le petit perdu, s'il existait réellement, pût se sentir sur le point d'être délivré, il faudra changer les cris de détresse en cris de joie, car l'éléphant est très fin, et il ne comprendrait pas que le petit continuât à geindre à son approche.

— C'est merveilleux.

— Mohamed est un grand chasseur, fit le musulman en se rengorgeant, le plus grand chasseur d'éléphants de la contrée.

— Nous n'en doutons pas.

— Je suis depuis dix ans le chef des chasses du rajah de Mysore.

— Et qui sera chargé de pousser ces cris d'allégresse?

— Moi seul!... on ne trouverait pas deux hommes, sur toute la côte, capables de donner ainsi le change à un éléphant; maintenant, cessons de parler, notre proie approche.

Mohamed adressa quelques mots rapides à ses hommes, et le silence ne fut plus troublé que par les cris d'appel qui continuaient de plus belle, et les réponses de l'éléphant.

Je compris que le guide avait donné l'ordre à ses hommes de se taire, car à partir de ce moment, lui seul répondit à l'animal qui s'approchait de plus en plus.

Bientôt nous pûmes entendre le bruit que faisait le colosse en passant à travers les arbres que son corps faisait ployer de temps à autre; il s'arrêtait pour briser un jeune arbre qui le gênait dans sa marche, nous entendions alors le bruit sec qu'il produisait, puis il continuait à se rapprocher de nous.

Chose singulière, chaque fois que Mohamed poussait ses cris, nous n'entendions plus rien pendant quelques secondes, puis la réponse nous arrivait claire et sonore.

Sans doute avant de continuer sa marche en avant, l'éléphant humait l'air pour distinguer les émanations qui lui arrivaient, mais nous ne risquions pas d'éveiller sa méfiance, notre guide ayant eu soin de nous placer à contre vent.

Nous commencions déjà à pouvoir apprécier par le bruit de ses pas la distance qui nous séparait de l'animal, lorsqu'il sembla s'arrêter.

Deux énergiques cris de détresse restèrent sans réponse.

Nous avait-il éventés?

Je n'osais communiquer cette pensée ni à mon ami, ni au guide Mohamed, dans la crainte d'être entendu de celui que nous cherchions à attirer dans le piège.

Je ne saurais dire à quel point ce silence était émouvant.

La nuit était si complète qu'il n'était même pas possible de distinguer la branche d'arbre à laquelle nous étions attachés.

C'était une de ces nuits si sombres, qu'on eût dit que la lumière s'était pour jamais retirée de la terre.

Cela dura deux minutes à peine, mais ce silence et cette obscurité, aussi complets l'un que l'autre, me donnaient la sensation d'un léthargique se réveillant tout à coup dans un caveau funéraire.

A un moment donné, j'eus comme une sensation de vertige, je me cramponnai à la branche de banian à laquelle j'étais attaché, tellement il me sembla que j'allais tomber.

Je compris alors combien était bonne la précaution que j'avais prise de m'attacher à l'arbre, sans cela, je ne puis répondre de ce qui fût arrivé. Je revins vite à moi, cependant.

Effet singulier de la situation, j'appris le lendemain que mon ami avait partagé les mêmes sensations.

Je pensais que Mohamed allait continuer à amorcer l'éléphant, il n'en fut rien : la lutte d'habileté commençait.

L'adversaire du guide fut vaincu.

Ce silence dut finir, en effet, par lui peser beaucoup plus qu'à nous, car au bout de peu d'instants, il sembla donner quelques signe d'inquiétude.

Des ronflements très accentués, qui sont chez cet animal des marques évidentes d'inquiétude, ne tardèrent pas à se faire entendre, et Mohamed jugea sans doute que le moment d'intervenir était arrivé, car il fit entendre un cri plus strident que les autres qui se répercuta en échos prolongés dans la forêt.

L'éléphant répondit immédiatement par une note plus adoucie, presque un appel maternel.

— C'est une femelle, me dit rapidement le guide à voix basse.

— A quoi le reconnais-tu?

— Aux cris qu'elle vient de proférer, c'est ainsi que l'éléphant appelle ses petits; et, sans plus attendre, Mohamed répondit par une série de petits grognements criards, représentant avec une perfection à s'y méprendre ceux que pousse le jeune éléphant à l'approche de sa mère.

A partir de ce moment, ce ne fut plus entre l'éléphant qui s'approchait et notre guide qu'un échange des notes les plus tendres.

A chaque cri nouveau, Mohamed modulait une réponse nouvelle.

C'était réellement un grand artiste parmi tous les chasseurs d'éléphants, que cet homme qui trompait un animal avec les cris de sa propre race.

Le dénouement ne pouvait tarder.

Quand le guide vit le moment propice, il se mit tout à coup à pousser des hurlements singuliers, comme si le petit animal qu'il représentait eût éprouvé quelque souffrance imprévue.

L'éléphant poussa aussitôt un rugissement menaçant, et nous l'entendîmes s'élancer au secours

de celui qu'il devait croire menacé par un ennemi inconnu. Il renversait et brisait avec fureur
tous les obstacles qui le gênaient dans sa course.

Tout à coup il fit entendre un cri terrible, il
venait de tomber dans la fosse.

— Il est pris, fit Mohamed en poussant un cri
d'allégresse.

La pauvre bête, que ses bons instincts, son
amour pour les petits de sa race venaient de faire
prendre si piteusement au piège, en entendant
ces sons qui lui étaient inconnus, se mit à mugir
tristement, c'était à fendre l'âme.

Le pauvre gros colosse faisait des efforts
extraordinaires, dont les effets arrivaient jusqu'à
nous, pour tâcher de sortir de la fosse où il était
tombé.

Peine perdue, le piège qui lui avait été tendu
était construit selon toutes les règles de l'art, par
un homme qui en faisait son métier, et seul, il
devait renoncer à l'espoir de sortir de cet espèce
de silo, où il ne pouvait se mouvoir par défaut
d'espace.

Ce qui complète la perfidie de ces engins, c'est
qu'ils sont toujours construits entre deux gros
arbres, et dans une situation telle que l'animal ne
peut s'écarter, et doit fatalement tomber dans
l'embuscade.

Mohamed n'était point d'un cœur généreux,
comme tous les musulmans du reste qui ne font

rien que par calcul ou ostentation. A peine les cris de triomphe des indigènes eurent-ils cessé que pour narguer sa victime, il se mit de nouveau à pousser les mêmes appels de détresse, qui avaient attiré le pauvre colosse dans ses filets.

Cela nous fit mal, et nous lui intimâmes l'ordre de se taire.

Avoir pitié d'un ennemi vaincu à la guerre est une chose qui n'entrera jamais dans le crâne d'un Indou musulman, mais montrer quelque générosité pour un pauvre animal qui souffre est une chose qui lui paraîtra suprêmement ridicule, et nous fûmes obligés de réitérer notre ordre pour être obéis.

Cette dureté du musulman envers les animaux est une des choses qui contribuent le plus à le faire détester par ses compatriotes du culte brahmanique.

Mohamed ne se tut pas sans réflexion.

— Est-ce que le saëb a peur de faire pleurer l'éléphant? me demanda le drôle en éclatant de rire.

— Écoute, maître Mohamed, lui répondis-je, sans perdre mon temps à des discussions oisives, s'il t'arrive jamais de transgresser mes ordres, je te promets, tout chasseur du nabab de Maïssour que tu sois, la plus belle volée de bois vert que tu auras jamais reçue de ta vie... Et c'est ton coreligionnaire Amoudou qui, sur un signe de moi, se fera le plus grand plaisir de te l'administrer : cela est arrivé à de plus grands personnages que toi, tiens-toi-le donc pour dit.

— C'est bien, saëb, je suis à vos ordres, je suis payé pour me taire comme pour parler, à votre choix, pour agir ou me reposer, et je dois vous obéir.

— Je t'engage à ne plus l'oublier.

— Oui; mais j'engage le saëb à ne plus me menacer du rotin : Mohamed est de la race des conquérants de ce pays, et il ne se laisserait point frapper.

— Allons, je vois que tu tiens à ta correction.

— Prenez garde, saëb.

— Quel dommage qu'il fasse nuit, je te la ferais administrer de suite, mais tu ne perdras rien pour attendre, au point du jour tu recevras ton affaire, dix coups de rotin sur le bas des reins.

— Nous sommes cinq, saëb.

— Eh bien, si tes hommes s'avisent d'intervenir, ils recevront aussi la bastonnade, et, quant à toi, si tu ne te tais pas à l'instant, je te jette en bas de l'arbre à coups de revolver.

— Mohamed se tait, saëb.

Quelques lecteurs penseront sans doute que j'étais fort imprudent en parlant ainsi ou tout au moins que j'avais dépassé les bornes; je leur répondrai simplement que dans l'intérieur de l'Inde, le voyageur qui veut se faire respecter de ses guides musulmans ou autres, ne doit pas leur permettre la moindre réflexion sur ses ordres, l'indigène doit être tenu exactement dans le respect de celui qu'il conduit, et quand il manque, il doit être rappelé rudement à l'ordre, même par une correction manuelle, sans cela le voyageur est bafoué par le dernier des pariahs.

Ce n'est pas que l'Européen puisse avoir comme en Afrique la crainte d'être assassiné par ses guides; non, les Indous ont de mœurs plus douces, mais il peut lui arriver, s'il ne sait se faire craindre et respecter de ses serviteurs, d'être une belle nuit abandonné par eux tous, et laissé dans un lieu désert dont il ne saura comment sortir avec ses bagages et sa charrette à bœufs.

La nuit entière s'écoula dans le calme. Le pauvre éléphant ne cessa pas une minute ses infructueuses tentatives pour revenir à la liberté; cela me navrait réellement de l'entendre souffler et se plaindre, et franchement je trouvais le plaisir que j'avais voulu me procurer, cruel et barbare. Au milieu de toutes les réflexions qui venaient m'assaillir, j'en étais à me demander si le pauvre animal n'était pas victime de son amour maternel, et je me forgeais un petit roman qui était des plus probables : je voyais une des femelles du troupeau qui, n'apercevant pas son petit près d'elle, s'était mise à sa recherche; les cris de Mohamed et de ses hommes étaient venus la troubler, l'égarer ; elle avait suivi une fausse piste et s'était fait prendre.

Je dis que mon roman est probable, et ce n'est pas roman que je devrais dire, car si cette supposition n'est pas la vraie, l'autre est aussi touchante, aussi intéressante pour l'intelligent animal, car alors les cris d'appel imités par Mohamed ont été entendus dans le bauge et un des chefs aura ordonné à notre victime d'aller chercher le petit égaré.

Dans un cas comme dans l'autre, la pauvre bête était sacrée pour nous, et nous nous promîmes bien, M. X..., et moi, de ne pas permettre à Mohamed et à ses rabatteurs de lui faire le moindre mal.

Nous nous doutions parfaitement de l'assaut que nous allions avoir à soutenir au point du jour, car les deux défenses de la bête étaient une véritable richesse pour nos gens, et ils allaient certainement nous demander la permission de tuer l'animal pour s'en emparer ; je connaissais trop bien les gaillards pour douter un seul instant qu'ils ne cherchassent à éluder leurs promesses de la veille.

Mais nous n'étions partis pour cette chasse qu'à cette seule et unique condition, et j'étais fermement résolu à faire respecter notre autorité.

Pour éviter du reste toute surprise, M. X... fut de mon avis qu'il fallait traiter la question avant le jour, c'est-à-dire avant que nos Indous ne pussent agir par traîtrise, et couper le jarret de l'éléphant avant que nous ayons pu nous y opposer ; dans ce cas, en effet, il vaut mieux laisser achever la pauvre bête, que de la condamner à mourir de souffrances à la suite de cette atroce blessure.

Je pris le parti d'aller au-devant de tout acte semblable.

Depuis quelques instants déjà, Mohamed et ses hommes parlaient, gesticulaient en langage kanora, parler qui nous était inconnu dans son ensemble mais qui, comme tous le dialectes de l'Inde, possède une foule de mots sanscrits. Nos hommes ignoraient cette circonstance, ce qui me permit de suivre non le détail, mais le sens général de leur conversation, où les mots d'éléphant, d'ivoire, de mort, et de roupie revenaient à chaque instant.

Il est évident qu'ils calculaient combien la mort de l'éléphant pourrait leur rapporter, et qu'ils cherchaient par quel moyen ils pourraient soit obtenir la permission de percer le pauvre animal, qui geignait à quelques pas de nous, à l'aide de flèches empoisonnées, soit endormir notre surveillance.

J'allais interrompre le colloque pour demander en tamoul à Mohamed quelle était la chose qu'ils avaient intérêt à nous cacher, puisqu'ils se servaient d'un dialecte que nous ne comprenions point, lorsque le guide, prenant audacieusement les devants me dit :

— Savez-vous, saëb, ce que disent ces quatre hommes que j'ai engagés ?

J'allais répondre que je l'ignorais, ne connaissant pas leur langage, lorsque l'idée me vint subitement d'intriguer le drôle.

— Certainement que je le sais, répondis-je avec un aplomb à déconcerter mon interlocuteur.

— Alors, saëb, répondit ce dernier en hésitant, comprend la langue du kanora.

— Oui; celle-là et bien d'autres.

Du temps que j'y étais cela ne me coûtait pas plus de prendre des airs de polyglotte. Du reste, je n'exagérais pas tout à fait, parlant le tamoul et le bengali.

— Alors, saëb, reprit l'effronté coquin, peut répéter à Mohamed ce que nous venons de dire.

Je suivis mon inspiration.

— Je puis te le répéter à la lettre.

— Mohamed serait bien heureux de l'entendre.

— Eh bien, ouvre tes larges oreilles, maître fripon, voilà ce que vous disiez : tes compagnons t'ont demandé s'il ne valait pas mieux tuer l'éléphant pour profiter de ses *défenses* que de le laisser dans la fosse, et tu as répondu que tu ne demandais pas mieux, mais que tu craignais notre colère, parce que tu avais solennellement juré par le Coran qu'il ne serait rien fait à l'animal. Est-ce bien cela ?

— Oui, saëb, répondit le guide d'un air piteux.

— Ils t'ont alors proposé, n'ayant rien juré, eux, de lui décocher une flèche empoisonnée sans que je m'en aperçoive, et une fois l'éléphant mort, nous ne ferions aucune difficulté, mon ami et moi, ont-ils affirmé, de le leur abandonner. Eh bien, comprends-je le kanora ?

— Oui, saëb, vous le comprenez.

— Alors tu leur as dit : si le Franguy vous voit, il vous brûlera la cervelle avec son revolver... sur cela, les quatre polissons t'ont répondu qu'il fallait envoyer promener les Franguys, qu'ils n'étaient pas les maîtres de la forêt, que les éléphants étaient aux Indous et ils ont ajouté par pure fanfaronnade, car ils sont incapables de nous regarder en face : Si les Franguys font les méchants, eh bien, nous leur ferons comme à l'éléphant, nous les tuerons.

Je connaissais parfaitement le caractère hâbleur des musulmans indous, sans cela je n'eusse pas osé aller aussi loin, mais j'étais certain que les quatre rôdeurs des bois embrigadés par Mohamed, assurés de n'être pas compris par nous, avaient dû s'en donner à cœur joie et n'avaient reculé devant aucune exagération de langage... cependant je n'étais pas très sûr de n'avoir pas compromis ma science de linguiste en exagérant la conversation que je prétendais avoir comprise.

Aussi quel ne fut pas mon étonnement d'entendre la voix tremblante de Mohamed me dire :

— Pardon, saëb, c'était une plaisanterie ; on ne voulait pas vous tuer.

— Une plaisanterie ! m'écriai-je d'une voix de tonnerre ; eh bien, mes gaillards, cette plaisanterie vous coûtera cher.

Le temps avait passé rapidement dans cette nuit si tourmentée, si pleine des émotions les plus diverses, car cette scène n'était pas encore terminée que le jour commençait à paraître, et bien que les images de tout ce qui m'entourait fussent encore confuses, je commençai à distinguer la silhouette des quatre indigènes et de Mohamed.

Ce dernier se tenait dans une posture suppliante et résignée comme si sa dernière heure était arrivée.

Le jour comme la nuit, dans ces contrées, se montre sans aurore ou crépuscule appréciable, aussi la lumière ne tarda-t-elle pas à donner à tous les acteurs de ce petit drame des contours plus appréciables.

M. X... avait toutes les peine du monde à ne pas éclater de rire.

Pour moi, au fur et à mesure que le jour grandissait, je prenais une pose plus dramatique, et c'est la main sur mon revolver qu'au bout de quelques instant je répondis à Mahomed en fronçant les sourcils :

— Comme tu le vois, j'ai tout entendu, il est heureux que tu aies combattu le projet de se défaire de nous, que tes engagés avaient conçu, car j'allais vous casser la tête à tous les cinq s'il en eût été autrement.

Mais ce n'est pas tout, des hommes qui sont sous ta dépendance ont comploté contre notre vie, quelle peine méritent-ils d'après les lois de l'Inde ?

— Ils méritent la mort, répondit le guide d'une voix grave.

Dans ce moment Mohamed, qui croyait sa situation des plus compromises, aurait, avec la générosité des Orientaux, sacrifié tous ses rabatteurs pour s'éviter une fâcheuse aventure.

La loi du talion existe dans toute sa force barbare, dans ces contrés où la protection d'une autorité quelconque est complètement illusoire, et cette loi n'est en somme que le droit de légitime défense ; dans la jungle, la forêt vierge ou le désert, un homme dont la vie a été menacée par un autre a parfaitement le droit de le mettre à mort pour éviter de subir le même sort.

Il ne faudrait point trop tourner notre aventure au tragique, le prestige de l'Européen est tel sur les populations de l'Inde, que les assassinats d'étrangers y sont très rares. Cependant si Mohamed avait voulut prêter les mains à une tentative contre nos personnes, les quatre gredins qu'il avait enga-

gés eussent été parfaitement de taille à nous donner un mauvais coup par surprise.

De face c'était impossible ; jamais un Européen
n'a été tué dans l'Inde par un indigène dans un
combat singulier et face à face.

Dans un cas pareil, Stanley, cet espèce d'écu-
meur des forêts africaines, qui pour suivre le
cours du Congo a massacré plus de deux mille
noirs qui avaient le tort de ne pas comprendre sa
mission, n'eût pas hésité sans doute à faire un
exemple : il eût brûlé froidement la cervelle à un
des quatre noirs, et tout eût été dit.

Pour moi, je n'eus pas même l'idée que ce vague projet contre notre existence pouvait nous
constituer les justiciers de ces indigènes : j'ai plus
de respect que cela de la vie humaine, même dans
ses formes les plus inférieures, mais je me con-
cédais parfaitement le droit de leur infliger une punition exemplaire.

Mohamed attendait toujours ma décision.

— Qu'est-ce que saëb ordonne ?

— Tu vas connaître notre volonté.

— Saëb peut-être assuré que j'exécuterai tout ce
qu'il me dira.

— C'est bien. Tu n'aurais pas dû accepter de
prendre part à la conversation que j'ai entendue
cette nuit, mais enfin tu n'es point, je le répète,
coupable d'avoir voulu attenter à nos jours, nous
te pardonnons.

Mohamed, au comble de la joie, s'était jeté à nos genoux pour nous remercier.

— Relève-toi, fis-je au guide, et fais savoir à tes quatre engagés que pour les punir du projet qu'ils avaient tramé contre nous, ils vont recevoir chacun vingt-cinq coups de rotin, et fais-leur bien connaître que si un seul cherche à s'échapper, je lui brûlerai la cervelle avec mon revolver.

Mes paroles furent immédiatement traduites par Mohamed, et, chose extraordinaire, pas un des quatre misérables ne protesta, tellement ils avaient conscience d'avoir mérité une punition plus forte encore.

— Tu vas attacher ces quatre hommes à un arbre, fis-je d'un ton impérieux de commandement.

Mohamed n'eut pas fini de traduire mes paroles, que les quatre misérables s'étaient d'eux-mêmes placés à un arbre.

Tout à coup, l'un d'eux se retourna, adressa quelques paroles aux autres, qui inclinèrent la tête en signe de consentement, et il pria Mohamed de me communiquer leurs desseins.

— Saëb, fit le guide, ces quatre hommes veulent demander quelque chose à ta justice.

— Parle.

Je m'attendais à un recours en grâce, mais il n'en fut rien.

— Cet homme dit qu'ils ont mérité beaucoup

plus que cela, et il te remercie, au nom de ses camarades, de la légèreté de la punition ; il veut simplement te soumettre une proposition.

— Laquelle ?

— Ces quatre hommes vont recevoir chacun vingt-cinq coups de rotin, cent en tout, eh bien, ils viennent te demander la grâce de tirer au sort pour savoir quel est celui qui prendra les cent coups de rotin pour son compte.

Je trouvai, je l'avoue, la proposition originale et je voulus savoir quels motifs les avaient poussés à me la faire.

Mohamed les ayant interrogés me répondit :

— Ces quatre hommes ont une femme et des petits ; s'ils reçoivent chacun vingt-cinq coups de rotin, et ils s'attendent à ce qu'ils seront vigoureusement appliqués, ils vont être huit à dix jours sans travailler, chasser ou pêcher, et les femmes et les petits enfants auront faim.

Cette simple requête avait eu le don de m'attendrir plus que ne l'auraient fait toutes les jérémiades du monde ; cependant un point me parut suspect, et je résolus de l'éclaircir.

Je savais parfaitement que dans les basses classes, même parmi les musulmans de l'Inde, ce sont les femmes qui se livrent aux plus rudes travaux, et par conséquent, je me demandais si les gaillards ne cherchaient pas à abuser de mon ignorance de leurs usages.

Je posai la question à Mohamed.

— Saëb se trompe, me répondit le guide, ces hommes appartiennent à la caste des chasseurs et pêcheurs, et chez ces gens-là, comme les saëbs doivent le comprendre, les femmes ne peuvent que faire la cuisine et soigner les petits enfants : elles ne travaillent jamais au dehors.

— Mais alors il y en aura un dont la famille souffrira, celle de celui qui va payer pour tous.

— Non, car les trois autres viennent de s'engager, dans l'incertitude où ils étaient de celui qui serait désigné par le sort, à remettre à la femme du condamné le tiers du salaire qu'ils touchent de moi, pendant tout le temps de l'engagement et après, si l'homme n'est pas guéri, le tiers de leur chasse et de leur pêche jusqu'à ce qu'il puisse reprendre son travail.

— Et tu crois qu'ils tiendront parole?

— Oh! saëb, ces choses-là se font très souvent ici, et jamais un Indou, un musulman surtout, n'a manqué à la parole donnée.

A partir de ce moment je venais de prendre une décision nouvelle, mais je voulais pousser la leçon jusqu'au bout.

— Soit, j'accepte, fis-je à Mohamed.

Quand ce dernier eût fait connaître ma décision aux indigènes, ils vinrent en signe de remerciement faire des salam à mes pieds, puis ils interrogèrent le sort, comme le font nos enfants à l'aide de trois fétus de paille d'inégale grandeur.

Le sort eut vite prononcé.

Celui qui était désigné désagrafa son pagne, le confia à un de ses compagnons, et s'en fut auprès de l'arbre où il devait être attaché.

— Pourquoi se défait-il de son pagne ?

— Parce qu'il est fort pauvre, et ne pouvant s'en acheter un autre, il ne veut pas risquer de le faire déchirer par les coups de rotin.

Tout cela était dit et fait sans pose, sans ostentation. Il avait comploté en plaisantant, sans doute, la mort des Franguys, et les Franguys se vengeaient ; tout cela était dans l'ordre, mais il était pauvre, et il avait préféré la chance de quadrupler son châtiment, de mourir peut-être, car cent coups de rotin ne sont pas une petite affaire, à voir sa femme et ses petits enfants manquer de tout.

Pauvre diable ! j'étais touché presqu'aux larmes : aussi, sans plus tarder, ordonnai-je à Mohamed, qui avait déjà serré les liens, de détacher son engagé.

— Dis à cet homme que je lui fais grâce en faveur de sa femme et de ses enfants, mais que si jamais il nous donnait le moindre sujet de plainte, je saurais me souvenir.

— Vous avez tort, me dit M. X... qui professait le plus profond scepticisme à l'égard de la reconnaissance de cette race ; moi je lui aurais fait appliquer une dizaine de coups de rotin pour lui apprendre à vivre.

— Baste, répondis-je, dans quelques jours nous ne serons plus avec cet homme, et puis leur projet avait juste la valeur d'un complot d'enfants.

L'indigène, qui ne pouvait croire à notre générosité, nous fit cinq ou six fois le sebaktanya ou prosternation des six membres qui n'est due qu'aux brahmes et aux rajahs.

Pendant ces événements, le jour avait crû avec rapidité, et le soleil inondait la forêt de lumière.

Depuis qu'il faisait jour l'éléphant s'était tu dans sa fosse ; les violents et terribles efforts qu'il avait faits pendant la nuit l'avaient-ils épuisé ?

Nous nous approchâmes lentement avec Mohamed, et le silence de l'animal depuis l'apparition du jour nous fut expliqué. Je renonce à dépeindre notre étonnement quand nous vîmes la quantité de terre qu'à l'aide de ses défenses il avait amoncelée sous lui ; pour cela il avait attaqué la paroi de gauche de la fosse, les terres s'écroulant peu à peu, le sol s'éboulait, et l'on pouvait parfaitement prévoir qu'avant deux heures d'un semblable travail, l'animal se serait rendu lui-même à la liberté. Dès qu'avec le jour il avait pu se rendre compte de sa situation, il s'était mis au travail.

Nous avions pris de telles précautions pour nous approcher de lui qu'il ne nous avait pas aperçus.

Mais cela ne pouvait durer, le mouvement d'une branche détourna son attention.

Il leva son énorme tête, et nous fixa.

En apercevant ces êtres inconnus près de la fosse, on eût dit que l'éléphant avait la vague conscience que nous étions pour quelque chose dans sa captivité, car il se mit à pousser des cris terribles en agitant sa trompe dans tous les sens comme pour s'emparer de nous.

Par manière de bravade Mohamed lui tendit un bambou, l'éléphant le saisit avec une telle promptitude, et le tira si violemment à lui que Mohamed fallit perdre l'équilibre et tomber dans la fosse. Nous pûmes heureusement le retenir, sans cela il eût été massacré par l'animal en fureur, avant même qu'il ait touché terre.

La fureur de l'animal, loin de se calmer redoubla, il brisa le bambou qu'il venait de saisir et le jeta dans notre direction ; ses longues et larges oreilles lui battaient violemment les tempes, ses petits yeux lançaient des flammes ; on voyait parfaitement que, dans son impuissance, il cherchait quelque moyen d'exercer sa vengeance contre nous. Tout à coup nous le vîmes enfoncer sa trompe dans la terre molle qu'il venait de remuer, et il nous lança subitement tout ce qu'il put ramasser de terre et de petits cailloux. Fort heureusement il ne put agir avec assez d'adresse, car nous nous trouvions un peu de côté : sans cela il eût pu, avec la force colossale qu'il avait imprimée à son jet, nous blesser fort grièvement.

— Retirons-nous, fit Mohamed, la prudence même l'exige ; puisque vous ne voulez pas que nous tirions l'animal avec une de nos flèches empoisonnées, il faut quitter ces lieux au plus tôt. Le premier acte de l'éléphant après sa délivrance sera de se mettre à notre poursuite, et sa merveilleuse intelligence peut le guider de fort loin sur nos pas : nous n'aurons pas trop du temps qui lui reste encore à travailler pour sortir de la fosse pour mettre le plus d'espace possible entre lui et nous.

En nous voyant nous retirer, l'éléphant se mit à gesticuler avec sa trompe et à crier de plus belle.

Tout à coup, Mohamed me saisit le bras en tremblant.

— Qu'y a-t-il ? fis-je aussitôt.

Le guide n'eut pas le temps de répondre à ma question, que nous perçûmes comme des hurlements lointains qui paraissaient venir du plus profond de la vallée.

— Ce sont les éléphants d'un bauge qui arrivent au secours de leur camarade, fit Mohamed qui avait pâli affreusement... nous sommes perdus.

— Hâtons-nous de fuir.

— Inutile, ils seront sur nous avant cinq minutes.

— Il est impossible qu'un vieux coureur des jungles comme toi ne trouve pas le moyen de nous tirer de là.

— Nous n'avons pas même le temps de prendre un parti.

— Alors, nous allons nous laisser massacrer sur place?

— Non... nous allons nous réfugier dans l'arbre qui nous a abrités pendant la nuit, c'est la seule voie de salut qui nous reste provisoirement.

Nous n'avions pas un instant à perdre, les cris des éléphants répondant à leur camarade tombé dans la fosse nous permettaient d'apprécier la faible distance qui les séparait de nous, et sans le fouillis d'arbustes et de lianes que les colosses étaient obligés de traverser et qui gênaient leur course, nous n'eussions pas même eu le temps de suivre le conseil de Mohamed.

Nous n'étions pas dans l'arbre que l'avant-garde débouchait dans la clairière où le guide avait attiré l'éléphant pris au piège; et de tous côtés nous aperçûmes des centaines de trompes qui faisaient saillie au milieu des arbustes; on eût dit de loin, le corps des animaux étant encore caché dans les hautes herbes, d'énormes serpents qui se tordaient dans le feuillage.

Ces trompes s'enroulaient autour des arbres qui gênaient la marche des colosses, d'un seul coup les brisaient, et les jetaient au loin. C'est un des plus étranges et des plus terribles spectacles que j'aie vus de ma vie...

Tout un troupeau d'éléphants se ruait dans la jungle, mis en fureur par les cris de détresse d'un de leurs camarades.

Le captif, qui avait la perception arrêtée du secours qui lui arrivait, hurlait à l'unisson, mais ses appels désespérés étaient changés en cris de joie.

En moins de rien, les éléphants eurent retiré leur compagnon de la fosse, deux trompes se tendirent à la fois, le captif les saisit et d'un vigoureux effort se trouva délivré.

Il se passa alors une chose extraordinaire : pendant quelques instants les éléphants entourèrent leur ami et lui firent mille caresses à leur manière, auxquelles il parut prendre le plus vif plaisir; chaque nouvel arrivant s'approchait de lui pour le féliciter de sa délivrance.

Mais cela dura peu : leur camarade sauvé, il restait aux éléphants à châtier ceux qui étaient venus les troubler dans leur solitude ; ils n'avaient pas tardé à nous apercevoir sur l'arbre qui nous servait de refuge, ils l'entourèrent immédiatement, et cent trompes menaçantes se dressèrent devant nous, pendant que des cris de fureur ébranlaient la forêt.

Je ne saurais rendre l'expression saisissante et terrible à la fois de cette scène grandiose. Aussi loin que les regards pouvaient s'étendre, nous apercevions les dos noir des éléphants qui tranchaient avec le vert sombre du feuillage.

Le banian qui nous donnait asile était à l'abri de toute attaque directe, c'était de ces géants du règne végétal que plusieurs siècles s'étaient employés à construire; son tronc principal, qui avait dix à douze mètres de diamètre, offrait à lui seul une résistance qu'aucune force connue n'aurait pu ébranler, mais ce n'était pas tout : les branches de ces sortes de ficus poussent horizontalement, leurs extrémités semblent comme attirées vers le sol, peu à peu elles s'inclinent, dès qu'elles touchent terre elles prennent racine et donnent naissance à de nouveaux banians, qui, au fur et à mesure qu'ils poussent, voient leurs branches s'étendre et se reproduire à leur tour, et toujours ainsi, jusqu'à ce qu'un fleuve, un lac, un terrain sablonneux, ou des rochers effleurant le sol viennent arrêter le développement.

Il y a dans l'Inde et à Ceylan des forêts entières de banians de plusieurs lieues d'étendue, qui doivent leur existence à deux ou trois troncs principaux seulement. Sur la route de Pondichéry à Cuddaloor il y a un seul banian qui sous son ombrage, et sous celui de ses troncs multipliés, a abrité toute une armée de dix à douze mille hommes au temps des guerres de Dupleix.

Le banian sur lequel nous étions momentanément en sûreté étendait ses rejetons aussi loin que nos regards pouvaient pénétrer, et tous ceux qui se trouvaient dans un rayon de vingt-cinq à trente mètres étaient aussi gros que lui : aussi leurs branches auxiliaires n'avaient pas tardé à se rejoindre, s'enchevêtrer si fortement les unes dans les autres qu'à six ou sept mètres du sol, la forêt était garnie d'une sorte de dôme de branches entrelacées.

Les éléphants eurent vite constaté l'impuissance où ils se trouvaient de nous atteindre ; ils semblèrent en prendre leur parti et sur les cris d'un d'entre eux qu'ils reconnaissaient pour chef, ils se turent immédiatement, et se réunirent comme s'ils allaient tenir conseil.

On ne saurait mettre en doute la faculté qu'ont ces étranges animaux de se communiquer leurs impressions, et d'agir avec ensemble sous la direction de leur chef. Ceux-là seuls peuvent nier ces faits qui ne se sont jamais donné la peine d'étudier cet être aussi intelligent qu'il est fort.

Le résultat du conciliabule de nos ennemis ne se fit pas longtemps attendre. En effet, sans même daigner se retourner de notre côté, le gros de la troupe reprit le chemin du bout de la vallée, avec la plus complète indifférence, du moins, il me parut ainsi, car je ne pus m'empêcher de m'écrier :

— Enfin, nous sommes sauvés !

— Pas encore, saëb, répondit Mohamed.

— Comment l'entends-tu ?

— Je crois même que sans un secours... qu'on peut toujours espérer... sans savoir comment il viendra...

— Eh bien ?

— Eh bien, nous sommes à peu près sûrs de finir nos jours ici.

Je sentis comme un frisson me parcourir tout le corps.

— Voilà les plaisanteries qui recommencent, fit M. X..., avec ce sang-froid inaltérable qui était le fond de son caractère.

— D'où te vient ce triste pronostic ? fis-je à Mohamed.

— Je connais les éléphants, saëb, ils n'abandonneront point comme cela la partie. Tenez, voyez plutôt, le gros de la troupe regagne, il est vrai, son campement, mais il ont laissé des sentinelles qui ne nous quitterons ni jour ni nuit, jusqu'à ce que leur vengeance soit satisfaite.

Mohamed disait vrai :

Huit éléphants, après le départ des leurs, vinrent se placer tranquillement autour du banian sur lequel nous avions cherché un abri, et comme pour nous narguer, ils se mirent à manger l'herbe et les jeunes pousses d'arbres qui se trouvaient près d'eux.

De temps à autre, ils approchaient des ficus et levaient leur trompe avec colère, puis, voyant qu'ils ne pouvaient nous atteindre, retournaient paisiblement à leur poste d'observation.

— Voyons, Mohamed, réponds-nous franchement, combien de temps cela va-t-il durer?

— Jusqu'à ce que la faim nous oblige à descendre de notre refuge, et, dans ce cas, nous serons immédiatement assommés sur place.

Je connaissais mon homme, il n'était pas d'une bravoure telle qu'il pût parler avec autant de sang-froid du triste sort qui paraissait nous attendre.

Il me sembla d'abord qu'il exagérait notre situation, et qu'il devait connaître quelque moyen de nous en sortir, qu'il était dans l'intention d'exploiter pour faire appel à notre générosité.

Je ne tardai pas à reconnaître que, pour cette fois du moins, je l'avais calomnié; notre guide était littéralement abruti par la peur, de là le ton en apparence indifférent que j'avais trouvé à sa réponse; je m'aperçus rapidement de l'état dans lequel il se trouvait, et je cherchai sans plus tarder à produire une réaction favorable.

— Voyons, Mohamed, lui dis-je, il est impossible que toi, le plus grand chasseur d'éléphants de la contrée, tu ne trouves pas le moyen de sortir de là.

Le pauvre diable secoua la tête; cependant, à mes paroles, son œil avait brillé d'orgueil.

Je poursuivis :

— Pendant tes longues chasses sous bois, tu n'as donc jamais été attaqué par les éléphants ?

— Si, une fois, j'ai été obligé de me réfugier dans un arbre, comme nous venons de le faire.

— Et alors ?

— Alors les éléphants, comme aujourd'hui, ont placé des sentinelles, je suis resté trois jours sans boire ni manger, je ne pouvais presque plus me tenir sur l'arbre, et j'allais tomber aux pieds des terribles animaux, quand on est venu à mon secours.

— Comment cela ?

— Ma femme avait eu le temps de se cacher dans les broussailles, la première nuit de ma captivité, elle parvint à s'éloigner en rampant, et courut à marche forcée jusqu'au premier village musulman qu'elle put rencontrer... Tous les habitants se réunirent pour venir me délivrer.

— Comment, ils osèrent lutter avec les éléphants ?

— Non ; ils vinrent au nombre de plusieurs milliers, avec des torches et des tam-tams ; l'éléphant n'aime pas le feu, et il se hâta de céder la place : il était temps, je n'avais presque plus la force de me retenir aux branches de l'arbre sur lequel je m'étais réfugié.

— Nous n'avons pas de secours semblable à espérer ?

— Hélas ! nous sommes à plusieurs jours de marche des premiers lieux habités.

— Alors, il n'y a absolument rien à faire?

— On pourrait essayer cependant deux choses, fit Mohamed à qui l'intelligence semblait un peu revenue.

— Lesquelles? fis-je avec joie, car une lueur d'espoir venait d'entrer dans mon esprit.

— Nous pouvons mettre le feu à la forêt en incendiant les herbes sèches qui nous entourent, seulement nous avons neuf chance sur dix d'y laisser notre peau.

— Comment cela?

— Nous sommes à un mille environ de la lisière de la forêt, et entourés de petites clairières, dans lesquelles le soleil pénétrant avec facilité, dessèche les lianes et arbustes; c'est donc autour de nous que le feu va tout d'abord se développer, il ne gagnera la masse de la forêt qu'au fur et à mesure que les arbustes environnants se seront desséchés par la chaleur.

— Alors, d'après toi, nous serions immédiatement le centre du foyer?

— Voyez autour de nous, l'herbe et les arbrissaux sont déjà desséchés par le soleil, cela prendra feu comme l'amadou de notre briquet, le feu chassera immédiatement les éléphants, mais nous serons brûlés vifs sans grande chance d'échapper.

— Si minime que soit cette chance, nous la tenterons, si ton second moyen n'est pas préférable. Un mot encore, comment ferais-tu pour incendier la forêt, car enfin, pas plus que nous, tu ne peux descendre de ce refuge.

Mohamed sourit faiblement à cette question.

— Je mettrais le feu à mon pagne de coton, et je le lancerais dans les hautes herbes.

Il n'y avait rien répondre.

— Mon second moyen, continua le guide, est moins dangereux, mais il est plus impraticable.

Au moment de me le faire connaître, le guide s'arrêta tout à coup.

Un des éléphants s'était rapproché de notre arbre, et nous regardait en agitant sa trompe avec fureur; tout d'un coup il se dressa contre le tronc du ficus, et s'allongeant autant qu'il le pût, il fit de sérieux efforts pour nous atteindre. Nous étions au cœur même de l'arbre, et sa trompe tendue n'était pas à plus d'un mètre cinquante de nous, son souffle puissant nous souillait la figure comme un violent coup d'éventail, c'était à donner le vertige.

En voyant l'impuissance de ses efforts, l'animal se mit à pousser des cris terribles, ses compagnons accoururent, et à son exemple essayèrent de nous donner l'assaut. Peine perdue, leurs tentatives ne furent pas plus heureuses que celle de leur camarade.

A un moment donné je ressentis une violente émotion.

Un des éléphants qui sautait avec fureur, perdit l'équilibre et roula au pied de l'arbre ; un de ses compagnons se servit immédiatement de lui comme d'un marchepied, et, pendant une seconde à peine, sa trompe s'éleva à la hauteur de notre refuge.

M. X... et moi, nous nous étions immédiatement rejetés en arrière, par un brusque mouvement, Mohamed avait sauté sur une branche supérieure, sans cela un de nous eût été pris ou assommé d'un coup de trompe.

Les rabatteurs et nos dobachys, qui s'étaient installés dans le haut de l'arbre, étaient hors de toute atteinte.

Avec la vitesse de l'éclair, Mohamed avait enfoncé sa lance dans la trompe de l'éléphant qui retomba à terre, en poussant des cris de douleur.

— Voilà une chose bien inutile, dis-je au guide, et qui va augmenter leur fureur.

— Ma parole d'honneur, fit mon ami, en allumant d'un air impassible un gros cigare de Corenguy, vous êtes d'une sensiblerie inimitable pour ces animaux, qui ne demandent pas mieux que de nous faire un mauvais parti.

— Vous vous trompez, saëb, fit Mohamed, répondant à mon reproche. Je n'ai pas fait une chose inutile, vous connaissez l'intelligence de ces animaux, fit-il ; celui que je viens de blesser avait trouvé par hasard le moyen d'atteindre l'arbre en s'aidant d'un de ses compagnons, soyez sûr qu'avant cinq minutes tous l'eussent imité, et cette partie si large, si commode du banian, nous eût été interdite, nous aurions été obligés de nous réfugier dans les branches supérieures.

Mahomed cette fois avait raison.

La blessure qu'il avait faite à notre agresseur était assez grave pour motiver le départ du blessé, qui rentra sous bois en geignant comme un enfant.

Malgré sa grosse masse et l'épaisseur de sa peau, deux choses qui devraient plutôt donner l'idée d'insensibilité relative, l'éléphant est sensible à l'excès à la douleur physique, quand il n'est pas échauffé par la lutte.

— Nous n'avons plus que sept gardiens, fis-je avec joie ; si nous pouvions les renvoyer tous de la même manière ?

— N'y comptez pas, saëb, le remplaçant de celui qui est parti ne va pas tarder à paraître.

— Dis-tu vrai ?

— Je vous l'affirme, je suis trop au courant des habitudes de ces animaux pour me tromper.

— Voyons ton dernier moyen, bien que tu le déclares peu pratique. J'ai comme un pressentiment qu'il est supérieur au premier.

— Je ne crois pas, saëb, si nous n'étions que tous les deux, peut-être serait-il bon, mais nous sommes trop nombreux pour qu'il puisse réussir.

— Voyons toujours, je t'écoute.

— Voici... Vous voyez ces branches horizontales dont les rejetons, comme des radicelles, se sont inclinés vers la terre, ont pris racine à leur tour et donné naissance à d'autres arbres.

— Parfaitement.

— Eh bien, la nuit venue, il s'agirait de suivre lentement ces branches, en retenant son souffle, de passer ainsi d'arbre en arbre et d'atteindre la lisière de la forêt qui, de ce côté-ci par exemple, — et le guide montra le côté opposé à celui que nous avions suivi, — n'est guère à plus de sept à huit cents pas d'ici.

— Et c'est cela que tu déclares impraticable ?

— Oui, saëb.

— Pourquoi cela ?

— Le moyen, bon pour une ou deux personnes, ne vaut rien quand on est en nombre. Sans y voir aussi bien que le tigre, l'éléphant distingue assez bien les objets dans l'obscurité, pour pouvoir se diriger la nuit. Donc, au moindre bruit que nous ferons, nos gardiens nous suivront patiemment d'arbre en arbre, et nous assommeront dès que nous tenterons de toucher terre.

— Es-tu bien sûr de ce que tu avances ?

— Parfaitement sûr, dès que l'alerte sera donnée par le plus petit bruit, par le moindre faux mouvement, nous aurons toute la troupe à nos trousses.

— Eh bien, Mohamed, lui dis-je d'un ton

convaincu, c'est ce que nous tenterons cette nuit même : mieux vaut finir comme cela que de mourir de faim ; du reste, le même sort nous atteindrait infailliblement, car il arriverait forcément un moment où nous ne pourrions plus nous tenir sur les arbres.

— A votre volonté, saëb, seulement il sera bon de ne partir qu'un ou deux à la fois ; nous commencerons à trois ; vous, l'autre saëb et moi, car il faut que je vous guide, les rabatteurs viendront ensuite avec vos serviteurs.

— Dis-moi, Mohamed ?

— Saëb ?

— Ne penses-tu pas que ceux qui resteront dans l'arbre devront faire le plus de bruit possible pour détourner l'attention des éléphants ?

— C'est une très bonne idée, à laquelle je ne songeais pas, mais qui va augmenter nos chances de moitié.

— Alors, maintenant, tu crois un peu plus à la réussite ?

— Je crois, saëb, que les premiers qui partiront, s'ils agissent avec prudence, auront beaucoup de chances de se sauver, mais je n'ose rien affirmer, car l'animal que nous devons dépister a l'ouïe encore plus fine que la vue.

— Soit, il vaut mieux jouer notre vie de suite, alors que nous sommes pleins de force et d'énergie, que d'attendre que les souffrances de la faim nous poussent à des extrémités plus pénibles encore.

— Je vous l'ai dit, saëb, je suis à vos ordres.

— Donc, ce soir, dès que la nuit sera venue, nous tenterons l'aventure. Que dis-tu du plan, Amoudou? fis-je à mon fidèle serviteur qui, selon la coutume orientale, n'avait pas osé prendre la parole pendant ce long colloque sans y être invité par moi.

— Je dis, saëb, me répondit le brave serviteur, que le moyen est bon et qu'il réussira. Tinou et moi, nous nous chargeons d'empêcher que les éléphants ne suivent votre piste, et après, ce ne sera qu'un jeu à camarade Tinou et à moi de nous sauver; Mohamed est peureux comme une femme.

— Nous verrons, reprit Mohamed, piqué, si tu as le cœur aussi solide que ta langue est pointue.

— Compère Mohamed pas connaître Amoudou, répliqua le noir; si saëb veut permettre, Amoudou va partir au nez des éléphants en plein jour.

D'un geste, j'apaisai la dispute qui allait s'envenimer.

— Je suis de l'avis d'Amoudou, fit M. X... avec le flegme qui ne l'abandonnait jamais, Mohamed n'est qu'une poule mouillée.

A cet instant de notre conversation, un cri lointain se fit entendre.

— Voici le remplaçant de l'éléphant blessé qui arrive, me dit Mohamed.

— En es-tu sûr ?

— Regardez.

A moins de cent mètres de nous, une masse noire faisait ployer sous son poids les hautes herbes et les arbres qu'il dédaignait d'arracher... c'était bien un éléphant.

Mais, était-il envoyé pour remplacer le blessé ? j'hésitais encore à le croire, mais bientôt le doute ne me fut plus permis : le nouveau venu fut reçu par ses camarades avec des signes de reconnaissance non équivoques ; ce fut un frôlement général de trompes et de défenses se choquant légèrement les unes contre les autres ; ces gestes, chez l'éléphant, sont tellement naturels que deux individus de cette espèce ne se rencontrent jamais sans les échanger ; c'est une sorte d'accolade, une manière de politesse entre eux.

Les assiégeants se trouvaient de nouveau au complet ; mais instruits sans doute par la mésaventure de celui de leurs camarades qui avait été obligé de quitter la partie, ils n'essayèrent plus de donner l'assaut ; ils recommencèrent, pour occuper le temps, à broutiller de ci, de là, quelques branches de jeunes arbres, mais sans nous perdre de vue un seul instant.

Un fait va montrer avec quelle attention ils nous surveillaient.

A quelques pas de l'arbre où nous nous étions réfugiés, se trouvaient les deux caisses à provisions que nous avions apportées de notre campement, pour déjeuner après la chasse, et que, dans notre précipitation à remonter dans le banian, nous avions oublié de prendre avec nous.

Elles nous eussent rendu service en ce moment, un signalé service, car elles contenaient une certaine quantité de boîtes de conserves, quelques bouteilles de vin et de rhum et environ quatre kilogrammes de ces biscuits de voyage, qui sont connus sous le nom de *pilote's bread* (*pain de pilote*).

Ces biscuits sont admirablement confectionnés : ils remplacent parfaitement le pain, et je n'ai jamais compris qu'ils ne fussent pas d'un usage général pour une armée en campagne.

Le soleil commençait à monter à l'horizon, la chaleur était accablante, mais malgré cela et les dangers de notre situation, la nature réclamait ses droits, et la faim se faisait sentir.

— Comment faire, dis-je à Mohamed, pour avoir les deux caisses? Nous ne pouvons cependant rester sans manger, dans l'intérêt même des forces nécessaires à notre sauvetage.

— C'est difficile, saëb, cependant la chose n'est pas tout à fait impossible.

— Si saëb me le permet, je m'en charge, intervint Amoudou.

— Je te défends de t'exposer au moindre danger, répondis-je à mon Nubien, nous aurons besoin de toi plus tard; en attendant, je te donne l'ordre formel de rester où tu te trouves... Il y a dix roupies et une bouteille de rhum pour toi si tu réussis, fis-je à Mohamed.

— Voilà, répondit ce dernier; je me charge bien de sauter en bas de l'arbre et d'y remonter avant que les éléphants, qui broutent à vingt-cinq ou trente pas de là, ne puissent m'atteindre; mais je ne pourrais pas regagner l'arbre avec les caisses.

— Alors, il n'y faut plus songer.

— Il y a un moyen de tourner la difficulté.

— Il y a du rhum dedans, fis-je avec intention.

Les yeux de Mohamed s'allumèrent de convoitise; pas plus qu'Amoudou, il ne respectait les prescriptions du prophète sur les liqueurs fermentées.

— Je vais essayer.

— Si tu envoyais un des rabatteurs?

— Je ne les crois pas assez courageux.

Le gaillard voulait le rhum et les roupies pour lui seul.

— A ton aise; mais ne vas pas te faire tuer, au moins!

— Soyez sans crainte, saëb, les éléphants sont assez éloignés maintenant pour que je puisse tenter l'aventure.

En prononçant ces mots, le guide se mit à dérouler de sa ceinture la cordelette en fibre de coco que tous les Indous de cette contrée ont l'habitude de porter, et qui leur sert pour attacher les animaux tués à la chasse, les faix de bois mort ou tout autre fardeau.

— Que vas-tu faire de cela?

— Saëb ne comprends pas?

— Non, je l'avoue.

— Je vais laisser le haut de cette corde aux mains des rabatteurs, avec l'autre je ferai un nœud coulant que je passerai autour des deux caisses dès que j'aurai touché la terre, et pendant que mes compagnons tireront rapidement les caisses à eux, je remonterai dans le banian.

— Et tu penses que tu auras le temps de faire tout cela avant que les éléphants soient sur toi?

— Je vais le tenter, j'en serai quitte pour regagner l'arbre et abandonner les caisses, si les éléphants arrivent trop rapidement sur moi.

Je n'avais plus d'objections à faire; du reste, dans la situation où nous nous trouvions, manger, réparer nos forces pour la tentative d'évasion de la nuit prochaine, valait bien qu'un homme jouât sa vie.

Mohamed fit, d'un signe, descendre deux des indigènes sur la plate-forme où nous nous trouvions, et leur donna ses ordres en leur remettant un bout de la corde.

Pendant quelques instants le guide observa les éléphants.

— Tu hésites? lui dis-je.

— Non, saëb, je calcule la distance et je me demande si je dois descendre de l'arbre d'un seul bond, ou si je dois me glisser à terre en essayant de ne pas éveiller leur attention.

— Le second moyen me paraît le meilleur.

— Je me range à votre avis.

En ce moment les éléphants, sans être fort éloignés de nous, se trouvaient cependant à une distance qui, vu l'habileté réelle en somme du guide, permettait d'espérer le succès.

Sans hésiter, après avoir jeté un dernier regard à ses terribles ennemis, Mohamed commença sa périlleuse descente.

J'étais debout, haletant, le cou tendu, l'œil fixé sur les colosses qui disparaissaient à moitié dans les hautes herbes, prêt à saisir le moindre signe et à donner l'alarme.

— Tenez-vous cent piastres pour ou contre ? me dit alors tranquillement M. X... qui continuait à lancer insouciamment dans le feuillage la fumée de son coringuy, le sixième au moins de la ma-tinée.

Tout alla bien jusqu'au moment où Mohamed toucha terre, mais ce dernier n'était pas vers les caisses que tout le troupeau, s'ébranlant à la fois, se mit à le charger avec une vitesse vertigineuse.

— Remonte, remonte, criai-je au pauvre diable; ou tu es perdu.

Sans m'écouter, d'un bond, le musulman fut sur

les caisses qui se trouvaient par bonheur l'une sur
l'autre ; les soulever d'un côté, leur passer le nœud
coulant fut l'affaire d'un instant ; d'autre part, les
rabatteurs hâlant sur la corde, en deux mouvements, les soulevaient dans les airs. En deux enjambées Mohamed était arrivé au pied de l'arbre,
mais il n'avait pas le temps de remonter, les éléphants étaient à peine à dix pas de lui, et l'eussent saisi au milieu de son ascension.

Le pauvre diable était perdu.

Nous nous mîmes à pousser de grands cris
pour essayer d'effrayer les éléphants, rien n'y fit,
rien ne put les arrêter dans leur course.

Mohamed, alors, fit preuve d'un sang-froid, et
d'un courage qui le grandirent de cent coudées
dans l'estime de tous.

Debout, adossé à l'arbre, sans armes, il attendit
les assaillants de pied ferme.

Il n'avait plus dans notre pensée une seconde à
vivre, les éléphants étaient sur lui.

— Héroïque ! murmura M. X... que cette scène
avait fini par émouvoir au suprême degré.

Alors se passa une chose étrange, merveilleuse
d'adresse déployée, que je n'oublierai de ma vie.

Au moment où il allait être saisi par un des
éléphants, Mohamed avec un sang-froid et une
agileté extraordinaires, glissa comme un éclair
entre les éléphants qui le cernaient, et en quelques
enjambées énergiques, se trouvait à trente mètres

d'eux, avant qu'ils aient eu le temps de faire volte face.

Il avait calculé sur la difficulté que ces animaux éprouvent à se retourner rapidement, difficulté augmentée encore par le nombre des assaillants qui se pressaient les uns contre les autres, et il ne s'était pas trompé.

En effet, les éléphants en voyant leur victime leur échapper avaient voulu opérer tous ensemble le même mouvement, mais ils s'étaient embarrassés les uns les autres et le temps d'arrêt qui en résulta, bien que relativement court, fut suffisant pour que Mahomed, saisissant une branche horizontale d'un banian, d'un vigoureux mouvement de trapèze s'élançât du premier bond à sept à huit pieds de terre, le second le mit hors d'atteinte ; mais cette fois il n'était que temps encore, car le guide n'avait pas quitté la première branche que les trompes furieuses des éléphants s'enroulaient autour d'elle.

Il était sauvé.

Nous rejoindre en passant par les sommets, de branches en branches, d'arbre en arbre, ne fut qu'un jeu pour lui.

Le résultat de l'aventure fut que les éléphants se massèrent autour de nous, et ne bougèrent de la journée.

En somme Mohamed avait été splendide de courage et d'adresse.

Quand il nous eut rejoints, la première parole qu'il prononça pour répondre à nos félicitations fut celle-ci :

— J'espère que j'ai bien gagné ma bouteille de rhum.

Ces paroles nous rappelèrent à la réalité, et diminuèrent un peu le prestige du héros.

S'il s'était agi de sauver quelqu'un, il n'eût pas bougé de l'arbre, mais il avait joué sa vie pour une bouteille de rhum.

Je la lui remis immédiatement après l'ouverture des caisses, ainsi que les dix roupies promises, auxquelles M. X... ajouta dix autres de son chef.

Le guide s'installa commodément sur une branche, et se mit à déguster sa bouteille avec autant de calme que si rien ne s'était passé.

Concilie qui pourra ce sang-froid avec la peur qu'il avait ressentie le matin en nous voyant cernés.

La vie de l'Indou est pleine de ces anomalies étranges : le dernier des Européens en fera fuir cent, et le premier rabatteur venu se fera tuer sans lâcher pied, en poursuivant un tigre ou une panthère.

Je procédai immédiatement à la distribution des vivres, et chose singulière qu'ont pu remarquer tous ceux qui ont mangé sur la planche du naufragé ou dans tout autre situation portant danger

de mort, nous sentîmes au bout de quelques instants comme un flot de forces nouvelles circuler
dans nos veines; nous nous trouvâmes plus ras-
surés et presque confiants dans l'issue favorable
de notre périlleuse entreprise.

Tant il est vrai que l'esprit est solidaire du corps,
et que la force morale ne peut se soutenir longtemps là où les forces physiques font défaut.

Pendant que nous mangions, il nous arriva une
aventure étrange : un de nous ayant par mégarde
laissé tomber en bas de l'arbre un des biscuits, un
des éléphants le ramassa aussitôt, se mit à le flai-
rer, puis le trouvant sans doute à son goût le mit
dans sa bouche et le mangea en témoignant par le
battement de ses oreilles du plaisir qu'il éprouvait.

Les autres qui l'avaient vu faire se massèrent autour de lui, nous leur jetâmes quelques biscuits, et
la même manœuvre se renouvela : tous parurent
s'accommoder parfaitement de cette friandise, car
ils se mirent à tendre leurs trompes autour de l'arbre comme eussent pu le faire des éléphants privés.

On n'eût pas dit en les voyant accepter nos
cadeaux qu'ils eussent massacré à l'instant l'imprudent qui eût osé descendre de notre forteresse.

Je donnai l'ordre de cesser cette distribution, car
ce n'était guère le moyen de les éloigner pour la
nuit.

Le jour s'écoula avec une désespérante lenteur;

il nous semblait que cette nuit si désirée, qui allait nous permettre de tenter la délivrance, n'arriverait jamais.

Quand le soleil commença à décliner à l'horizon nous tînmes rapidement conseil pour arrêter d'avance tous les points de notre périlleux sauvetage.

Il fut convenu que M. X... et moi, nous partirions les premiers, conduits par Mohamed, puis à une heure environ d'intervalle Amoudou et Tinou devaient suivre le même chemin avec un des rabatteurs.

Les trois autres Indous étaient libres ensuite de partir à leur convenance.

Un peu avant le coucher du soleil, les quatre Indous, Mohamed et nos deux serviteurs, se mirent à chanter, en frappant dans leurs mains pour attirer l'attention des éléphants, et ensuite en les habituant au bruit, les empêcher de prendre l'éveil au moment de notre départ.

Le soleil se coucha au milieu de l'émotion générale.

Quand le moment fut venu, Mohamed nous dit simplement : Venez ; puis il ajouta à voix basse : Donnez-moi vos carabines qui pourraient vous gêner pour passer de branches en branches, et surtout ne quittez pas la branche où vous vous trouverez sans que je vous tienne par la main.

Nous avions assez étudié de jour la branche

maîtresse sur laquelle nous devions effectuer notre départ pour pouvoir nous y exposer sans difficulté; mais après, c'était l'inconnu, et nous devions nous laisser conduire comme des enfants.

Cependant, nos rabatteurs et les deux dobachys faisaient retentir l'air d'une musique tellement infernale que les éléphants agacés par ce charivari, se mêlèrent à l'étrange concert par de sourds grondements.

A la faveur de ce bruit, le départ était possible sans éveiller l'attention.

— Allons, nous dit Mohamed, c'est le moment.

Et en s'inclinant en avant, il me plaça les deux mains sur la branche maîtresse que nous devions d'abord traverser. Je la saisis entre mes jambes, M. X... en fit autant; alors le guide, se plaçant en avant de nous, se mit à glisser lentement sur la branche en s'aidant des mains; toutes les dix secondes environ, il s'arrêtait et s'assurait avec la main que nous l'avions suivi.

Au bout d'un instant il nous dit :

— Nous sommes au second arbre.

Avec son intelligence de coureur des bois, il nous aida à nous lever, et de nouveau nous nous trouvâmes sur une autre branche; après avoir traversé le centre du banian, nous la franchîmes de même, et nous atteignîmes notre second arbre.

Cette manœuvre se renouvela cinq fois avec

succès ; nous venions d'atteindre le sixième arbre lorsque Mohamed s'arrêta.

— Faisons une station de quelques minutes ici, nous dit-il, pour savoir si nous ne sommes pas suivis.

Nous écoutâmes quelques instants, mais nos compagnons restés dans le banian, faisaient un tel tapage qu'il nous fut impossible de percevoir tout autre bruit.

Cependant, nous entendions le grondement des éléphants qui continuaient à répondre aux cris des captifs, et cela contribua à nous donner l'assurance que nous n'avions pas été *filés* par un des colosses qui nous gardaient.

Nous reprîmes notre marche de gymnastes sans rien diminuer de notre prudence, et peu à peu nous comprîmes aux cris, et au bruit des voix qui ne nous arrivaient plus que faiblement, que nous avions déjà mis une distance respectable entre nos agresseurs et nous.

Les branches que nous traversions devenaient de plus en plus flexibles, les troncs des banians qu'elles reliaient plus minces, et le feuillage moins épais laissait passer de vagues lueurs sidérales qui nous permettaient, si faibles qu'elles fussent, de distinguer vaguement les troncs et les branches des arbres auxquels nous devions notre salut.

Mais ces derniers devinrent bientôt si faibles que la prudence la plus vulgaire nous ordonna de quitter ces abris, qui se rompant sous notre poids pourraient attirer sur nous, par le bruit, toute la bande d'éléphants.

Ce fut l'avis de Mohamed, et nous descendîmes lentement à terre en prenant toutes les précautions imaginables.

Mon pied touchait à peine le sol qu'un involontaire frisson me parcourut tout le corps : je m'attendais de seconde en seconde à sentir la trompe d'un éléphant s'abattre sur ma tête, et je me souviens que la pensée suivante me traversa le cerveau en manière de consolation :

— Bah! je serai certainement assommé sur le coup, et je ne sentirai rien.

Cependant non seulement les secondes, mais les minutes se passèrent sans que rien d'insolite se passât autour de nous.

— Nous ne sommes pas encore complètement hors de danger, fit Mohamed, en faisant sa voix aussi faible que possible, mais enfin nous pouvons espérer maintenant, car les éléphants ne se sont pas doutés de notre départ... venez!

— Où vas-tu nous conduire maintenant?

— A la lisière de la forêt... silence, et suivez-moi, je vous l'ai dit, nous ne sommes pas encore hors de danger.

Il nous prit par la main pour mieux nous diriger, et nous nous mîmes à glisser comme des ombres, retenant notre souffle au milieu des hautes herbes qui envahissaient d'autant plus les lieux que nous traversions, que les arbres étaient plus rares.

De temps à autre nous nous arrêtions pour écouter, puis nous reprenions notre marche silencieuse. La nuit était si profonde, une nuit sans lune, que je distinguais à peine mon conducteur, l'obscurité était plus complète à terre que dans le feuillage des arbres.

Il y avait longtemps que nous n'entendions plus les cris des indigènes et les grondements des éléphants ; un silence qu'on ne trouve la nuit que dans les jungles et dans les nécropoles nous environnait de toutes parts ; les oiseaux chanteurs de la nuit, si communs dans les forêts de l'Inde, semblaient s'être donné le mot pour fuir cette partie de la forêt.

Nous marchions depuis une heure environ dans les hautes herbes, lorsque Mahomed s'arrêta brusquement.

— Qu'y a-t-il ? lui demandai-je.

— Laissez-moi écouter, me répondit-il.

Au bout d'une minute environ Mohamed nous reprit le bras en nous disant :

— Je croyais que nous étions suivis, c'était une fausse alerte ; continuons notre marche.

Peu après nous atteignions les limites de la forêt, et la lumière des astres, qui lançaient quelques clartés blafardes sur la plaine, nous causa une joie inexprimable.

Le chemin avait été plus long que le guide ne l'avait pensé tout d'abord; mais dans la lenteur obligée de notre marche, nous avions mis plus de deux heures pour faire un peu plus de deux milles marins, c'est-à-dire trois kilomètres et demi environ, et comme nous avions suivi une direction sinon opposée, du moins qui représentait par rapport à notre campement le côté opposé d'un triangle dont il aurait été un des angles, il s'en suivait que nous en avions encore pour plus d'une heure pour atteindre le lieu où nous avions laissé nos vindicaras si nous avions voulu aller les rejoindre.

Pendant toute cette longue marche nous ne nous étions inquiétés ni des serpents, si abondants dans ces parages, ni des tigres, ni des panthères que nous pouvions rencontrer sur notre route; le terrible danger auquel nous avions hâte d'échapper ne nous avait pas permis un seul instant de songer aux funestes rencontres qu'il est toujours possible de faire dans ces contrées, surtout la nuit.

— Vous êtes maintenant hors de danger, nous dit Mohamed, je vais vous quitter.

— Nous quitter?

— Oui, il ne serait pas prudent de remonter jusqu'au campement où sont restés vos vindicaras en aussi grand nombre, je me charge de vous les amener au point du jour au lieu que je vais vous indiquer, et puis ne suis-je pas obligé, aussi, de rentrer sous bois pour voir si vos deux dobachys n'ont pas besoin de mon aide?

— Agis comme tu l'entendras.

— Vous allez marcher droit devant vous, en maintenant toujours à votre droite la croix du sud; vous arriverez à l'aube à un petit ruisseau que nous avons traversé bien plus en amont; vous n'avez plus rien à craindre des fauves, vous m'attendrez là en prenant quelques instants de repos.

— C'est bien, nous suivrons tes instructions. A bientôt, Mohamed, sois assuré que nous saurons reconnaître le service que tu viens de nous rendre.

Je n'eus pas le temps de finir une phrase que le guide, nous saisissant par le bras, nous entraînait derrière un buisson.

— Cette fois, je ne me trompe pas, nous dit-il rapidement, j'ai bien entendu le bruit que fait une branche sèche qui se brise.

— Penses-tu que les éléphants...

— Non, nous n'avons plus rien à craindre d'eux, ils ne se hasarderont pas en plaine, et du reste, ils arriveraient comme une trombe, et ce n'est pas une branche de bois mort brisé, mais un fouillis d'arbustes foulés, renversés, qui nous avertirait de leur présence: ce doit être quelqu'un des nôtres qui arrive.

Comme il finissait ces mots, il fit entendre le cri du touco, sorte de chouette commune sur la côte Malabare.

Le même signal nous fut renvoyé à une faible distance de nous.

C'était un des rabatteurs qui avait répondu. Quelques instants après, en effet, il arrivait accompagné de Tinou et d'Amoudou. Ils avaient fait le chemin en beaucoup moins de temps que nous, ils n'avaient été gênés, en effet, ni par les armes, ni par les vêtements, et puis, plus habitués que nous à la vie des forêts, il avaient pu marcher avec plus de rapidité.

— Voilà qui change nos projets, fit le guide; les rabatteurs sont gens à se tirer d'affaire tout seuls, ils dépisteront parfaitement les éléphants sans mon secours, nous ne les attendrons donc pas, et je vais vous accompagner pendant que celui de mes hommes qui est revenu avec vos dobachys ira prévenir les vindicaras qui reviendront nous trouver avec les buffles et les charrettes.

Cet arrangement nous allait parfaitement; au bout de deux heures de marche, nous atteignîmes le ruisseau dont nous avait parlé Mohamed, et sur les bords duquel se trouvait une tour de refuge. Nos gens nous y dressèrent un lit d'herbes sèches, sur lequel nous étendîmes avec délices nos membres fatigués.

Je ne me souviens pas d'avoir goûté un pareil repos.

Nous ne fûmes rejoints par les rabatteurs que le lendemain; les gaillards avaient, avant de partir, vidé la caisse de provisions restée dans l'arbre; elle contenait encore quelques bouteilles de vin et de rhum, et ils s'étaient grisés consciencieusement, et d'après eux c'est en cet état qu'ils avaient opéré leur sauvetage au nez ou plutôt à la trompe des éléphants.

C'est réellement miracle qu'ils aient pu échapper, ce qui fit faire à M. X... la réflexion que ce n'était pas en Europe seulement qu'il y avait un Dieu pour les ivrognes.

Quand nous fûmes tous réunis, Mohamed nous demanda quelle était la direction que nous désirions suivre, se tenant comme toujours entièrement à nos ordres.

Je dois dire que le spécimen de la vie au milieu des forêts vierges de Ghattes de la côte Malabare, que nous venions d'avoir, n'était point fait pour nous inspirer le désir de changer plus longtemps l'itinéraire primitif que nous nous étions tracé, et que nous n'avions un peu modifié que sur l'inspiration du nabab.

Aussi, d'un commun accord, ordonnons-nous à Mohamed de reprendre le chemin de Maïssour, où nous arrivâmes sans encombre ni nouvelles aventures quelques jours après.

Nous rendîmes compte au rajah de la belle conduite de Mohamed, et ce dernier en fut royalement récompensé; nous ne restâmes pas non plus en reste de générosité à son égard.

Après quarante-huit heures de repos, nous reprenions notre marche pour la pointe orientale de l'Indoustan, par le Maïssour, Coïmbetour et le Malayalum. Nous suivîmes la plupart du temps la grande route brahmanique ; notre soif d'aventures avait été un peu calmée par celle des derniers jours... et pour ma part j'avais hâte de revoir cette île enchanteresse, berceau du monde et de toutes les vieilles légendes asiatiques, la plus belle perle de la mer des Indes, la Lanka des vieux poèmes Indous, Ceylan, en un mot, qu'aucun voyageur n'a jamais pu oublier, si court, si fugitif qu'ait été le séjour qu'il ait pu y faire.

Douze jours après avoir quitté Mysore, nous arrivâmes un beau soir à la pointe du Travencor, dans la petite ville de Tuticorin.

Le soleil allait se coucher, incendiant de ses derniers rayons les sommets des montagnes cyngalaises que nous apercevions dans le lointain, alors que les parties basses de l'île s'enveloppaient déjà d'arbres aux teintes violacées, comme d'un manteau pour la nuit.

Tout le ciel était pourpre et or ; l'Océan d'un bleu sombre, rentrait lentement ses grandes lames qui commencent à la côte Indoue pour aller mourir aux îles du détroit de la Sonde.

Un vent frais, chargé de tous les parfums de la terre des Palmiers passait sur nos têtes, en agitout doucement les fleurs des tulipiers et des flamboyants aux fleurs rouges.

Tout dans la nature équatoriale, ce soir-là, se chargeait de senteurs, d'éclatants reflets de lumière, et d'âpre poésie.

M. X... regardait ce beau spectacle tout rêveur.

— C'est Ceylan, n'est-ce pas, maître ? me dit Amoudou, la poitrine gonflée de joie.

— Oui mon brave serviteur, lui répondis-je, c'est Ceylan... Ceylan, où tu m'as sauvé la vie, Ceylan où la femme est élancée, flexible comme le jeune bambou de ses jungles ; Ceylan, où nous allons recommencer dès demain nos excursions et nos chasses sans fin... Ceylan qu'on a appelé le paradis terrestre...

Ceylan, chers lecteurs, où je vais de nouveau vous conduire bientôt, s'il vous plaît de m'y suivre... et si mes souvenirs de voyage ont encore le don de vous plaire.

FIN.

PARIS. — Imp. PAUL DUPONT, rue Jean-Jacques-Rousseau, 41 (Cl.) 37.3.84.

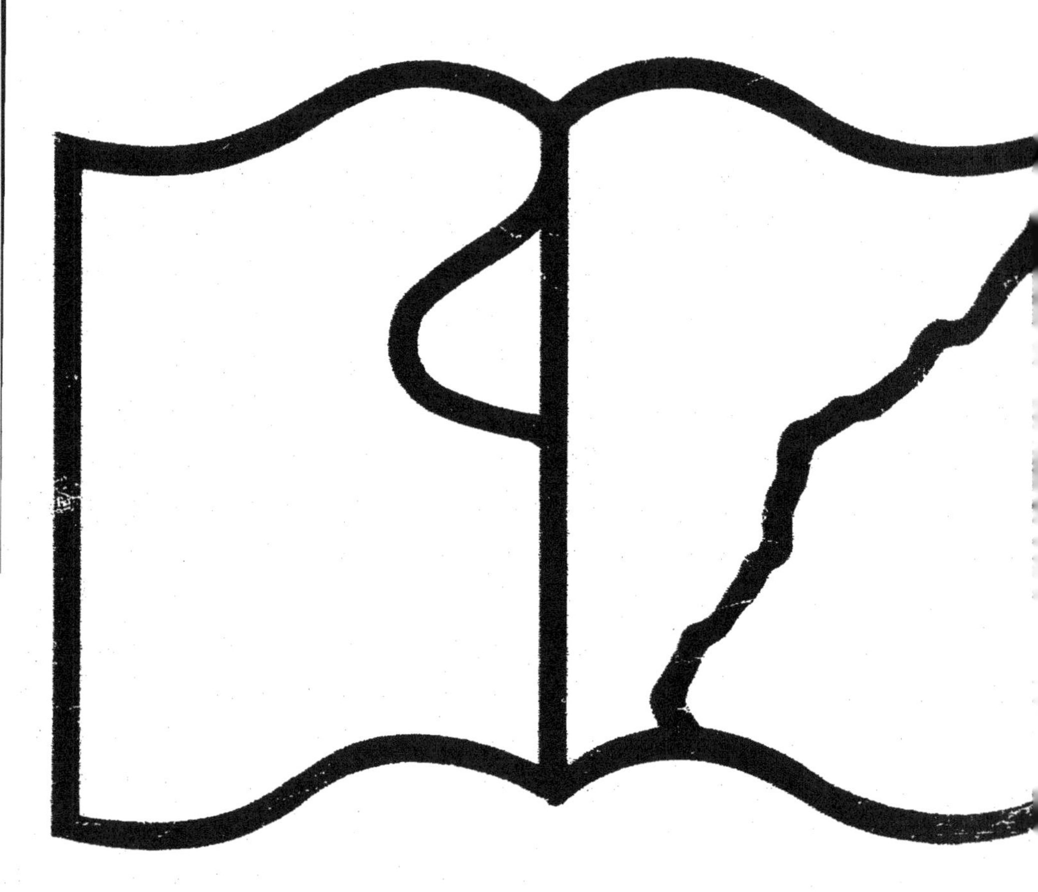

Texte détérioré — reliure défectueuse

NF Z 43-120-11

Contraste insuffisant

NF Z 43-120-14